Schriftenreihe BALTISCHE SEMINARE

Bd. 11

Der ethnische Wandel im Baltikum
zwischen 1850 und 1950

Schriftenreihe BALTISCHE SEMINARE
Herausgegeben von der
Carl-Schirren-Gesellschaft e. V.

Band 11

Als Deutsch-Baltisches Kulturwerk veranstaltet die Carl-Schirren-Gesellschaft seit 1989 Baltische Seminare in Lüneburg. Dabei werden geistes- und kulturgeschichtliche Themen behandelt mit besonderer Berücksichtigung der wechselseitigen Kulturbeziehungen zwischen Esten, Letten und Deutsch-Balten. Die Referenten sind Fachwissenschaftler aus Estland, Lettland und Deutschland.

Eine wesentliche Aufgabe der Baltischen Seminare besteht in der gegenseitigen Information. Als Symposien sollen sie über die nationalen Grenzen hinaus der Fachwissenschaft einen Überblick über den Forschungsstand in den baltischen Ländern verschaffen. Ebenso wichtig ist die bei dieser Gelegenheit zu vermittelnde Information für estnische und lettische Wissenschaftler hinsichtlich neuester Forschungsarbeiten in ihrem Fachgebiet in Deutschland.

Mit der Herausgabe der Schriftenreihe „Baltische Seminare" will die Carl-Schirren-Gesellschaft eine wissenschaftlich interessierte und allgemeine Öffentlichkeit erreichen.

Prof. Dr. Axel Frhr. von Campenhausen
Vorsitzender

DER ETHNISCHE WANDEL IM BALTIKUM
ZWISCHEN 1850 - 1950

Neun Beiträge zum

13. Baltischen Seminar 2001

Herausgegeben von

HEINRICH WITTRAM

Verlag Carl-Schirren-Gesellschaft

Lüneburg 2005

ISBN-3-923149-45-X

Die Deutsche Bibliothek – CIP Einheitsaufnahme

Der ethnische Wandel im Baltikum zwischen 1850 und 1950:
Neun Beiträge zum 13. Baltischen Seminar 2001
hrsg. von Heinrich Wittram
Lüneburg: Carl-Schirren-Gesellschaft 2005
Baltische Seminare: 11
ISBN 3-923149-45-X

Gedruckt mit Unterstützung der
Karl Ernst von Baer-Stiftung

Redaktion: Dr. Konrad Maier
           Wilhelm Maurit-Moritz

Layout und Bildbearbeitung: Hans-Gerhard Körner

Umschlagsentwurf: Ilmar Anvelt

Copyright 2005 by
Schriftenvertrieb Carl-Schirren-Gesellschaft e.V.
Lüneburg 2005

Herstellung: Books on Demand GmbH, Norderstedt
ISBN – 3-923149-45-X

Inhaltsverzeichnis

DETLEF HENNING 7
Der ethnische Wandel in Estland und Lettland:
Von den deutschen Ostseeprovinzen Russlands
zu den baltischen Sowjetrepubliken unter Stalin

KRISTIĀNA ĀBELE 23
Rigaer Kunstszene und ihre Protagonisten während
der Zeit des Rigaer Kunstvereins (1870-1938)

MARK R. HATLIE 53
Bevölkerungsverschiebungen in Riga während des
Welt- und Bürgerkrieges 1914-1919

KARSTEN BRÜGGEMANN 81
Vom multinationalen Imperium zum Nationalstaat.
Die nationale Frage in Estland und Lettland in
Revolution und Krieg

HEINRICH WITTRAM 103
Die christlichen Konfessionen während der ersten
lettischen Republik 1920-1940 im Spannungsfeld der
nationalen Auseinandersetzungen und politischen Kräfte

SIRJE KIVIMÄE 129
Esten, Deutsche und Juden in der Zwischenkriegszeit
in Estland: Verhalten und Beziehungen

HELĒNA ŠIMKUVA 157
Letten, Russen, Juden und Deutsche in der Wirtschaft Lettlands von 1920 bis 1940

ANDREAS FÜLBERTH 185
Wandlungen in Rigas Stadtbild während der 1930er
Jahre und begleitende Kontroversen zwischen
lettischer und deutschbaltischer Presse

MEELIS MARIPUU 201
Sozio-demographische Prozesse in Estland während
der deutschen und sowjetischen Okkupation 1941-1950

Personenregister 225

Ortsregister 231

Autorenverzeichnis 235

DER ETHNISCHE WANDEL IN ESTLAND UND LETTLAND
Von den deutschen Ostseeprovinzen Russlands zu den baltischen Sowjetrepubliken unter Stalin

Detlef Henning

Einführung

Kaum eine Region Europas wurde in den einhundert Jahren zwischen Krimkrieg (1853-1856) und Stalins Tod (1953) von einem tiefergreifenderen politischen Wandel betroffen als die baltische Region.

Unter ihr wird im engeren Zusammenhang des vorliegenden Beitrages das Gebiet der späteren baltischen Staaten Estland und Lettland und ihrer historische Vorläufer, der Gouvernements des russischen Zarenreiches Estland, Livland und Kurland verstanden. Das in einem weiteren und seit dem Ersten Weltkrieg zur baltischen Region hinzuzählende Litauen und seine historischen Gebiete bleibt außer Betracht. Dies hat historische Gründe: Trotz eines vordergründig gemeinsamen geschichtlichen Schicksals der baltischen Staaten im 20. Jahrhundert unterscheiden sie sich doch in ihren tiefergründigen Strukturen. Diese haben teilweise auch die Jahrzehnte der sowjetischen Annexion (1940/44-1991), die eine tiefgreifende Nivellierung im sozialen und mentalen Bereich zur Folge hatte, überdauert und finden in jüngster Vergangenheit erneut Ausdruck in einer durchaus unterschiedlichen Entwicklung der wieder unabhängigen baltischen Staaten.

Von besonderer Bedeutung ist natürlich der ethnisch-demographische Wandel in den genannten Ländern. Er hat seine Ursachen zum einen in den Abläufen des sozioökonomischen Wandels der zweiten Hälfte des 19. Jahrhunderts, zum anderen aber besonders in den machtpolitischen Veränderungen der beiden Weltkriege in der ersten Hälfte des 20. Jahrhunderts, von denen Estland und Lettland im Unterschied zum übrigen Europa mit jeweils mehrfach wechselnden Besatzungsregimen in kürzester Zeit betroffen waren, ohne die Entwicklung aus eigener Kraft maßgeblich mitbestimmen zu können. Gleichzeitig bewirkte der ethnisch-demographische Wandel seinerseits wiederum Veränderungen in politischen, ökonomischen, sozialen und kulturellen Bezügen, die insgesamt ein kompliziertes Wechselgeflecht von Ursachen und Wirkungen bilden. (siehe Tabelle 1)

Tabelle 1: Der ethnisch-demographische Wandel auf dem Gebiet der Republiken Estland und Lettland (1881-1959)

Estland	1897	1922	1934	1959
Gesamt	958.333	1.107.059	1.126.413	1.196.791
Esten	90,6 %	87,6 %	88,1 %	74,6 %
Russen	4,0 %	8,2 %	8,2 %	20,1 %
Ukrainer	k. A.	k. A.	k. A.	1,3 %
Weißrussen	k. A.	k. A.	k. A.	0,9 %
Finnen	k. A.	k. A.	k. A.	1,4 %
Deutsche	3,5 %	1,7 %	1,5 %	k. A.
Schweden	0,6 %	0,7 %	0,7 %	k. A.
Juden	0,4 %	0,4 %	0,4 %	0,5 %
Andere	0,9 %	1,4 %	1,1 %	1,2 %[1]

---

[1] Vor dem Ersten Weltkrieg: Estland: Gouvernement Estland sowie die fünf nördlichen (estnischen) Kreise von Livland; Lettland: die vier südlichen (lettischen) Kreise von Livland, Kurland sowie die drei westlichen Kreise (Lettgallen) des Gouvernements Vitebsk; vgl. Graham E Smith, Soziale und geographische Veränderungen in der Bevölkerungsstruktur von Estland, Lettland und Litauen 1918-1940. In: Acta Baltica XIX/XX (1979/1980), hier S. 121 und 153-156; Deutschbalten und baltische Lande. In: Handwörterbuch des Grenz- und Auslandsdeutschtums. Bd. 2. Breslau 1936, hier S. 110-111; Itogi vsesojuznoj perepisi naselenija 1979 goda po Latvijskoj SSR. Riga 1982, S. 84; Egil Levits, Die demographische Situation in der UdSSR und in den baltischen Staaten unter besonderer Berücksichtigung von nationalen und sprachsoziologischen Aspekten. in: Acta Baltica XXI (1981), hier S. 64, 91 u.119.

Lettland	1897	1920	1935	1959
Gesamt	1.929.387	1.596.131	1.950.502	2.093.458
Letten	68,3 %	72,8 %	75,5 %	62,0 %
Russen	7,9 %	7,8 %	10,6 %	26,6 %
Deutsche	6,2 %	3,6 %	3,2 %	0,1 %
Weißrussen	4,1 %	4,7 %	1,4 %	2,9 %
Ukrainer	k. A.	k. A.	0,1 %	1,4 %
Juden	7,4 %	5,0 %	4,8 %	1,7 %
Polen	3,4 %	3,4 %	2,5 %	2,9 %
Litauer	1,3 %	1,6 %	1,2 %	1,7 %
Andere	1,3 %	1,0 %	0,7 %	0,7 %

Der soziale Wandel im 19. Jahrhundert als Ursache für ethnisch-demographischen Wandel

Vier große soziale und politische Umwälzungen hatten in der zweiten Hälfte des 19. Jahrhunderts einen maßgeblichen Einfluß auf die ethnische Zusammensetzung der Bevölkerung in den nordwestlichen Gouvernements des russischen Zarenreiches, den unter der Bezeichnung „Deutsche Ostseeprovinzen Rußlands" bekannten Verwaltungseinheiten Estland, Livland und Kurland[2], in der eine qualitativ nennenswerte deutsche Bevölkerungsminderheit aus historischen Gründen eine wesentliche Rolle auf den Gebieten der Verwaltung, des Rechts, der Kultur sowie in der Landwirtschaft und den Städten spielte.

Es waren dies im wesentlichen die bereits zu Beginn des 19. Jahrhunderts zeitparallel zu den preußischen Reformen eingeleiteten *Bauernbefreiungen*, die den estnischen und lettischen Leib-

---

[2] Allgemein: Reinhard Wittram, Baltische Geschichte. Die Ostseelande Livland, Estland und Kurland 1180-1918. München 1954. Nachdruck Darmstadt 1973; Andrejs Plakans, The Latvians. A Short History. Stanford 1995; Toivo U. Raun, Estonia and the Estonians. (= Studies of Nationalities in the USSR). Stanford 2. Aufl. 1991.

eigenen zunächst die persönliche (1816-1819), später auch die Möglichkeit der wirtschaftlichen Freiheit (1849-1863) brachten und damit die Grundlagen für ihre soziale und wirtschaftliche Emanzipation schufen.

Diese bildete die Voraussetzung für die politische Emanzipation, dem zweiten Phänomen des 19. Jahrhunderts, dem „*Nationalen Erwachen*" oder „*Volkserwachen*", dessen Beginn in die 1850er Jahren datiert wird, und dessen Akteure die ersten Generationen von estnischen und lettischen Bauernsöhnen sind, denen die Möglichkeit einer höheren Schul- und Hochschulbildung zuteil wird. Andererseits eröffnen die Bauernbefreiungen mit der Ermöglichung der Freizügigkeit den Weg zum dritten Phänomen, der raschen Verstädterung (*Urbanisierung*) der baltischen Ostseeprovinzen: Riga stieg bis 1914 von einer Mittelstadt zu einer Handels- und Großstadtmetropole auf (vgl. Tabelle 2), der Anschluß an das russische Eisenbahnnetz (ab 1861) sowie der Ausbau der Häfen in Libau/Liepāja, Windau/Ventspils und Reval/Tallinn zogen die Ansiedlung zahlreicher Industrieproduktionsstätten nach sich, deren Arbeitskräftebedarf einen Teil der auf dem Lande freigesetzten Arbeitskräfte absorbierten. Die im Vergleich zu Westeuropa schlechten Arbeitsbedingungen und die Vermittlung sozialer Konflikte und deren theoretische Lösungsangebote durch die deutsche Sozialdemokratie führten zur Entstehung einer estnischen und lettischen Arbeiterschaft, die ihre politischen Ziele immer radikaler formulierte und in der Revolution von 1905 eine zentrale Rolle spielen sollte.

Eine der Folgen des für Russland verlorenen Krimkrieges war die sich immer schärfer abzeichnende Notwendigkeit der Modernisierung des russischen Riesenreiches und der nachholenden Angleichung an europäische Verhältnisse. Der russischen Administration erschien eine weitreichende Unifizierung auf den Gebieten der Verwaltung, des Rechts und der Kultur als eines der Mittel, dieses Ziel zu erreichen. Unter dem Motto „Ein Zar, ein Reich, ein Glaube" erfuhren Deutschbalten in den baltischen

Provinzen, aber zunehmend auch Esten und Letten diesen Modernisierungs- und Unifizierungsdruck subjektiv als „*Russifizierung*" - das vierte Phänomen der zweiten Hälfte des 19. Jahrhunderts und gleichzeitig ein Schlagwort, das bis in die achtziger Jahre des 20. Jahrhunderts hinein seine gegenpropagandistische Wirkung entfalten sollte. Deutschbaltischerseits wurde die „Russifizierung" der 1880er und 90er Jahre als der Anfang vom Ende empfunden, Esten und Letten brachte er allerdings ein höheres Maß an Mitbestimmung, vor allem im Bereich der kommunalen Verwaltung (neue russische Städteordnungen 1877 und 1892).[3]

Die Revolution von 1905[4] schuf Mißtrauen zwischen den Volksgruppen, das Deutsche, Esten und Letten ihr Heil in separaten politischen Parteigründungen suchen lies. Die Wirkung der Revolution auf die Deutschen war zweierlei: einmal brachte das Manifest des Zaren vom 17. Oktober 1905 (Oktobermanifest) mit der Aufhebung der Schulgesetze und der Wiederzuerkennung des muttersprachlichen Unterrichtes eine Entspannung und die Hoffnung auf die Möglichkeit der Bewahrung des deutschen Charakters Estlands, Livlands und Kurlands[5]. Zum anderen verwies die Revolution die Deutschen auf die Notwendigkeit zukünftiger Selbsthilfe.

Die Folge waren die Gründungen von sogenannten „Deutschen Vereinen" (1905-1914), die ausdrücklich auf nationaler

---

[3] E.C. Thaden, [Hrsg.] Russification in the Baltic Provinces and Finland, 1855-1914. Princeton 1981; Dietrich Andre Loeber, Russifizierung in den baltischen Ländern – einst und jetzt. in: Baltisches Jahrbuch 1988, S. 144-163.

[4] Ernst Benz, Die Revolution von 1905 in den Ostseeprovinzen Rußlands. Ursachen und Verlauf der lettischen und estnischen Arbeiter- und Bauernbewegung im Rahmen der ersten russischen Revolution. Diss. Mainz 1990. Gekürzt und überarbeitet, abgedruckt in: Acta Baltica XXVIII (1990), S. 19-167 und XXIX/XXX (1991/1992), S. 117-196.

[5] Genehmigt wurden allerdings nur Privatschulen mit muttersprachlichem Unterricht in deutscher bzw. estnischer und lettischer Sprache, die von Schulträgern und Eltern hohes finanzielles Engagement erforderten.

Grundlage ins Leben gerufen wurden, um die bisherigen sozialen (ständischen) Grenzen, die durch die deutsche Volksgruppe verliefen, aufzuheben.[6] Zu einem Bund aller Deutschen wurden die Vereine jedoch nicht, und das Interesse sank bis zum Ausbruch des Ersten Weltkrieges wieder.[7]

Bestrebungen, durch planmäßige Ansiedlung deutscher Kolonisten die deutsche Minderheit auf dem Lande zahlenmäßig zu stärken, wurden verstärkt. Deutsche Gutsbesitzer (Karl Frhr. v. Manteuffel-Katzdangen, Sylvio Broederich, Theodor v. Schröder u. a.) siedelten deutsche Kolonisten vor allem aus den polnischen Gouvernements Russlands (Wolhynien) auf ihren Gütern an (65 Güter in Kurland, 10 Güter in Livland). Ziel war, aus Pächtern nach und nach Eigentümer werden zu lassen. Zwischen 1907 und 1914 wanderten so bis zu 20.000 Siedler nach Kur- und Livland ein.[8]

---

[6] Es handelte sich dabei um den „Deutschen Verein in Estland" (zunächst als „Deutscher Bildungsverein in Estland" im September/Oktober 1905 von Eduard Baron Stackelberg-Sutlem gegründet), um den „Verein der Deutschen in Kurland" (gegründet im März/April 1906 von Karl Frhr. v. Manteuffel-Katzdangen) und dem „Deutschen Verein in Livland" (zunächst als „Deutscher Schul- und Hilfsverein in Livland" im Mai 1906 von M. v. Sivers-Römershof gegründet). Die höchsten Mitgliederzahlen wurden 1908 erreicht: Estland: 5.302; Livland: 24.141; Kurland 7.787; vgl. Wolfgang Wachtsmuth, Von deutscher Arbeit in Lettland 1918-1934. Bd. 1, Köln 1951, S. 8.

[7] Die baltische Provinzen Rußlands zwischen den Revolutionen von 1905 und 1917. The Russian baltic Provinces between the 190571917 Revolutions, hrsg von Andrew Ezergailis und Gert v. Pistohlkors, (Quellen und Studien zur baltischen Geschichte , Bd. 4), Köln/Wien 1982.

[8] Vgl. dazu aus der Sicht eines „Siedlungspolitikers" u.a.: Karl Frhr. v. Manteuffel-Katzdangen, Meine Siedlungsarbeit in Kurland. Leipzig 1941.

Die politischen Brüche des 20. Jahrhunderts als Ursachen für ethnisch-demographischen Wandel

Kann man den Wandel während der zweiten Hälfte des „langen 19. Jahrhunderts" zwischen Bauernbefreiungen und Erstem Weltkrieg weitestgehend noch sozial oder innen-politisch bedingt, also - von den Revolutionsjahren 1905-1907 abgesehen - als überwiegend friedlich, betrachten, so werden die Bewohner der baltischen Ostseeprovinzen und späteren baltischen Staaten von den Umbrüchen, Kriegen und ideologischen Fronten des 20. Jahrhunderts in besonderer Weise betroffen: in beiden Weltkriegen verlaufen jeweils über mehrere Jahre hinweg wechselnde Fronten quer durch die Länder hindurch, Bürger- und Freiheitskrieg gegen Ende des Ersten Weltkrieges sowie Partisanenkrieg gegen die sowjetischen Besatzer nach dem Ende des Zweiten Weltkrieges verlängern die militärischen Auseinandersetzungen über die im Westen gängig als Zäsur genannten Jahreszahlen (1918 bzw. 1945) hinaus. Politische Machtwechsel sind jeweils mit einem Elitenwechsel und nach 1939 der blutigen Verfolgung des politischen Gegners verbunden. Von den Menschen der baltischen Region werden diese Jahrzehnte durchaus sowohl als persönliche wie auch, dem Titel einer Romantrilogie von Sigfried v. Vegesack entlehnt, als „Baltische Tragödie" begriffen und prägen sich tief, teilweise traumatisch, in das kollektive Gedächtnis ein.

Zu Beginn des Ersten Weltkrieges wurden Litauen und Kurland bereits 1915, Riga, Livland und Estland 1917/18 von den deutschen Truppen erobert. Die unmittelbare Folge waren Evakuierungsmaßnahmen der russischen Regierung und eine breite Fluchtbewegung, vor allem lettischer Bevölkerung aus Kurland ins russische Landesinnere. Hatte Kurland vor dem Krieg 812.300 Einwohner, so waren es nach Zählung der deutschen Besatzungsbehörden vom 10. September 1915 nur noch 245.000 Einwohner.[9] Von hier aus erschienen die Hoffnungen der deutschbaltischen Führungsschichten gegen Ende des Krieges, die baltischen Ostseeprovinzen dauerhaft an das Deutsche Reich anzulehnen und deutsch zu besiedeln, vorübergehend durchaus als realistisch. Der Zusammenbruch des Zarenreiches 1917 ließ Esten und Letten mit Ausnahme der radikalen Linken jedoch ihre Zukunft in der Gründung unabhängiger Republiken suchen, die - entsprechend den politischen Vorstellungen der Siegermächte - demokratisch und parlamentarisch verfaßt zu sein hatten. Der deutsche Zusammenbruch 1918 wiederum verwandelte die Vorstellungen eines großen Teils der Deutschbalten, einen gesamt-baltischen Ständestaat in enger Anlehnung an das Deutsche Kaiserreich zu errichten, in nicht mehr zeitgemäße Vorstellungen. In einem blutigen Befreiungs- und Bürgerkrieg, der nicht nur gegen die Bolschewisten, sondern in Lettland auch zwischen Deutschbalten und Letten ausgetragen wurde, gelang es schließlich den Esten und Letten, ihre Staaten entsprechend der Vorstellung vom „Selbstbestimmungsrecht der Völker" (nach US-Präsident Wilson, bei Lenin unter der Formel von den „Rechten der Völker Rußlands) zu verwirklichen.[10]

Erster Weltkrieg, Flucht und Evakuierung, Freiheits- und Bürgerkrieg führten zu einem Bevölkerungsrückgang in Estland und Lettland (siehe Tabelle 1), der besonders im Falle der Großstadt Riga, die ihr russisches Hinterland verloren hatte, signifikant wurde.

(Tabelle 2, siehe nächste Seite)

---

[9] Zahlen bei: Adolfs Silde, Latvijas vesture ... , (wie Anm. 1), S. 56.
[10] Im Detail immer noch maßgeblich: Von den baltische Provinzen zu den baltischen Staaten. [Hrsg.:] Jürgen v. Hehn/Hans v. Rimscha/Helmut Weiss. Bd. 1, 1917-1918. Marburg/Lahn 1971. Bd. 2, 1918-1920. Marburg/Lahn 1977.

Tabelle 2: Der ethnisch-demographische Wandel Rigas, der größten Stadt der baltischen Region Riga [11]

	1867 Sprache	1881 Sprache	1881 Nationalität	1897 Sprache
Gesamt	102 590	169 366	169 366	269 001
Deutsche	42,8 %	39,4 %	30,8 %	25,5 %
Letten	23,5 %	29,5 %	28,9 %	41,5 %
Russen	25,1 %	18,9 %	17,3 %	16,9 %
Juden	5,1 %	8,4 %	11,9 %	6,5 %
Andere	3,5 %	3,8 %	10,1 %	9,6 %

	1913 Sprache	1925 Nationalität	1935 Nationalität	1959 Nationalität
Gesamt	514 451	337 699	385 063	604 671
Deutsche	ca. 20 %	13,0 %	10,0 %	k. A.
Letten	ca. 40 %	58,9 %	63,0 %	44,7 %
Russen	ca. 20 %	8,7 %	8,6 %	39,4 %
Juden	k. A.	11,7 %	11,3 %	5,1 %
Andere	k. A.	7,7 %	7,1 %	10,8%

---

[11] 1867-1913 nach: Wilhelm Lenz, Die Entwicklung Rigas zur Großstadt. Kitzingen 1954, S. 19, 21, 47, 70-71; 1925-1935 nach: Deutschbalten und baltische Lande. In: Handwörterbuch des Grenz- und Auslandsdeutschtums. Bd. 2. Breslau 1936, hier S. 111; 1959 nach: Egil Levits, Die demographische Situation in der UdSSR und in den baltischen Staaten unter besonderer Berücksichtigung von nationalen und sprachsoziologischen Aspekten. In: Acta Baltica XXI (1981), S. 93.

Estland verlor ca. 10,4%, Lettland ca. 38,5% seiner Vorkriegs-bevölkerung, nur ein Teil konnte in der ersten Hälfte der zwanziger Jahre durch die Heimkehr von estnischen, lettischen und deutschen bzw. Einwanderung von russischen Flüchtlingen aus Sowjetrussland wieder ausgeglichen werden.[12] Besonders hart traf der Bevölkerungsschwund die deutsche Volksgruppe, deren Zahl um mehr als die Hälfte im Vergleich zur Vorkriegszeit zurückging. Die radikalen Agrarreformen in Estland (1919) und Lettland (1920), die zur Enteignung des bisher politisch und wirtschaftlich dominierenden deutschbaltischen Adels führten, verstärkten den Wunsch vieler deutscher Familien, ins Deutsche Reich oder nach Übersee auszuwandern; die Reformen, die politisch und sozial zur Stabilisierung der jungen Staaten notwendig waren, wurden daher nicht selten auch als Agrarrevolutionen bezeichnet.

Zwar wuchs die Bevölkerung Estlands und Lettlands bis zum Ausbruch des Zweiten Weltkriegs wieder leicht an, die deutsche Bevölkerungsgruppe wurde zahlenmäßig jedoch ge-ringer. Gründe waren ihre Überalterung, das späte Heiratsalter, eine niedrige Geburten- und hohe Sterberate sowie Abwanderung aus beruflichen Gründen besonders jüngerer Menschen in das Deutsche Reich[13]. Zwar hatten die öffentlich-rechtliche Kulturautonomie den Deutschen Estlands und die Schulautonomie den Deutschen Lettlands in den zwanziger Jahren und zu Beginn der dreißiger Jahre im Rahmen des estnischen und lettischen Nationalstaates Mitwirkungsmöglichkeiten eröffnet, diese wurden jedoch unter den Bedingungen der beiden autoritären Regime unter Konstantin Päts in Estland und Kārlis Ulmanis in Lettland be-

---

[12] Wilfried Schlau, Der Wandel in der sozialen Struktur der baltischen Länder. In: Die baltischen Nationen. Estland - Lettland - Litauen. [Hg.:] Boris Meissner. Köln 2. erw. Aufl. 1991, S. 365-366.
[13] Kurt v. Maydell, Die Baltendeutschen vor ihrer Umsiedlung. Ein statistischer Rückblick. In: Jomsburg 4 (1940), S. 59-90.

schnitten. Ähnliches galt für die zahlenmäßig und wirtschaftlich vor allem in Lettland nicht unbedeutende jüdische Minderheit[14]. Eine Hinwendung besonders der jüngeren deutschbaltischen Generation zu Zielen und Idealen der nationalsozialistischen Bewegung in den dreißiger Jahren war die Folge[15]. Der Hitler-Stalin-Pakt vom 23. August 1939 mit seinen geheimen Zusatzprotokollen vom gleichen Tag bzw. vom 28. September 1939 bedeutete für die baltischen Staaten den Anfang vom vorläufigen Ende[16]. In als „Umsiedlungen" bezeichneten Aktionen mußte die deutsche Bevölkerung 1939 bis 1941 Estland und Lettland fast vollständig verlassen;[17] die ersten Verhaftungen und Deportationen unter den sowjetischen Besatzern betrafen die zurückgebliebenen politischen, wirtschaftlichen, kulturellen und militärischen Führungsschichten Estlands und Lettlands, aber auch bereits Teile der jüdischen Bevölkerung, die als besitzende

---

[14] Im einzelnen: Michael Garleff, Die kulturelle Selbstverwaltung der nationalen Minderheiten in den baltischen Staaten. in: Die baltischen Nationen. Estland - Lettland - Litauen. [Hg.:] Boris Meissner. Köln 2. erw. Aufl. 1991, S. 87-107.

[15] Von lettischer Seite dazu jüngst: Inesis Feldmanis, Latvijas interesēm kaitīgās vācbaltiešu organizāciju darbības noverošana un apkarošana [Beobachtung und Bekämpfung der für Lettlands Interessen schädlichen Tätigkeit deutschbaltischer Organisationen]. in: Latvijas izlūkdienesti [Der lettische Nachrichtendienst] 1919-1940. 664 likteņi [664 Schicksale]. Rīga 2001, S. 169-189

[16] Allgemein: Erwin Oberländer, [Hg.]: Hitler-Stalin-Pakt 1939. Das Ende Ostmitteleuropas? Frankfurt a.M. 1989.

[17] Im einzelnen: Diktierte Option. Die Umsiedlung der Deutsch-Balten aus Estland und Lettland 1939-1941. Dokumentation. [Hg. und Einl.:] Dietrich A. Loeber. Neumünster 1. Aufl. 1972; Diktierte Option. Stellungnahme und Kritik. Eine Sammlung von Besprechungen. 1. Aus den Jahren 1973-1974. Kiel 1974. 2. Aus den Jahren 1974-1975. Kiel 1975. 3. Aus den Jahren 1975-1978. Kiel 1978. [Hg.:] Dietrich A. Loeber/Jürgen v. Hehn, Die Umsiedlung der baltischen Deutschen - das letzte Kapitel baltischdeutscher Geschichte. Marburg/Lahn 1982; von lettischer Seite: Inesis Feldmanis, Vācbaltiešu izceļošana. in: Latvijas arhīvi (1994), Nr. 3, S. 32-41 und Nr. 4, S. 35-45.

Schicht zu den „bourgoisen Elementen" gerechnet wurde.[18] Mehr als 70.000 von 95.000 Juden aus dem ehemaligen Lettland sowie 4.500 von 5.000 Juden aus dem ehemaligen Estland fielen ab Juli 1941 dem nationalsozialistischen Besatzungsregime in den Generalbezirken Lettland und Estland, auch unter Beteiligung einheimischer Mordgehilfen, zum Opfer.[19] Die Staaten, die im Rahmen ihrer zivilen Gesellschaften bis in den Zweiten Weltkrieg hinein ihrer jüdischen Bevölkerung und darüber hinaus Flüchtlingen aus dem Deutschen Reich und dem besetzten Polen Schutz geboten hatten, existierten nicht mehr.

(Tabelle 3 siehe nächste Seite)

---

[18] Ezergailis, Andrew: The Holocaust in Latvia 1941-1944. The Missing Center. Riga/Washington D. C. 1996.

[19] In Estland und Lettland werden seit einigen Jahren die Ereignisse der Jahre 1939 bis 1945 und darüber hinaus von international besetzten Historikerkommissionen aufgearbeitet, die jeweils bei den jeweiligen Präsidialämtern angesiedelt sind und bereits eine Reihe von Konferenzen veranstaltet sowie Veröffentlichungen mit Detailuntersuchungen publiziert haben.

Tabelle 3: Die Bevölkerungsverluste Estlands und Lettlands im Zweiten Weltkrieg und während der stalinistischen Gewaltherrschaft (1953-1956)[20]

	Estland	Lettland
Bevölkerung 1939		
Gesamt	1.130.000	2.000.000
davon Titularnation	88,2 %	75,5 %
Bevölkerung Ende 1945		
Gesamt	850.000	1.400.000
davon Titularnation	94,0 % (?)	83,0 % (?)
Bevölkerung Anfang 1955		
Gesamt	1.157.000	2.010.000
davon Titularnation	74,0 % (?)	62,0 % (?)
Verluste im Weltkrieg 1939-1945	280.000	600.000
Deportationen/Verhaftungen 1946-1953	80.000	100.000
Tote des Guerillakrieges bis 1955	15.000	25.000
Geburtenüberschüsse		
Titularnation	50.000	60.000
Andere	20.000	40.000
Immigration		
Titularnation	100.000	100.000
Russen u. a.	230.000	535.000

---

[20] Hier nach: Romuald Misiunas,/Rein Taagepera, The Baltic States. Years of Dependence. Berkeley/Los Angeles 1993, S. 354-358. Die Zahlen geben ungefähre Schätzungen wieder, die erst gegenwärtig aufgrund der geöffneten Archive in den baltischen Staaten von der Forschung nach und nach präzisiert werden.

Gesamtverluste an einheimischer Bevölkerung und Immigration

	Estland	Lettland
1939-1955	375.000	725.000
davon 1945-1955	95.000	125.000
In % der Bevölkerung von 1939	- 33 %	- 36 %
Immigration in % der Bevölkerung von 1939	29 %	31 %

Die Rückkehr der Roten Armee ab Herbst 1944 löste unter Esten und Letten eine Massenflucht in den Westen, entweder zusammen mit der Wehrmacht nach Deutschland oder über die Ostsee nach Schweden aus.[21] Schwerwiegend wirkte sich die Sowjetisierung, die 1941 beim Rückzug der Roten Armee unterbrochen worden war, auf die durch bereits zwei Besatzungsregime demoralisierte Bevölkerung aus: der Herrschaftsapparat wurde zunehmend mit sogenannten Rußlandesten und -letten, kommunistischen Reemigranten, besetzt, hinzu traten sowjetische, überwiegend russische Funktionäre (siehe Tabelle 3) und die Verlegung starker Militärverbände in den nunmehr Westen der Sowjetunion. Der militärische Widerstand der Balten, der Partisanenkrieg der sogenannten „Waldbrüder"[22] konnte erst gebrochen werden, nachdem den Partisanen die menschliche und logistische Grund-

---

[21] Allgemein wird von ca. 100-120.000 Letten und ca. 60-80.000 Esten ausgegangen, also jeweils ca. 8-9% der estnischen und lettischen Bevölkerung. Die Zahlenangaben zu den Flüchtlingen gegen Ende des Krieges in der wissenschaftlichen Literatur variieren stark.
[22] Von estnischer Seite dazu: Mart Laar, Metsavennad [Waldbrüder]. Tallin 1993; von lettischer Seite, Heinrihs Strods, Latvijas nacionālo partizānu karš 1944-1956 [Der Krieg der nationalen Partisanen Lettlands]. Riga 1996.

lage entzogen wurde, als die Bauernschaft ab 1947 zwangskollektiviert und 1949 größtenteils deportiert wurde.[23]

Epilog

Innerhalb von nur einhundert Jahren oder knapp vier Generationen hatte sich das Baltikum grundlegend verändert: Wer gegen Mitte des 19. Jahrhunderts die baltischen Ostseeprovinzen bereiste, hatte immer noch das Gefühl, in Preußen zu sein: deutscher Adel auf dem Lande, deutsche Bürger in den Städten prägten als quantitativ zwar dünne, aber effektive Oberschicht das Land, Esten und Letten in überwiegend bäuerlichen Verhältnissen lebend, befanden sich erst zu Beginn des Entstehens eines nationalen Selbstgefühls. Mitte des 20. Jahrhundert gehörten die nur kurze Zeit selbständigen baltischen Staaten bereits zu Stalins Russland, einem Imperium, das von sich behauptete, mit einem besonderen Weg, einem sozialistischen Großversuch, das westliche demokratische Modell der Modernisierung nicht nur einholen, sondern sogar überholen zu können. An die Stelle der Deutschen teilweise der Juden, waren in den großen Städten des Landes russischsprachige Bewohner getreten. Unter fremder Herrschaft leben zu müssen, war für Esten und Letten nichts neues. Die jüngste Vergangenheit sollte zeigen, dass sie auch diesmal wieder verstehen würden, ihre „Sternstunde der Menschheit" (Stefan Zweig) zu nutzen, um aus dem Zerfall des Sowjetimperiums nach einer Übergangsphase als vollberechtigte Mitgliedstaaten der EU und der NATO hervorzugehen. Die baltische Geschichte bleibt offen.

---

[23] Der nach wie vor beste Überblick zur sowjetischen Zeit in den Baltischen Staaten: Romuald Misiunas/Rein Taagepera, The baltic states. Years of dependence. Berkeley/Los Angeles 2. Aufl. 1993.

23

RIGAER KUNSTSZENE UND IHRE PROTAGONISTEN WÄHREND DER ZEIT DES RIGAER KUNSTVEREINS (1870–1938)

Kristiāna Ābele

Der Rigaer Kunstverein kam als ein langgehegtes Kind des Jahres 1870 zur Welt, und wenn ich die Zeitspanne seiner Wirkung bedenke, so möchte ich sie mit einem knapp siebzigjährigen Menschenleben vergleichen, das in einer bewegten Zeit der baltischen Geschichte auf einer radikal wechselnden historischen Szene verlaufen ist. Der Kunstverein wurde in einer zunehmend wachsenden westlichen Hafenstadt des Russischen Kaiserreiches geboren, die sich damals erst kürzlich von ihrem mittelalterlichen Festungsband befreit hatte, und es war in der Hauptstadt der ersten Republik Lettland, wo sein Leben kurz vor dem Verlust der staatlichen Unabhängigkeit zu einem stillen Ende kam. Geboren in einer bildkünstlerisch - in Anbetracht der einheimischen Kräfte - ganz armen Stadt und gestorben im Umkreis von etwa 400 Rigensern, die sich als Fachleute auf dem Gebiet der bildenden Kunst bezeichnen konnten.[24]

Es war am Freitag, dem 22. Mai (3. Juni) des Jahres 1870, dass die als Rigaer Kunstverein getaufte Stiftung zur „Förderung der Kunst sowie der Belebung und Verbreitung des Kunstsinnes in Riga" von einer konstituierenden Versammlung im Rigaer Realgymnasium auf Initiative der literärisch-praktischen Bürgerver-

---

[24] Die Anzahl der künstlerisch gebildeten Fachleute im Jahre 1939 nach Skaidrīte Cielava, „Tēlotāja māksla un dekoratīvi lietišķā māksla" (Bildende Kunst und angewandte Kunst), Rīga: Enciklopēdija (Riga-Enzyklopedie), Riga 1988, S. 125.

bindung ins Leben gerufen wurde,[25] und die 34 Anwesenden, bei den wir uns für dieses Ereignis bedanken können, stellten hauptsächlich die insgesamt sehr geringe kunstbewusste grossbürgerliche und adlige Oberschicht der damaligen Gesellschaft dar.

An dieser Stelle der in Aussicht genommenen „Lebensgeschichte" seien noch etliche andere Kinder der gleichen Jahrgänge erwähnt, die fast ausschließlich außerhalb von Riga geboren wurden, um gerade in einem Jahrhundertviertel ins Gesichtskreis des gleichaltrigen Kunstvereins zu treten und die Rigaer Kunstszene nach einem langen Schlummer zu beleben. Es sind vor allem, um nur wenige hier zu benennen, der arme kurländische Dorfschmiedssohn Jānis Rozentāls/Jan Rosenthal (1866-1916) aus Saldus/Frauenburg, der Mitauer Ratsherrn- und Kaufmannssohn Johann Walter/Jānis Valters (1869-1932) und der livländische Bauerssohn Vilhelms Purvītis/Wilhelm Purvit (1872-1945).

Der merkwürdige und jener Zeit so sehr eigene Unterschied zwischen den beiden Welten kommt in Kindheitserinnerungen des Landschafters und unter anderem auch späteren Direktionsmitglieds des Kunstvereins Vilhelms Purvītis deutlich vor: „Man schrieb das Jahr 1880. Ich war 8 Jahre alt und (...) meine ersten Zeichenversuche stammen aus dieser Zeit. Ein Bild hatte ich damals noch nicht gesehen, ebensowenig eine Zeichnung. Aber irgendein innerer Drang trieb mich immer wieder dazu, einen Baum, eine Scheune, ein Tier oder sonst irgend etwas, so gut so ich konnte zu Papier zu bringen. Ich tat es ganz im Geheimen. Niemand durfte mich beim Zeichnen beobachten, niemand meine Zeichnungen sehen: denn so ungewöhnlich erschien mir selbst meine Beschäftigung, daß ich mich ihrer schämte."[26]

---

[25] Nicolai Röpenack, Beitrag zur Geschichte des Kunstvereins in Riga, zur Feier des 22. Mai 1895 dem Kunstverein gewidmet, Riga [1895], S. 16.

[26] Wilhelm Purvits, Mein Weg zur Kunst. Ostland, Jg. 1, Heft 1 vom Juli 1942, S. 20.

Dies war Geschichte der vielen, und Gott sei Dank, dass der bildkünstlerische Drang bei diesem Bauernknaben in seiner volkstümlichen, erdverbundenen und ganz kunstfremden Umgebung jedoch gewaltiger war als sein Schamgefühl.

Den in den ersten Geschäftsjahren mit gewissem Erfolg begonnenen Versuchen des Kunstvereins, regelmäßige Ausstellungen in Riga zu veranstalten, standen zeitweilig verschiedliche Schwierigkeiten im Wege, und es war erst gegen die Mitte der 90er Jahre, dass diese für die Öffentlichkeit entscheidende Tradition zum 25. Jubiläum des Vereins mit ein paar umfangreichen Kunstschauen wieder aufgenommen wurden.[27] Darauf zeigte man vorwiegend ausländische Kunst, und unter den Exponenten der eigentlichen Jubiläumsausstellung im Polytechnikum finden wir wirklich klanghafte deutsche Künstlernamen des ausgehenden 19. Jahrhunderts - wie Arnold Böcklin, Franz von Lenbach, Max Liebermann, Adolf Menzel, Fritz von Uhde, Lesser Ury.[28] Es fehlte noch an einer konkurrenzfähigen einheimischen Kunst, die die wenigen Balten, wie der junge Bernhard Borchert (1863-1945), Gerhard Baron von Rosen (1856-1927) u.a. mit einer adlig-bürgerlichen Freizeitkünstlerinnenschar, noch nicht darbieten konnten. Trotzdem ließen die Protagonisten der kommenden Jahrhundert-wende auf sich nicht mehr lange warten.

Zum eigentlichen Zentrum einer rasch entwickelnden und zunehmend zeitgemäßen Kunstauffassung im Laufe der 1890er Jahre war die aus dem Petersburger Studentenkreis gebildete lettische Künstlergemeinschaft „Zwerg" („Rūķis") geworden. Auf der Lettischen Ethnographischen Ausstellung zur Zeit des 10. Archäologischen Kongresses im Sommer 1896 hatten die tüchtigen „Zwerge" eine besondere „Kunstmalereiabteilung" eingerichtet, die dem Rigaer Publikum ein Zeugnis ablegte, dass „auch

---

[27] Röpenack, (wie Anm. 25), S. 71-72.
[28] Katalog zur Jubiläums-Ausstellung des Kunstvereins zu Riga im Polytechnicum. April 1895.

auf diesem Gebiete das lettische Volk etwas zu lernen vermag".[29] Im Zentrum der allgemeinen Aufmerksamkeit stand das jetzt im Staatlichen Kunstmuseum hängendes Ölgemälde „Nach beendetem Gottesdienst" (1894) von Rozentāls, (Abb. 1) wofür die Petersburger Kunstakademie ihm schon zwei Jahre vorher den Künstlergrad ersten Ranges zugesprochen hatte. Keine deutsche Tageszeitung in Riga konnte ohne Würdigung der großartigen, für die lettischen Ostseeprovinzen noch beispiellosen figürlichen Milieudarstellung auskommen,[30] und im nächsten Herbst fiel es an Rozentāls selbst, aus Petersburg über die Leistungen seiner Kollegen Walter und Purvītis (Abb. 2) als Repräsentanten „einer selbstständigen Kunstanschauung und moderner Denkweise" auf der neuen akademischen Konkurrenzausstellung (1897) zu berichten. „Da ist alles Licht und Leben," schrieb er von der Marktszene des Mitauers Johann Walter mit zwei sonntäglich bekleideten jungen Damen im Vordergrund. „Geistvoll behandelt, ist das Ganze ein Stück wirklichen Lebens und zwar Mitauer Lebens."[31] Zum Schluss der lobenden Betrachtung wünschte der Rezensent, dass die beiden jungen Künstler ihrer Heimat nicht den Rücken kehren und in ihren Werken die Liebe zum Mutterland fortklingen lassen: „Ich bin überzeugt, daß ihr Land ihnen in keiner Weise die Anerkennung versagen wird, die sie in der großen Hauptstadt in solchem Maße genossen."

Die erhabene Absicht der begeisterten „Zwerge", ihre Bestrebungen der Stiftung und Förderung einer modernen Kunsttra-

---

[29] Die lettische ethnographische Ausstellung. Düna-Zeitung Nr. 176 vom 7. (19.) Aug. 1896.
[30] Vgl. Düna-Zeitung (wie Anm. 6), L. G., Die lettische ethnographische Ausstellung. II, Rigasche Rundschau Nr. 173 vom 3. (15.) Aug.; –c–, Die lettische ethnographische Ausstellung, Rigaer Tageblatt Nr. 176 vom 8. (20.) Aug. 1896.
[31] [Jan Rosenthal], Zwei baltische Künstler, Düna-Zeitung Nr. 267 vom 25. Nov. (7. Dez.) 1897.

dition im Baltikum hinzugeben, brachte sie einen nach dem anderen in die Heimat zurück. Nach einer einflussreichen Reise der drei tapferen Kameraden mit dem berühmten russischen Landschafter, Professor Archip Kuindschi durch Westeuropa spielten Purvītis und Walter die künstlerisch entscheidende Rolle auf der Eröffnungsausstellung des Rigaer Kunstsalons, womit eine neue und wirklich ereignisvolle Seite in der Geschichte des Kunstvereins am 5. (17.) Dezember 1898 eröffnet wurde.[32] Eigentlich war das langerwartete Ausstellungslokal in einer bescheidenen vierräumigen Mietwohnung am Basteiboulevard 9a eingerichtet, und der schriftführende Direktor des Vereins, Woldemar Baron von Mengden, in seinem späteren Rückblick auf die sechsjährige Tätigkeit des Salons pessimistisch schrieb, dass diese Anstalt gewiss nur einem verhältnismäßig geringen Teil der 300.000 Bewohner der Stadt bekannt wurde.[33] Trotzdem war die Situation gar nicht mehr so schlimm, da den Rigensern zum ersten Mal die früher ungeahnte Möglichkeit gegeben war, noch vor der Eröffnung des Städtischen Kunstmuseums sechs Jahre lang Tag um Tag etwas Kunst auf nahezu 50 wechselnden Ausstellungen kennenzulernen. Damit hatte der Kunstverein einige seinem Statut entsprechende Ziele endlich erreicht, und, obgleich es auf diesen Veranstaltungen an berühmtesten Namen der zeitgenössischen westeuropäischen Kunst natürlich fehlte, konnte das Rigaer Publikum sowieso ziemlich viel von guter und seinem Verständnis der Modernität entsprechenden russischen, deutschen, finnischen und französichen Malerei zu sehen bekommen.

Purvītis und Walter bedeuteten damals den Inbegriff der modernen Kunst auf der einheimischen Szene, und zunächst lernte

---

[32] Woldemar Freiherr von Mengden, Der Salon des Rigaer Kunstvereins: Ein Rückblick, Baltische Monatsschrift, 1905, Heft 2, S. 101.
[33] Ebenda.

man von ihnen, „ungeahnte Schönheiten"[34] in anspruchslosen, häufig skizzenhaften, aber stimmungs- und poesievollen Naturausschnitten zu entdecken. Gerade die kunsterzieherische Bedeutung dieser ungezwungenen Freilichtmalerei ist von damaliger Kunstkritik besonders hervorgehoben worden,[35] und dass das Publikum sich in dieser Richtung wirklich erziehen ließ, sehen wir am beispiellosen Erfolg der Purvit-Ausstellung 1904, die zur bestens besuchten Veranstaltung in der Geschichte des Kunstsalons wurde, alle früheren Rekorde ausländischer Meister schlagend.[36] Eine andere Rigaer Variante der modernen Kunstanschauung kam in der Verbindung von Jugendstilmustern und symbolhaften Märchengestalten im Werke von Rozentāls und seinem deutschbaltischen Freunde Bernhard Borchert zum Vorschein.

Auf dem Gebiet der bildenden Kunst hatte die Stadt ihre fortschrittlichsten Kräfte nicht selbst gezogen, aber von außen gesammelt - diese und andere Künstler, die den Durchbruch zu einer modernen Kunst verhelfen konnten, sind in ihrer überwiegenden Mehrzahl außerhalb Rigas geboren und ausschließlich fern von den Ostseeprovinzen gebildet worden. In der zunächst noch ziemlich kunstfremden Heimat brauchten sie aber viel Unterstützung und Förderung durch Kontakte, Vermittlung, Einkäufe und Aufträge, womit anfänglich vor allem die kunstgenussfähigen deutschen Kreise des Kunst-vereins ihnen helfen konnten. Etwas später, im Jahre 1905, als es zu einer vom heutigen Ge-

---

[34] –um– [Wilhelm Neumann?], Kunstsalon. Purwit-Ausstellung, Düna-Zeitung Nr. 31 vom 7. (20.) Febr. 1904.

[35] –tz [Friedrich Moritz], Kunst-Salon. Ausschnitt aus der Düna-Zeitung (Dez. 1901 – Jan. 1902) in den Akten des Rigaer Kunstvereins 1901/1902, Lettisches Historisches Staatsarchiv, Best.-Nr. 4213, Verz.-Nr. 1, Akten-Nr. 29, Bl. 84.

[36] Rechenschaftsbericht der Direktion des Rigaschen Kunstvereins pro 1903–1904, Lettisches Historisches Staatsarchiv, Best.-Nr. 4213, Verz.-Nr. 1, Akten-Nr. 85, Bl. 10.

sichtspunkt unnütz übertriebenen national bedingten Spaltung im Rigaer Künstlertum gekommen war, sah sich der volkstümlich als genial bezeichnete Lette Purvītis auf der Höhe seines internationalen Erfolgs durch einen deutschfeindlichen Artikel veranlasst, der ganzen Gesellschaft durch die Presse folgende Erklärungen abzugeben, die ich ihnen hier abgekürzt zitiere: „Meine Übersiedlung nach Riga ist auf Veranlassung von deutscher Seite erfolgt. Deutsche Kunstschriftsteller sind für meine damals wenig populäre Malerei in durchgreifendster Weise eingetreten. (…) Gerade die deutschen Elemente haben durch ihre Vermittlung mir die Gelegenheit gegeben, im Auslande bekannt zu werden. Meine Einnahmen sind zu 5/6 nichtlettischen Ursprungs."[37]

Der Jahrhundertwende 1900 entstammen die ersten Versuche, die Geschichte der bildenden Kunst im Baltikum zusammenzutragen. Zur Feier des siebenhundertjährigen Bestehens der Stadt Riga im Sommer 1901 wurde eine retrospektive Ausstellung von Werken baltischer Künstler aller Zeiten veranstaltet, der die Herausgabe des von Wilhelm Neumann (1849-1919) bearbeiteten Buches „Baltische Maler und Bildhauer des XIX. Jahrhunderts" schon im nächsten Jahre folgte. Das Buch wie die Ausstellung endete mit den Leistungen der obengenannten jungen Künstler, und man spürte darin noch nicht, dass das Wachstum und der Emanzipationstrieb der lettischen Künstlerschaft in der brennenden sozialpolitischen Situation sehr bald zu einem nationalen Konflikt führen wird.

Inzwischen kam die Stadt Riga zur Frage eines besonderen Museumsgebäudes zurück, und mit der Durchführung seines eigenen Projekts wurde der schon erwähnte Architekt und Kunsthistoriker Wilhelm Neumann beauftragt, dessen vielseitige Begabungen ihm daraufhin erlaubten, zum Herrn Museumsdirektor

---

[37] Wilhelm Purvit, Der neue Künstlerverein und die radikale Petition der lettischen Intelligenz, Düna-Zeitung Nr. 179 vom 18. (31.) Aug. 1905.

im selbstständig entworfenen Hause auf der Esplanade an der Ecke der Elisabeth- und der Nicolaistrasse (jetzt K. Valdemāra iela 10a) zu werden.[38] Am 26. Januar (8. Februar) 1905 wurden dem Rigaer Kunstverein neue Räume im Museum von der Stadt zur unentgeltlichen Benutzung auf 10 Jahre übergeben,[39] und es war auf den Direktionsversammlungen schon lange viel gestritten worden, was man aus der geplanten Eröffnungsausstellung des neuen Lokals machen sollte - eine nordische Kunstschau, da die skandinavische und finnische Kunst in jener Zeit wirklich große internationale Berühmtheit genoß, oder eine programmatische Ausstellung baltischer Künstler, ein Vorhaben, das hauptsächlich bei Künstlermitgliedern des Vereins Unterstützung fand. Dieser Streit verlangte ausführliche Stellungnahmen, und Mengden, zum Beispiel, war der Meinung, was für die Vereinstätigkeit auch sonst sehr bezeichnend ist, dass der Kunstverein nicht gerade die baltische Kunst zu pflegen hat, sondern die KUNST im allgemeinen. „Die Situation unseres Landes", sagte er, „fern von allen Kunstzentren weist dem Verein seine Aufgabe, das Publikum auf der Höhe zu halten, die andere Länder haben."[40]

Endgültig kam es jedoch zur baltischen Ausstellung, auf der aber aus politischen Gründen gar nichts von Purvītis und von Walter, der sich mit dem Freunde solidarisch erklärt hatte, zu sehen war.

Von dem übriggebliebenen nicht geringen Exponentenkreis außer Rozentāls, der die ganze Veranstaltung auf Seiten der letti-

---

[38] Siehe u.a., Das städtische Kunstmuseum zu Riga, zum 25. Jahrestag seines Bestehens. Der Angestellte: Zeitschrift des Verbandes der deut-schen Angestellten in Lettland, Heft 1 vom November 1930, S. 21-23.

[39] Vereinbarung der Stadt Riga mit dem Rigaer Kunstverein. Riga am 26. Januar 1905, Lettisches Historisches Staatsarchiv, Best.-Nr. 4213, Verz.-Nr. 1, Akten-Nr. 1, Bl. 25-27.

[40] Protokoll einer Sitzung der Direktion und des Ausschusses des Rigaer Kunstvereins am Montag, den 26. April (9. Mai) 1904. Lettisches Historisches Staatsarchiv, Best.-Nr. 4213, Verz.-Nr. 1, Akten-Nr. 3, Bl. 156.

schen Monatsschrift „Vērotājs" (Beobachter) dargestellt hatte, besonders erwähnt sei die Bildnismalerin und Zeichnerin Eva Margarethe Borchert-Schweinfurth, (Abb. 3 und 4) geb. Schweinfurth (1878-1964). Von Rozentāls bewundernd als „geniale Frau" bezeichnet,[41] gehörte sie zu den wenigen Rigaer Künstler, die von der deutschen und lettischen Kunstkritik mit gleichem Interesse aufgenommen wurden. Aus Anlass der Arbeit an einem in Aussicht gestellten biographischen Aufsatz ist es mir gelungen, weit über hundert Besprechungen ihrer Kunst in der nur lückenhaft zugänglichen Rigaer, Revaler, Mitauer und Dorpater Presse zusam-menzutragen, und diese Zahl spricht für sich selbst. Sie erregte viel Aufmerksamkeit mit ihren ganzfigürlichen Frauenporträts und ganz besonders mit der postimpressionistischen Streifenmanier des Farbauftrags, die sie nach längeren Aufenthalten im Westen um 1906-1908 zu pflegen begann. Man glaubte, und nicht ohne Grund, Frau Borchert-Schweinfurth sei die beste deutschbaltische Künstlerin jener Zeit, die nicht nur ihren Mann, den liebenswürdigen Illustratoren Bernhard Borchert, sondern auch das ganze deutschbaltische Künstlertum beider Geschlechter weitaus zu übertreffen vermag. Gerade mit dem Beitrag dieser jungen Rigaer Dame hatte die Gleichstellung der Frau an der Spitze der baltischen Kunst angefangen. Dennoch, wenigstens einem Kollegen schienen ihre Gestalten nicht zu modern, aber zu bürgerlich,[42] und es war der expressive lettische Maler Voldemārs Zeltiņš/Woldemar Selting (1879-1909), eine von Zeitgenossen mit van Gogh verglichene Künstlerfigur, der

---

[41] R. [Jānis Rozentāls], Rīgas jaunā mākslas muzeja atvēršana un Baltijas māksliniekū izstāde. III. (Die Eröffnung des neuen Kunstmuseums in Riga und die Ausstellung baltischer Künstler. III), Vērotājs (Beobachter), Heft 12 vom Dezember 1905, S. 1493-1494.

[42] Voldemārs Zeltiņš, Rīgas jaunā mākslas muzeja atvēršana un Baltijas māksliniekū izstāde. (Die Eröffnung des neuen Kunstmuseums in Riga und die Ausstellung baltischer Künstler), Pret Sauli (Sonnenwärts), Heft 3, 1906, S. 130.

von ihrem Leben, malerischen Werk und frühen Tod in einer durchaus nonkonformistischen, anti-bürgerlichen Weltanschauung sinnbildlich erfüllt war.

Im zweiten Lebensjahre des neuen Museumsgebäudes gab Neumann das „Beschreibende Verzeichnis der Gemälde der vereinigten Sammlungen der Stadt Riga, des Rigaschen Kunstvereins und des ehem. Rigaschen Ratsherrn Friedrich Wilhelm Brederlo" (1906) heraus. In der neuen Nachbarschaft, „einem gesunden Prinzip der Arbeitsteilung" entsprechend, beschäftigte sich das Museum vorwiegend mit der Kunst der Vergangenheit, und der Kunstverein war bestrebt, das Publikum mit der zeitgenössischen Kunst bekannt zu machen.[43]

Trotzdem, nach der Eröffnung der nächsten baltischen Gemäldeausstellung zu Anfang 1909, wies die liberale deutsche Zeitung „Rigasche Neueste Nachrichten" sehr kritisch darauf hin, dass diese Veranstaltung eine ausschließlich deutschbaltische sei. „Warum meiden unsere Künstler anderer Nationalitäten des Kunstvereins?" fragte das Blatt. „Es ist dies sehr zu bedauern, und es kann der Direktion des Kunstvereins der Vorwurf ungenügender Bemühungen oder mangelnden Entgegenkommens nicht erspart werden."[44]

Wo lag der Grund dieser Kritik? Die Leitung des Kunstvereins hatte sich doch immer auf den Standpunkt zu stellen versucht, dass die Kunst international ist und die Statuten dem Verein die Bevorzugung einer Nation oder Malerschule untersagt hatte. Trotzdem waren über 90 Prozent der Vereinsmitglieder deutscher Nationalität und für das weitere Publikum galt er als ein deutscher Verein.[45]

---

[43] Wilhelm Sawitzky, Zwei Kunstausstellungen. Rigasche Neueste Nachrichten Nr. 19 vom 25. Jan. (7. Febr.) 1910.

[44] –d. –h., Gemäldeausstellung. Rigasche Neueste Nachrichten Nr. 17 vom 22. Jan. (4. Febr.) 1909.

[45] Mengden, (wie Anm. 32), S. 118.

Der Kunstverein war, wie schon früher erwähnt, auch keine besondere Künstlervereinigung, die die beruflichen Interessen der Künstlerschaft eindeutig repräsentierte, und so kommt es zur Gründung des Baltischen Künstlerbundes oder Baltischen Künstlerverbandes im Januar 1910 - mit dem Zweck, die „Künstler der russisch-baltischen Provinzen zur Wahrung ihrer gemeinsamen Interessen zu einigen, die ästhetische Bildung im Lande zu fördern und die einheimischen Künstler auch außerhalb der Grenzen mit dem Publikum bekannt zu machen".[46]

Mitglieder des Bundes konnten in den baltischen Provinzen lebende Künstler und Künstlerinnen baltischer Herkunft werden. Die Initiative kam von der deutschen Seite, und zur Gründungsversammlung am 13. (26.) Januar hatte man etwa fünfzig Künstler eingeladen - hauptsächlich deutsche, dann einige Esten, einen Russen und neun Letten.

Die Gesamtzahl der schöpferisch tätigen lettischen bildenden Künstler war damals schon auf etwa vierzig gestiegen - seit den „sieben Zwergen" (Jānis Rozentāls, Arturs Baumanis, Ādams Alksnis, Johann Walter, Staņislavs Birnbaums, Pēteris Balodis, Vilhelms Purvītis) auf der ethnographischen Ausstellung 1896. Die lettischen kunstinteressierten Kreise setzten diesem Annäherungsvorschlag ihre Absicht entgegen, einen eigenen Verein zur Förderung der lettischen Kunst zu gründen. In seinem Presseartikel „Baltischer Künstlerverband und lettische Künstler" wies der Maler, Schriftsteller und Kunstkritiker Jānis Jaunsudrabiņš (1877-1962) wiederholt auf die bestehende Kluft zwischen den größten Nationalitäten unseres Landes hin." [47] Er hob vor allem die Notwendigkeit eines engeren Verkehrs unter Kindern seines Volkes hervor, um die nationale Eigenart in ih-

---

[46] Statut des Baltischen Künstler-Bundes, Lettisches Historisches Staatsarchiv, Best.-Nr. 4213, Verz.-Nr. 1, Akten-Nr. 1, Bl. 1.
[47] Jānis Jaunsudrabiņš, Baltijas mākslinieku biedrība,, un latviešu mākslinieki,, (Baltischer Künstlerverband und lettische Künstler), Latvija Nr. 10 vom 14. (27.) Jan. 1910.

rem Schaffen zu pflegen. An gleicher Stelle kritisierte er die Meinung, dass die Malerei mit der Sprache nichts zu tun hat und dass sie ebenso international wie Musik sein kann. In der damaligen gesellschaftlichen Situation war dieser im künstlerischen Emanzipations- und Selbsterhaltungstrieb gewurzelte Nationalismus geradezu unentbehrlich und gewissermaßen sogar notwendig. Es gab aber auch solche Künstler, die damit nicht einverstanden waren und sich auf dem ideologischen Schlachtfeld der nationalen Konflikte nicht wohl fühlten. So hatte Purvītis schon früher geschrieben, dass er „nur die persönliche Note anerkennt, nur Persönlichkeiten verlangt und es der Geschichte überlässt, sich mit dem Nationalen auseinanderzusetzen".[48] Sein Freund und Kollege Johann Walter, der eigentlich dem Mitauer Deutschtum entstammte und dem die lettische Kunst ihr Streben nach einem malerisch verfeinerten Kolorismus verdankt, hatte die Heimat Anfang 1906 enttäuscht verlassen und war nach Dresden übergesiedelt, wo er unter dem Künstlernamen Joh. Walter-Kurau (Abb. 5) auszustellen begann.[49]

Die offizielle Gründung des lettischen Kunstvereins fand im nächsten Jahr 1911 statt, und die Tätigkeit der beiden Vereinigungen zeichnete sich durch mehrere große Ausstellungen aus. Dass die lettischen Künstler in ihrer Emanzipation auf die deutsche Kunsttradition nicht immer verzichtet hatten, sehen wir an dem absichtlich altmeisterlichen, an Vorbilder Lucas Cranachs des Älteren mahnenden Gemälde „Litauerin" („Aetatis 48", 1908) des jungen Bildnismalers Jānis Roberts Tillbergs (1880-1972) (Abb.6) aus dem „Jahrbuch für bildende Kunst in den Ost-

---

[48] Purvītis, (wie Anm. 37).
[49] Über die Gründe der Umsiedlung und sein neues Leben in der sächsischen Wahlheimat (1906–1916) siehe Kristiāna Ābele, Jānis Valters Drēzdenē (Johann Walter in Dresden), in Anita Rožkalne (Hg.), Materiāli par kultūru mūsdienu Latvijas kontekstā (Beiträge zur Kulturgeschichte im Kontext des heutigen Lettlands), Riga 2001, S. 134–169.

seeprovinzen" (Jg. IV, 1910). Tillbergs war Gründungs-mitglied des lettischen Kunstvereins, und sein noch in der Petersburger Studienzeit entstandenes Bild erregte viel Aufsehen auf der 1. Ausstellung lettischer Künstler im Sommer 1910. Purvītis und Rozentāls stellten aber mit dem Baltischen Künstlerbund aus. Zum besten, was der Künstlerbund darbieten konnte, gehörte der Beitrag des schon erwähnten Künstlerpaars Borchert, ferner noch Werke des jungen Litauers Petras Kalpokas (1880-1945), der seinen ersten Kunstunterricht bei Walter und Purvītis erhalten hatte, um das Studium endgültig in München fortzusetzen.[50]

Allgemeine Beliebtheit bei Kritikern und Publikum in Riga und Reval genossen die schlicht komponierten, anspruchslosen und in ihrer „geschickten Sparsamkeit"[51] spielerisch eleganten, „technisch und geschmacklich gleich gut behandelten"[52] Farbholzschnitte von Alice Dmitrijew (1876-1945) (Abb. 7 und 8) - sogar der sonst schonungslose Jūlijs Madernieks/Julius Maderneek (1870-1955) grüßte sie als eine neue, erfreulich vielversprechende Kraft auf dem noch knapp bearbeiteten Gebiet der einheimischen Druckgrafik.[53] Als Malerin trat Sophie Ljubow Grimm (1883-1958) „mit lebhaften grellen Farben"[54] auf die Szene,

---

[50] Über seine Beziehungen mit der lettländischen Kunstszene siehe Kristiāna Ābele, Petras Kalpokas and Latvian Art in the Early 20th century. Acta Baltica '99, Kaunas 1999, S. 128-140.

[51] Viktor Günther, Zweite Ausstellung des baltischen Künstlerbundes. Rigaer Tageblatt Nr. 249 vom 29. Okt. (11. Nov.) 1911.

[52] A. B., Zu Besuch bei den baltischen Künstlern. Revalsche Zeitung Nr. 291 vom 15. (28.) Dezember 1912.

[53] Jūlijs Madernieks, Baltijas mākslas gadagrāmata (Vsējums, 1911. g.). II„ (Jahrbuch für bildende Kunst in den Ostseeprovinzen, Jg. V, 1911). II), Dzimtenes Vēstnesis Nr. 1 vom 2. (15.) Januar 1912.

[54] W. N-n [Wilhelm Neumann], Die 3. Ausstellung des baltischen Künstlerbundes. Rigaer Tageblatt Nr. 67 vom 22. März (4. April) 1913.

die um 1910 zwei „schöne arbeitsreiche Jahre" bei Walter - „dem feinen Künstler und genialen Lehrer" - in Dresden verbracht hatte.[55] Die für ihren damaligen Stil bezeichnende, „stark und satt im Ton leuchtende"[56] „Gelbe Jacke" aus der III. Ausstellung des baltischen Künstlerbundes im März 1913 (Kat.-Nr. 45) und einige andere unsignierte studienartige Bilder der Künstlerin sind Ende der 1970er Jahre ihrem Meister Walter irrtümlich zugeschrieben und ins Buch über ihn aufgenommen worden.[57] Ständige Teilnehmerin des Rigaer Kunstlebens seit 1901 bis zum Ende der 1930er Jahre war die Malerin Martha Hellmann (1873-1972), die gleich nach der Jahrhundertwende in Dachau bei Adolf Hoelzel studiert hatte, so dass sie durch ihre erste Ausstellung im Salon des Kunstvereins auch die junge Rigaer Kunststudentin Ida Kerkovius anregen konnte.[58]

Die Tätigkeit der beiden letztgenannten Künstlerinnen, Grimm und Hellmann, setzte sich noch in Riga der Zwischenkriegszeit fort, als die Rolle des Kunstvereins und der deutschen Kunst im allgemeinen wesentlich abgenommen hatte. Mit dem Ausbruch des Ersten Weltkrieges waren die zwei ereignisvollsten Dekaden in der Lebensgeschichte des Rigaer Kunstvereins zum

---

[55] Werner Grosberg, Sechs Atelier - Sechs Künstler: Otto Pirang - Siegfried Bielenstein - Ferdinand Buchholz - Theodor Kraus - S. Ljubow Grimm - Martha Hellmann. Baltischer Almanach 1929, Riga [1928], S. 159.

[56] G.H. E. [Guido Hermann Eckardt], Ausstellung im Kunstverein. Rigasche Rundschau Nr. 56 vom 9. (22.) März 1913.

[57] Siehe Kārlis Sūniņš und Miķelis Ivanovs (Hg.), Jānis Valters, Riga 1978, Abb. 2, 6, 19-25, 34, 40, 43 (?), 44 (?), 84. Die Bilder befinden sich in einem Hilfsbestand des Staatlichen Kunstmuseums in Riga.

[58] Kristiāna Ābele, Rigaer Kunstleben um 1900 und erste Anregungen zur künstlerischen Entwicklung von Ida Kerkovius. in Gerhard Leistner (Bearb.), Ida Kerkovius (1879-1970). Gemälde, Pastelle, Aquarelle, Zeichnungen, Teppiche: Retrospektive. Museum Ostdeutsche Galerie Regensburg, 8. April bis 27. Mai 2001; Museum für ausländische Kunst Lettlands, 15. Juni bis 29. Juni 2001, Regensburg 2001, S. 27-31 (Schriften des Museums Ostdeutsche Galerie Regensburg; 27).

Ende gekommen, und im Geschäftsjahre 1919/1920, als der Verein seine regelmäßige Tätigkeit wieder aufnahm, war die Mitgliederzahl von fast 400 Menschen der letzten Vorkriegszeit auf 100 abgesunken.[59] Obwohl die Zahl dann wieder zu steigen begann, wurden viele frühere Aufgabengebiete des Kunstvereins von anderen Stiftungen des neuen lettischen Staates übernommen. Es geschah eigentlich erst in dieser Zeit, dass die Förderung der einheimischen deutschen Kunst zum Hauptzweck des Vereins gemacht wurde.

Die in Riga übriggebliebenen deutschen Künstler mussten jetzt ihr Anrecht auf Ausstellungsmöglichkeiten im Kunstmuseum beweisen und die zur Verfügung gestellten Räume genügend füllen.[60] Ab 1923 wurde die Gemäldeausstellung deutscher Künstler Lettlands zu einer mit wenigen Ausnahmen jährlich wiederkehrenden Tradition. In Berichten der Direktion des Kunstvereins an die Generalversammlung wurden aber immer öfter die folgenden Zeilen wörtlich wiederholt: „Während des ausgegangenen Geschäftsjahres hat sich im Verhältnis zu den vorhergehenden Jahren im Leben des Kunstvereins nichts geändert. Nach wie vor konnte die Tätigkeit des Vereins nur eine sehr beschränkte sein."[61]

Die lettische Malerei entwickelte sich insgesamt von ihrem an französischen Vorbildern orientierten Modernismus der 20er Jahre zu einem farbig verfeinerten Realismus der 30er Jahre. Wurde das neue und das alte im zugleich klassischen und expres-

---

[59] Nikolai Schiemann, Rechenschaftsbericht der Direktion des Rigaschen Kunstvereins, erstattet auf der II. ordentlichen Generalversammlung am 1. März 1921. Lettisches Historisches Staatsarchiv, Best.-Nr. 4213, Verz.-Nr. 1, Akten-Nr. 4, Bl. 5.
[60] Frieda Neumann, Aus der Arbeit deutscher Künstler in Lettland. Jahrbuch des baltischen Deutschtums in Lettland und Estland 1930, Riga [1929], S. 100–101.
[61] Berichte pro Jahren 1927/1928 (1928/1929), Lettisches Historisches Staatsarchiv, Best.-Nr. 4213, Verz.-Nr. 1, Akten-Nr. 4, Bl. 100.

siven Spätwerk Purvītis zu einer wirkungsvollen Synthese gebracht. Die deutschen Ausstellungen wurden in der lettischen Presse mit einer linden, zahmen und herzlichen „Heimatkunst" verglichen. „Gewöhnlich leiden die Ausstellungen hiesiger deutscher Künstler an Blutarmut und Abwesenheit lebendigerer Impulse", resümierte die „Monatsschrift des Bildungsministeriums".[62] Man bewunderte ab und zu das zeichnerische Können von Theodor Kraus (1866-1948), die Stadtansichten von Alexander v. Stromberg (1892-1965) oder die leichte Aquarellmalerei dieser oder jener Künstlerin - etwas, woran es in der damaligen lettischen Kunst fast völlig fehlte. In diesem Bereich gehört auch der einzige bisher festgestellte Berührungspunkt, der diese Veranstaltungen mit der weiteren Kunstentwicklung in Lettland verbindet: Auf deutschen Gemäldeausstellungen begann die Ausstellungstätigkeit des damals jungen Architekturstudenten Kurts Fridrihsons/Kurt Friedrichson (1911-1991), eines vielseitig begabten und geisteswissenschaftlich hochgebildeten Künstlers, der zu einer einflußreichen nonkonformistischen Persönlichkeit während der Sowjetzeiten werden sollte.

Während ihrer Sommeraufenthalte in Lettland geschaffenen, farbenfreudigen Landschaftsbilder der ab 1908 in Deutschland lebenden baltischen Künstlerin Ida Kerkovius (1879-1970)waren im bescheidenen Kontext des heimatlichen deutschen Kunstgeschehens kaum vorstellbar. Dasselbe gilt für das modernistische Berliner Spätwerk von Johann Walter, das dem Rigaer Publikum auf seiner Gedächtnisausstellung im Jahre 1939 gezeigt wurde und von der Rigaschen Rundschau als „eine heillose Verwirrung des künstlerischen Sinnes" bezeichnet wurde.[63]

---

[62] S., Latvijas vācu māksliniekū X. glezņu izstāde. (X. Gemälde-ausstellung deutscher Künstler Lettlands), Izglītības Ministrijas Mēnešraksts, Heft 5/6, 1932, S. 487.
[63] –n., Gedächtnisausstellung Johann Walter. Rigasche Rundschau Nr. 77 vom 3. April 1939, S. 7.

Die spätesten festgestellten Einträge in den erhaltenen Akten des Rigaer Kunstvereins sind mit dem Jahre 1938 datiert. Leider ist es mir nicht gelungen, Informationen über eine dem Statut entsprechende, rechtsgültig stattgefundene Auflösung des Vereins zu finden, und so verschwindet seine Spur am Vorabend der großen Auswanderung des baltischen Deutschtums. Etwa zur gleichen Zeit war von der Staatsregierung beschlossen worden, alle in Lettland bestehenden Maler- und Bildhauervereine zum Verein der bildenden Künstler an der neugestifteten Kammer für Schrifttum und Kunst zusammenzufassen.[64] Diese Zentralisierung konnte den Kunstverein kaum betreffen, da er, wie schon früher erwähnt, keine berufliche Künstlergemeinschaft war. Trotzdem hatte er die entscheidenden Grundlagen seiner Tätigkeit allmählich verloren, und als wahrscheinlich letzte damalige Würdigung seiner historischen Rolle seien einige nachrufliche Zeilen aus dem Zeitungsartikel „Baltendeutsche Malerei" vom Anfang 1939 angeführt: „Neben den einzelnen Künstler darf der Kunstverein nicht vergessen werden, der - schon 1870 gegründet, - namentlich bisher zu einem fördernden Faktor wurde. Bedeutsam wurden für unsere Künstler besonders seine Ausstellungen und Vortragsabende, sowie die Sammlung und Bücherei, als auch seine Initiative bei der Errichtung des Kunstmuseums."[65]

Zum Schluss dieser so ausklingenden „Übersicht eines Menschenlebens" möchte ich noch einige Bemerkungen hinzufügen. Noch bis vor kurzem konnte ein lettischer Kunstinteressierter meinen, dass sich die deutsche Kunst in unserem Lande erst bis zur Mitte oder zum Ausgang des 19. Jahrhunderts entwickelt hat, und mit dem Auftakt der tüchtigen „Zwerge" im Schatten des Dreigestirns Purvītis, Walter und Rozentāls aufgehört hatte im repräsentativen Gemäldealbum „Lettische Malerei. Die vorsow-

---

[64] Die Kammer für Schrifttum und Kunst wird organisiert. Rigasche Rundschau Nr. 219 vom 29. Sept. 1938; Aus der Arbeit der Kammer für Schrifttum und Kunst. Rigasche Rundschau Nr. 226 vom 4. Okt. 1938.
[65] Baltendeutsche Malerei. Rigasche Rundschau Nr. 31 vom 7. Febr. 1939.

jetische Periode"[66] (1980), das mit dem Schaffen von Friedrich Hartmann Barisien, Karl Gotthard Grass und Johann Heinrich Baumann beginnt und keinen einzigen deutschbaltischen Künstlernamen von der Jahrhundertwende 1900 zu erwähnen. Man sprach von einer fremden, aus einem anderen Stoff geschaffenen Urkultur, einer Vorstufe, der eine wahre nationale Kunst gefolgt wäre; die nationalen Kulturgemeinschaften der Ostseeprovinzen wurden als „isolierte Inseln" (Eduards Kļaviņš) betrachtet. Es fällt noch jetzt ziemlich schwer zu verstehen, dass der deutsche Faden sich durch die ganze Rigaer Kunstgeschichte bis zum Ausbruch des Zweiten Weltkrieges zieht und die deutschen bildenden Künstler gleichzeitig mit den lettischen Künstlergruppen in der Zwischenkriegszeit gearbeitet haben. Zum Unterschied von Estland, wo das deutschbaltische Kunstleben in einer schon abgeschlossenen Bücherreihe „Das Kunstleben in den estnischen Städten im 19. Jahrhundert" (1993), „Das Kunstleben in den estnischen Städten 1900-1918" (1994) und „Das Kunstleben in Estland 1918-1940" (1999) von Rein Loodus dargestellt worden ist,[67] hat man bei uns kein ähnliches Forschungsvorhaben im Angriff genommen. Nur wenige deutschbaltische Künstler wurden in die zwei ersten, Mitte der 90er Jahre herausgegeben Bände des lettischen Lexikons „Bildende Kunst und Architektur in Biographien" („Māksla un arhitektūra biogrāfijās", I.-1995, II.-1996) aufgenommen, und dieselben zumeist mit abgekürzten „Hagen-Biographien", ohne selbständige Nachforschung, die etliche Fehler bei Hagen beheben könnte.

---

[66] Miķelis Ivanovs (Bearb.), Latviešu glezniecība. Pirmspadomju periods: Reprodukciju albums (Lettische Malerei. Die vorsowjetische Periode: Gemäldealbum), Riga 1980.

[67] Rein Loodus, Kunstielu Eesti linnades 19. sajandil, Tallinn 1993; Kunstielu Eesti linnades 1900–1918, Tallinn 1994; Kunstielust Eestis aastail 1918–1944, Tallinn 1999 (in estnischer Sprache mit deutschen Zusammenfassungen).

41

Trotzdem hat gerade das letzte Jahrzehnt verschiedene kleine Zeichen einer kunsthistorischen Gesinnungswende erkennbar gemacht. Bereits der Aufsatz „Das Künstlerpaar Borchert und die erste Generation der Gemeinschaft „Rūķis": Zur Frage der deutschen Künstler um die Jahrhundertwende im Baltikum von Prof. Eduards Kļaviņš im 1. Band der Greifswalder kunst-historischen Studienreihe „Kunst im Ostseeraum" (1995) erklärte seine Bereitschaft, die Lücken in diesem Bereich zu schließen. Von den jüngsten Ereignissen erwähnt sei die von Dace Lamberga betreute große Millenniumsausstellung „Symbolismus und Jugendstil in der bildenden Kunst Lettlands" (3. Januar - 2. April 2000), bei der man unter anderem zahlreiche dem breiteren Publikum ganz unbekannte deutschbaltische Kunstwerke aus dem Bestand des graphischen Kabinetts im Staatlichen Kunstmuseum zu sehen bekam. Die Geschwister Susa und Roland Walter, Alice Dmitrijew, Ernst Gaehtgens, Moritz von Grünewaldt ... - die zierlichen Bilder und Gestalten veranlassen uns, etwas mehr über die Signatoren dieser Zeichnungen, Farbholzschnitte, Radierungen und Aquarelle zu erfahren. Ein biographischer Aufsatz über Grünewaldt ist 2000 von Inta Pujāte in lettischer Sprache veröffentlicht worden.[68] Ich habe kürzlich versucht, die Unterlagen über Alice Dmitrijew für das Saur Allgemeines Künstlerlexikon zusammenzutragen und habe mich von der anspruchslos spielerischen Anmut ihrer Druckblätter überzeugen können.[69] Die Kustodinnen des Kunstmuseums bedauern jetzt, dass es im öffentlichen Besitz an einem solchen Gemälde wie das merkwürdige ganzfigürliche

---

[68] Inta Pujāte, Morics fon Grīnevalts un baltvācu mākslas dzīve Rīgā 19. gs. beigās un 20. gs. sākumā„ (Moritz von Grünewaldt und das deutschbaltische Kunstleben in Riga am Ende des 19. Jahrhundert. - Anfang des 20. Jahrhundert.), in Anita Rožkalne (Hg.), Materiāli par literatūru, folkloru, mākslu un arhitektūru (Beiträge über Literatur, Folklore, Kunst und Architektur), Riga 1999, S. 53-67.

[69] Saur Allgemeines Künstlerlexikon, München-Leipzig 2001, Bd. 28, S. 111.

Selbstbildnis Borchert-Schweinfurth aus dem „Jahrbuch für bildende Kunst in den Ostseeprovinzen" (Jg. 2, 1908) fehlt, und so wird man einiger Lücken nachträglich bewußt. Einerseits spielt man gern mit dem modernen Wohlklang einer historisch multinationalen Kunstszene, die gerade durch ihre Vielseitigkeit heute „verkaufbar", „anwendbar" und „konvertierbar" wird; andererseits begreift man die Notwendigkeit weitgehender Ergänzungen, um das Gesamtbild des lokalen Kunstlebens wahrheitstreuer zu machen. Zu diesen Zeichen einer notwendigen Wende gehört auch die von Dr. Gerhard Leistner betreute Ida-Kerkovius-Retrospektive im Museum für ausländische Kunst Lettlands (15. Juni - 29. Juli 2001), womit das Museum Ostdeutsche Galerie Regensburg etwa 60 ihrer Kunstwerke zum ersten Mal in der Heimatstadt der berühmten Künstlerin ausstellte, wo sie zu Lebzeiten nur einige frühe Dachauer Kreidezeichnungen a la Hoelzel auf der Gedächtnisausstellung Elise Jung-Stilling im Jahre 1904 der Öffentlichkeit gezeigt hatte.[70]

Das künstlerische Erbe der deutschen Minderheit öffnet noch weite Forschungsperspektiven - und zwar unter Berücksichtigung des organisatorischen Aspekts. Besonders sollte auch der riesige und nur grob verzeichnete Bestand des Rigaer Kunstvereins im Lettischen Historischem Staatsarchiv als reiche Quelle zum Studium des baltischen Kunstlebens aller Nationalitäten im Zeitabschnitt vom Ende des 19. Jahrhunderts bis zum Ausbruch des Ersten Weltkrieges beachtet werden, wo man den Entwicklungsverlauf Jahr um Jahr anhand von Briefen, Zeitungsausschnitten, Sitzungsberichten, sonst meistens verlorenen Ausstel-

---

[70] Ausstellung künstlerischer Arbeiten ehemaliger Schülerinnen und Schüler der Jungschen Zeichenschule, October-November 1904, Katalog zur Ausstellung im Salon des Rigaer Kunstvereins, Akten des Rigaer Kunstvereins 1904/1905, Lettisches Historisches Staatsarchiv, Best.-Nr. 4213, Verz.-Nr. 1, Akten-Nr. 85, Bl. 23-24; A. R. [Alfred Ruetz], Kunstsalon. Rigasche Rundschau Nr. 259 vom 13. (26.) Nov. 1904.

lungskatalogen und anderen Unterlagen bis in feinsten Einzelheiten verfolgen kann. Besonders möchte ich den typisch deutschen Ordnungs- und Perfektionstrieb des schriftführenden Direktors Woldemar Baron von Mengden hervorheben, durch den uns viele Dokumente zum Verständnis jener Zeit erhalten sind.

Was bedeutet in dieser Situation die Frage nach der nationalen Kunstgeschichte eines Volkes, die Frage nach der Eigenart der lettischen nationalen Kunstschule, die in einer insgesamt eher anti- oder übernationalen Periode der europäischen Kunstgeschichte, (wenn wir so das Jahrhundert der Moderne bezeichnen dürfen), in Szene getreten und sich entwickelt hat? Am 5. Oktober 2001, im Rahmen des Jubiläumsprogramms der Lettischen Akademie der Künste, wurde ein kunsthistorisches Seminar zum Thema „Die nationale Schule in der lettländischen Kunst des 20. Jahrhunderts" gehalten. Keine Einmütigkeit konnte da erreicht werden. Im Meinungsaustausch spürte man ab und zu noch immer ein Spannungsfeld, das sich nicht umgehen lässt, - ein Spannungsfeld zwischen dem vermutlich (unentbehrlich bedrohten) Lettentum und der ganzen übrigen Welt. In der Schlussdiskussion hat Dr. Elita Grosmane aber darauf hingewiesen, dass die Grundfrage der Tagung vielleicht auch ganz anders gestellt werden könnte und sollte, um sich vor allem mit der regionalen, territorialen, örtlich bedingten Eigenart zu beschäftigen, die mehr oder weniger alle Nationalitäten, alle getrennten Kulturgemeinschaften eines Landes hereinzieht und zu einer vielschichtigen Territorialkunstgeschichte führt. Mit diesem, glaube ich, sehr erfreulichen und gar nicht antinationalen Gedanken meiner Kollegin, der schon jetzt als fast selbstverständlich für die Geschichte der älteren Perioden gilt und leider noch nicht so sehr für das soeben ausgegangene Jahrhundert, kann die heutige Einsicht in einige Entwicklungsstufen des Rigaer Kunstlebens abgeschlossen werden, um einzelne Fragen dieses Themenkreises in künftigen Forschungsberichten eingehender zu erörtern.

Alle Reproduktionen stammen von Frau Astrida Meirane, Riga.

Abb. 1 **Jānis Rozentāls**, Nach beendetem Gottesdienst 1894, Ölgemälde

Abb. 2 **Vilhems Purvits**, Winter 1894, Ölgemälde

Abb. 3 **Eva Margarethe Borchert-Schweinfurth**, Selbstbildnis 1908, Ölgemälde

Abb. 4 **Eva Margarethe Borchert-Schweinfurth,** Selbstbildnis 1907, Federzeichnung

Abb. 5 **Johann Walter-Kurau**, Enten
1898, Ölgemälde

Abb. 6 **Jānis Roberts Tillbergs**, Litauerin
1908, Ölgemälde

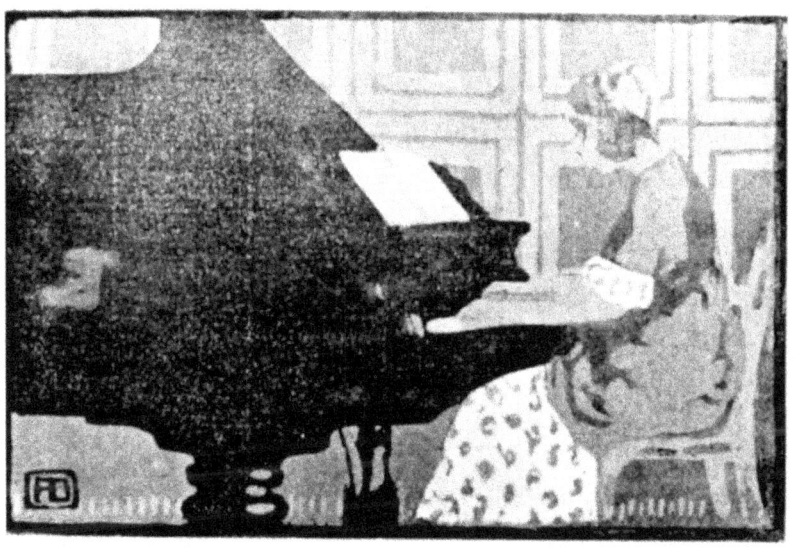

Abb. 7 **Alice Dmitrijew,** Am Klavier
1913, Farbholzschnitt

Abb. 8 **Alice Dmitrijew,** Lesendes Mädchen
1911, Farbholzschnitt

BEVÖLKERUNGSVERSCHIEBUNGEN IN RIGA WÄHREND DES WELT- UND BÜRGERKRIEGES 1914-1919

Mark R. Hatlie

Die breiträumigen Bevölkerungsverschiebungen im Osteuropa der Welt- und Bürgerkriegsjahre hatten dramatische Auswirkungen auf die Demographie der Stadt Riga. Gewaltige Umwälzungen folgten rasch aufeinander und hinterließen Spuren, die die Stadt teils nachhaltig prägten, teils in wenigen Monaten wieder von neuen Veränderungen überholt wurden. Es gab kaum Menschen, die durch all diese Veränderungen in Riga unbeeinflußt blieben.

Alles, was Riga vor dem Krieg kennzeichnete, hatte Folgen für das Schicksal der Stadt: Ihre geographische Lage am Rande des Imperiums brachte sie bald in die Nähe der Kampfhandlungen, ein Umstand, der Flüchtlingsströme in die Stadt hinein, später aus der Stadt heraus treiben und die Umwandlung in eine Kasernenstadt mit sich bringen sollte. Ihre Rolle als herausragendes Industriezentrum brachte die Evakuierung der Fabriken, die eine Halbierung der Bevölkerungszahl und einen Zusammenbruch des öffentlichen Lebens bewirkte. Ihre politische Bedeutung als Provinzhauptstadt und potenzielle Nationalhauptstadt rückte sie in den Fokus der Bemühungen diverser politischer Gruppen und Interessen. Ihr multiethnischer Charakter machte diese Umwälzungen erträglicher - durch die in früheren Krisen erlernte Belastbarkeit und die Aufnahmefähigkeit für Flüchtlinge diverser ethnischer Gruppen - und zugleich schwieriger, da interethnische Beziehungen zunehmend den Belastungen der Krisen nicht standhielten.

Ich werde zunächst anhand demographischer Daten für die Stadt Riga, erhoben bei aus der Volkszählung Ende 1913 (also weniger als ein Jahr vor Kriegsausbruch) sowie weiteren Quellen, ein Portrait der Stadt zeichnen. Danach werde ich die wesentlichen Ereignisse der Kriegsjahre skizzieren, die auf das demographische Gefüge der Stadt einwirkten. Die ethnische Kategorie war die wichtigste für die meisten öffentlichen Beobachter und „Erinnerer". Deshalb werden andere Kategorien wie Konfession oder soziale Schicht der Einfachheit halber in diesem Beitrag ausgeblendet. Um die Bedeutung der Bevölkerungsverschiebungen und anderer Belastungen für die Stadtbevölkerung einzuschätzen, verdient die Frage, inwiefern die Vielfalt eine Last oder eine Hilfe für das städtische Leben war, eine eigene Abhandlung.

Riga vor dem Krieg

Bisher sind die Ergebnisse der Volkszählung in den Baltischen Provinzen wenig beachtet worden. Die Erhebung war erstaunlich modern und gründlich und wurde, könnte man sagen, auf einem vorläufigen Höhepunkt der Entwicklung Rigas durchgeführt. Bisher hat Ulrike von Hirschhausen die meines Wissens einzige Analyse der Ergebnisse gewagt.[71] Ihr Interesse ist hierbei die Stadt als Ganzes, auch ist eine demographische Studie nicht ihr Ziel. Sie hat also eine Analyse der Ergebnisse nach Stadtteilen unterlassen.

Die Stadt Riga hatte zur Zeit der Volkszählung im Dezember 1913 eine Gesamtbevölkerung von ungefähr einer halben Million. Präzisere Zahlen sind vorhanden, wobei unterschiedliche Kriterien zugrunde gelegt werden: Die Volkszählung ermittelte 472.068 Zivilpersonen im Stadtgebiet.[72] Zählt man das er-

---

[71] Ulrike von Hirschhausen, Die Wahrnehmung des Wandels: Migration, soziale Mobilität und Mentalitäten in Riga 1867-1914. in: Zeitschrift für Ostmitteleuropa-Forschung 48 (1999), S. 475-523.
[72] LVVA 2791/1/164, S. 72.

weiterte Stadtgebiet und das Militärpersonal hinzu, so kommt man auf 481.950[73], 507.635[74] bzw. 517.522 Personen insgesamt, wobei nicht immer klar ist, worauf Abweichungen zwischen den Quellen zurückzuführen sind.

Für eine genauere Deutung der Bevölkerungsdaten sowieso die Betrachtung der ethnischen und konfessionellen Lage sind die Daten über die Stadtteile von Interesse. Für die Volkszählungen sind die administrativen Grenzen der Stadt von Bedeutung. Es gab vier offizielle Stadtteile, die Innenstadt und die Petersburger, Moskauer und Mitauer Vorstädte. Sie wurden ihrerseits in jeweils zwei bis vier Polizeibezirke aufgeteilt.[75]

---

[73] Michael F Hamm, Riga's 1913 City Election: A Study in Baltic Urban Politics. Russian Review, Vol. 39 (Oktober 1980) No. 4. S. 442-461. Hier S. 442.

[74] Darbs 1919 Nr. 2, S. 65.

[75] Der Bezirk Innenstadt I umfasste die Gesamte Altstadt, alles innerhalb der alten Befestigungsanlagen. Die Innenstadt II. war der Rest des Bezirks von der Marienstrasse nach Nordosten, vom Stadtgraben bis zur Elisabethstrasse. Zum Petersburger Stadtteil gehörte das gesamte dicht bebaute Stadtgebiet (etwa innerhalb der Eisenbahnlinie, zusätzlich Kaiserwald) nördlich der Suworowstrasse. Der Polizeibezirk Petersburg I. lag neben der Innenstadt und erstreckte sich bis zur Ritterstrasse. Petersburg II. lag nordöstlich der Ritterstrasse. Petersburg III. lag nördlich. Der Moskauer Stadtteil südlich der Eisenbahnlinie (das, was man heute Maskavas Vorstadt nennt) umfasste die Polizeibezirke Moskau I. (von der Innenstadt bis zur Dünaburger Strasse) und Moskau IV (der Rest im Südosten entlang der Düna). Nördlich der Eisenbahnlinie umfasste Moskau II. das Gebiet von der Innenstadt bis zur Ritterstrasse, Moskau III. den Rest. Der Mitauer Stadtteil teilte sich vom Fluss aus nach Westen entlang des Baches, der durch den Peterpark floss, bis zur Talsenschen Strasse und danach weiter nach Westen entlang der Altonaer Strasse. Mitau I. war südlich dieser Linie, Mitau II. nördlich. Zusätzlich gab es einen „Außen-bezirk", der Randgebiete der Stadt umfasste. Teile der Bezirke Petersburg III., Moskau III. und IV. und der Mitauer Bezirke sind bei manchen Statistiken abgetrennt und werden zusammen mit dem Außenbezirk zum „Außengebiet" gezählt. Hier werden sie zu ihren jeweiligen Bezirken gezählt.

Die administrativen Grenzen innerhalb der Stadt kommen dem heutigen Besucher recht willkürlich vor. So unterscheidet sich die Moskauer Vorstadt, wenn man sie erst auf der südlichen Seite der Bahnlinie wahrnimmt, architektonisch, ethnisch und vom Gesamtbild her vom übrigen Riga. Aber offiziell begann die Moskauer Vorstadt nördlich davon, an der heutigen Krisjana Barona Straße (damals Suworowstrasse). Geht man beispielsweise von Nord nach Süd über diese Grenze hinweg, gibt es nichts an der Architektur oder am Stadtbild, was eine solche Grenze rechtfertigt. Die Grenzen waren rein administrative Trennlinien. Später, wenn wir die Daten von 1917 diskutieren, werde ich eine andere, etwas anschaulichere Aufteilung der Stadt vorschlagen. Für das Jahr 1913 bleiben wir bei den historischen Grenzen. (Abb. 1) In der Innenstadt I., der Altstadt, wohnten ungefähr 13.000 Menschen, die zu fast gleichen Teilen Deutsche, Letten und Juden waren. Andere Minderheiten waren dort nur mit wenigen Hunderten vertreten, ausgenommen die Russen, die 1.300 zählten. In der benachbarten Innenstadt II. waren die Zahlen der Deutschen und Letten ebenfalls fast gleich, mit etwas mehr als ein Drittel soviel Juden und Russen.

Von den 472.068 Zivilisten bildeten 192.159 Letten mit 40,7% eine relative Mehrheit. Sie lebten verstreut über das gesamte Stadtgebiet und bildeten in jedem Polizeibezirk nördlich der Eisenbahnlinie, ausgenommen in der Innenstadt und auf dem linken Ufer, eine relative Mehrheit. Schwerpunkte sind jedoch zu erkennen. Die größten Zahlen von Letten fanden sich in den Petersburger Bezirken I. (14.609), II. (20.286) sowie in den Moskauer Bezirken II. (17.762) und besonders III. (43.468), wo sie sogar eine absolute Mehrheit bildeten. Moskau III. war der Ort der Waggonfabrik. In Petersburg II., wo sich auch viele große, wichtige Fabriken befanden, und auf dem kurländischen Flussufer - wo die Zementfabrik und zahlreiche kleinere Unternehmen plaziert waren, stellten die Letten knapp 50%. Sie machten ebenfalls knapp unter 50% in den Außenbezirken[76]. Von den Rigensern, die Lettisch als Umgangssprache angaben, lebte ein Viertel auf der linken Seite der Düna. Knapp ein Drittel lebte in den Vorstädten Petersburg II. und Moskau III.[77]. So erreichten die Letten fast die demographische Vorherrschaft vor den Deutschen in den wohlhabenden zentralen Bezirken, bewohnten und prägten aber überwiegend die außenliegenden Arbeiterviertel.

(Nationalitäten der Zivilisten nach Polizeibezirk, s. Abb.1, nächste Seite)

---

[76] LVVA 2791/1/164, S. 72.
[77] LVVA 2791/1/164, S. 71.

Nationalitäten der Zivilisten nach Polizeibezirk gemäß der Volkszählung vom 31. Dezember 1913[78] (Abb. 1)

Polizeibezirk	Nationalität								SUMME:
	Deutsche 14,1%	Letten 40,7%	Russen 18,8%	Polen 9,7%	Litauer 7,1%	Juden 6,9%	Esten	Andere ,ohne Angb.'	
Innenstadt I.:	4.061	3.792	1.379	656	497	3.204	201	116	13.906
Innenstadt II.:	4.102	4.055	2.051	858	452	1.600	446	201	13.765
Petersburg I.	13.447	14.609	5.111	2.415	1.076	2.865	1.037	671	41.231
Petersburg II.	8.000	20.286	5.425	3.355	2.153	1.409	799	233	41.660
Petersburg III.	2.335	11.264	6.395	4.646	4.714	645	595	205	30.799
Moskau I.:	1.005	3.366	14.413	6.230	3.026	11.023	149	499	39.711
Moskau II.:	6.473	17.762	6.501	3.568	1.814	6.703	642	240	43.703
Moskau III.:	7.904	43.468	8.136	5.372	4.234	2.290	1.020	314	72.738
Moskau IV.:	848	6.656	18.835	5.555	2.729	597	129	49	35.398
Mitau I.:	3.851	18.732	4.650	3.095	4.869	1.167	693	78	37.135
Mitau II.:	11.715	28.800	7.866	5.243	4.882	896	2.104	330	61.836
Aussenbezirk:	2.989	19.179	7.913	4.561	3.077	226	647	144	38.736
Schiffsbevölkerung	257	190	62	8	5	0	176	752	1.450
SUMME:	66.987	192.159	88.737	45.562	33.528	32.625	8.638	3.832	**472.068**

Die Russen waren mit 88.737 Zivilisten (18,8% der Stadtbevölkerung) halb so zahlreich wie die Letten. Die Garnison dürfte allerdings die Prozentzahl der Russen in der Stadt etwas erhöht haben. Sie bewohnten ziemlich gleichmäßig mit fünf bis acht Tausend Einwohnern je Bezirk das gesamte Gebiet nördlich der Eisenbahnlinie und das der Mitauer Vorstadt. Südlich der Eisenbahn bildeten sie jedoch die relative Mehrheit im Bezirk Moskau I. (14.413) und die absolute Mehrheit in Moskau IV. (18.835). Hier war das russische Riga, wobei die jüdische Minderheit in Moskau

---

[78] LVVA 2791/1/164, S. 72.

I. (mit 11.023) fast ebenso zahlreich vertreten war[79]. 37,5% der Rigenser, die Russisch als Umgangssprache angaben, lebten in diesen zwei Polizeibezirken[80].

Die Deutschen waren mit ihren 14,1% der Bevölkerung (66.987 Menschen) die drittgrößte Gruppe, was jedoch ihren Einfluss auf Wirtschaft und Politik keinesfalls widerspiegelt. Ihr damaliger Status ist auf der Landkarte ablesbar: Sie bevölkerten alle Stadtteile. Sie waren innerhalb des Eisenbahnrings und im Süden der Mitauer Vorstadt (Mitau II.) entweder zahlreicher oder fast so zahlreich wie die Russen, konzentrierten sich jedoch eindeutig im wohlhabenden Zentrum, wo sie eine relative Mehrheit bildeten (siehe oben). Knapp die Hälfte der Deutschen wohnte entweder in der Innenstadt oder in den besseren Vierteln Petersburg I. und II..

Die 45.562 Polen (9,7% der Rigenser) verstreuten sich sehr gleichmäßig über das gesamte Stadtgebiet, wobei sie in den wohlhabenderen Gegenden eher unterrepräsentiert waren. Bei den ebenfalls überwiegend katholischen 33.528 Litauern (7,1%) war es ähnlich, wobei eine etwas stärkere Bevorzugung der Mitauerbezirke und das „russische" Gebiet südlich der Eisenbahn erkennbar ist. Die Juden machten wie erwähnt einen erheblichen Anteil der Bevölkerung der Innenstadt aus. Die meisten anderen Juden lebten unweit der Innenstadt in den Bezirken Moskau I. - wo mehr als 40% der „hebräisch"sprechenden Bevölkerung der Stadt lebte - und Petersburg I.. Die geringe estnische Minderheit von 8.638 Menschen wohnte in den eher lettischen Stadtteilen Petersburg I., Moskau III. und Mitau II.. Nur unter der „Schiffsbevölkerung" errangen sie eine relative Mehrheit von über 11%.[81]

---

[79] LVVA 2791/1/164, S. 72.
[80] LVVA 2791/1/164, S. 71.
[81] LVVA 2791/1/164, S. 71-71.

Riga macht mobil

Als der Krieg begann, gehörte Riga zum breiten Streifen entlang der Westgrenze des Russischen Imperiums, der der russischen Planung zufolge die Hauptlast des Krieges tragen sollte und unter direkte Militärverwaltung gestellt wurde.[82]

Im Laufe des Krieges verursachte eine Reihe von Maßnahmen und Ereignissen bedeutende Veränderungen für die Stadtbevölkerung. 1914 begann die Mobilmachung der Reservisten. Es gibt keine Zahlen darüber, wie viele Rigenser von dieser Maßnahme direkt betroffen waren, aber eine Schätzung ist anhand allgemeinerer Daten möglich. Ungefähr 55% der kriegsdienstpflichtigen Männer zwischen 18 und 43 Jahren wurden mobilisiert[83]. Es lebten Anfang des Krieges 253.976 Männer und 253.659 Frauen in der Stadt (es gab in jedem Bezirk mehr Frauen als Männer außer in Petersburg III. und Moskau I. und IV.)[84]. Die entsprechenden Alterskohorten zusammen machten etwa 40% der männlichen Bevölkerung aus. Dies bedeutet, dass Riga im Laufe des Krieges etwas über 50.000 Soldaten der zaristischen Armee stellte.[85]

---

[82] Siehe Daniel W. Graf, The Reign of the Generals: Military Government in Western Russia, 1914-1915. Dissertation, Lincoln, Nebraska, 1972, erstes Kapitel.
[83] V. Berziņš, Latvija Pirma pasaules kara laika. Zinatne: Riga, 1987. S.39.
[84] LVVA 2791/1/164, S. 13.
[85] Die Zahl könnte gemäß dieser Überlegungen etwa 60.000 betragen. Ich gehe allerdings von einer etwas niedrigeren Zahl wegen der administrativen und vor allem kriegswirtschaftlichen Bedeutung Rigas aus, ein Umstand, der viele Männer vom Kriegsdienst freistellen würde. Dies berücksichtigt allerdings auch nur die Zeit bis zum deutschen Einmarsch im Sommer 1917. Unter den Deutschen ist eine unbekannte Zahl von Deutschbalten eingezogen worden. Hinzu kamen die Mobilisierung einiger Jahrgänge unter den Bolschewiki im Frühjahr 1919 (die allerdings administrativ äußerst ineffektiv war) und die Mobilisierung der lettischen Armee für den Freiheitskrieg Ende 1918 und ab Sommer 1919.

Flüchtlinge

Die erste Flüchtlingswelle, die Riga traf, war keine direkte Folge der Kampfhandlungen, sondern das Resultat eines Befehls der russischen Militärs - die Judenevakuierung im Frühjahr 1915. Antijüdische Maßnahmen begannen in der Nähe der Grenze gleich nach Kriegsbeginn. Örtliche Befehlshaber, angetrieben durch eine antisemitische Grundhaltung, die durch kursierende Gerüchte über angebliche jüdische Sympathien für Deutschland noch geschürt wurde, ordneten lokale Repressionen und Vertreibungen an. Diese Maßnahmen kletterten rasch die Befehlskette hoch und wurden zunehmend ausgeweitet bis Anfang 1915 ganze Provinzen betroffen wurden.[86] Die ersten massenhaften Vertreibungen von Juden aus ihren Dörfern fanden im Januar und Februar in Polen und Galizien statt. Mitte März begannen Juden in großer Zahl das russische Kerngebiet zu erreichen. Spätestens als die deutsche Offensive Polen überrollte und die russische Armee ihren fluchtartigen Rückzug nach Osten und Nordosten begann, war die Stavka überzeugt, dass alle Juden aus den Kampfgebieten entfernt werden mussten. Mitte April war der Höhepunkt erreicht. Erst in der letzten Aprilwoche wurden die Juden in Kurland und Anfang Mai im Gouvernement Kovno „evakuiert". Diese Deportation trieb Tausende von Juden nach und durch Riga.[87]

Zu antijüdischen Maßnahmen kamen bald die Massenevakuierung der anderen Ethnien in Polen und Litauen und schließlich Kurland, wo im Sommer hunderttausende Menschen ihre Häuser und Dörfer verließen - weil sie nicht unter deutscher Herrschaft leben wollten oder von den russischen Militärs regelrecht gezwungen wurden - und sich nach Nordosten begaben. Die Flut an Menschen brach in Riga ein.

---

[86] Graf, S. 121-124.
[87] Graf, S. 126-128.

Die Letten, Juden, Polen und Litauer, die Riga seit den ersten Vertreibungen erreichten, kamen meist über die Straße von Mitau. Sie hatten meistens nur 24 Stunden gehabt, manchmal aber nur eine Stunde, ihr Hab und Gut zu packen und sich auf den Weg zu machen, bevor ihre Häuser angezündet wurden. Diese meist ländlichen Menschen boten einen traurigen Anblick, als sie in Riga eintrafen. Die Bilder der Mitauer Straße und der Flüchtlingslager in und um Riga sind austauschbar mit tausend anderen Bildern aus dem Jahrhundert der Flüchtlinge: die Frauen mit ihren Kopftüchern, die alten Männer, Kolonnen von vollbeladenen Wagen mit ihren schlammigen Rädern, die Kinder und das Vieh.

Die Literatur spricht meistens von „Tausenden" von Flüchtlingen, ohne genauere Angaben zu machen. Es gibt überhaupt keine Möglichkeit festzustellen, wie viele Menschen durch Riga hindurch flohen. Die ersten Versuche, die Menschen in Riga zu zählen, gab es im Oktober 1915. Die Ergebnisse dieser Erhebung liegen mir nicht vor. Der Rigaer Polizei wurde allerdings im März 1916 angeordnet, die Flüchtlinge in der Stadt zu zählen. Sie zählten zum Ersten April 1916 fast 31.000 Flüchtlinge in Riga, von denen mehr als 25.000 lettischer Nationalität waren.[88] In Anbetracht der Verhältnisse, die zu dieser Zeit in der Stadt herrschten, sowie der Schwierigkeiten, die die Polizei bei der Zählung hatte, kann man davon ausgehen, dass die Zahl bedeutend höher lag. Viele Flüchtlinge lebten nicht in den wenigen für sie vorgesehenen Barracken, sondern kamen bei Freunden oder Angehörigen unter. Andere lebten zunächst überhaupt nicht an einem bestimmten Ort und wurden nicht erfasst. Hinzu kommt das Aufenthaltsverbot für Juden, die vor dem Krieg nicht in Riga lebten. Sie ließen sich kaum zählen: die weniger als 1.400 Juden, die für Riga angegeben wurden, sind wohl nur ein Bruchteil.

---

[88] LVVA 51/1/13181, S. 261-263.

Flüchtlinge in Riga nach Nationalität und Polizeibezirk am 1.4.1916[89]

Stadtteil:		Nationalität						
		Russen	Polen	Litauer	Letten	Juden	Sonstige	Summen:
Stadtmitte	I.			42	459		15	
	II.	5	6	8	104			
	Summe:	5	6	50	563		15	639
Petersburger Vorstadt	I.	3	34	83	1.092	167	91	
	II.	12	89	173	2.121	76	30	
	III.	31	37	128	1.137			
	Summe:	46	160	384	4.350	243	121	5.304
Moskauer Vorstadt	I.			626	363	203		
	II.	6	18	162	1.470	498		
	III.	92	189	578	5.496	423		
	IV.	109	181	439	3.265	5		
	Summe:	207	388	1.805	10.594	1.129		14.123
Mitauer Vorstadt	I.			381	1.343	1		
	II.		36	117	3.750			
	Summe:		36	498	5.093	1		5.628
Stadtrand		36		277	4.743		114	5.170
SUMME		294	590	3.014	25.343	1.373	250	**30.864**

Die Versuche der Behörden und der Bevölkerung, den Flüchtlingen zu helfen, waren angesichts der Situation relativ bescheiden. Die Vertriebenen lebten tendenziell in den Stadtteilen, wo ihre Nationalität oder Konfession schon 1913 zahlreich vertreten war. Dort fanden sie dann auch Einbindung in das gesellschaftliche Leben der Stadt, sofern man es als solches überhaupt noch bezeichnen kann. Zeitgenössische Berichte von Kirchengemeinden geben Auskunft darüber, wie die Flüchtlinge in die Gemeinde aufgenommen wurde. Trotz der im folgenden genauer beschriebenen weitreichenden Entvölkerung der Stadt, gingen die

---

[89] LVVA 51/1/13181, S. 261-263.

Zahlen für Taufen, Konfirmationen und Kommunion nicht gleich zurück[90]. Ähnliche Berichte für die orthodoxen Gemeinden liegen mir nicht vor, doch nehme ich an, dass sie eine Ausnahme hier bilden, da die Zahl der russischen Flüchtlinge gering war und der russisch orthodoxe Klerus zum Teil geflohen war.

Entvölkerung

Im Sommer 1915 fand in den frontnahen Gebieten des Russischen Imperiums eine Art Generalprobe für die Massenevakuierung von 1941 statt. Die von der Stawka angeordnete Strategie der verbrannten Erde sah nicht nur vor, landwirtschaftliche Erzeugnisse zu vernichten und die ländliche Bevölkerung zu evakuieren bzw. Menschengruppen, deren Loyalität angezweifelt wurde, von der Front zu entfernen. Es ging darum, alles Brauchbare wegzuschaffen, damit es nicht in Feindeshand geriet. Die Reichtümer der Industrie- und Handelsstadt Riga sollten keinesfalls den Deutschen zu Gute kommen. So wurden unter der Leitung von Generalmajor Zaljubowskij, das Imperium verfrachtet. Dazu kamen Denkmäler und Wertgegenstände, Alkoholika und Kunstwerke. Zwischen Anfang Juni und Ende August rollten die Eisenbahnwaggons fast pausenlos. Die Evakuierung setzte sich bis zur deutschen Eroberung im Sommer 1917 fort[91].

---

[90] Siehe z.B. Rigas Doma baznicas Latvies'u (agr. Miera) draudze. 1912-1937. Doma baznicas latviesu draudzes valdes izdevums. Riga, 1937. S.14.
[91] Die einzige auch nur ansatzweise gründliche Abhandlung der Evakuierung stammt aus der Sowjetzeit: in: N. Netesin, Evakuacija promyschlennosti Latvii v pervuju mirovuju vojnu (1915-1917 gg.). in: Problemy istorii. VI. Izdatel'stvo Akademii Nauk LSSR: Riga, 1962. S. 27-75.

Die Deutschen

Obwohl ihre Zahl im Verhältnis zu den Massenvertreibungen nach, durch und aus Riga hinaus relativ gering war, sind die Deportationen der Deutschen im Hinblick auf die ethnische Zusammensetzung der Stadt von Relevanz. Von den Deportatio-nen direkt betroffen waren einige Hundert Reichsdeutsche, die in den ersten Kriegsmonaten ins Reichsinnere verbannt wurden. Hinzu kommt eine unbestimmte Zahl von Deutschen, die aufgrund von Denunziationen, z.b. wegen „demonstrativen" Deutschsprechens in der Öffentlichkeit, der Mitgliedschaft im *Deutschen Verein* angezeigt wurden. Mindestens sieben deutsche Pastoren, wahrscheinlich mehr, wurden unter dem Vorwurf der Verbreitung von „Pangermanismus", der Störung der öffentlichen Ordnung oder ähnlicher Vergehen aus dem Gouvernement, in zwei Fällen sogar bis nach Irkutsk verbannt. Einige Hundert Hirschenhofer Kolonisten fielen einer Massenverbannung im Jahre 1916 zum Opfer. Wie wir später sehen werden, führten diese gezielt antideutschen Maßnahmen nicht dazu, dass die Deutschen zu den demographischen Verlierern der Stadt wurden. Sie waren aber eindeutige Zeichen ihres Abstiegs in politischer Hinsicht.[92]

Frontstadt

Informationen über die ethnische Zusammensetzung der Truppenteile, die im Riga der Kriegsjahre kaserniert waren, sind spärlich. Die ganze Vielfalt des Reiches befand sich jetzt in Riga - Einheiten aus Sibirien und Zentralrussland, aus dem Kaukasus und Zentralasien. Ganze Häuserblocks dienten als Kasernen. Truppenteile besetzten die leerstehenden Fabriken. Die Akten

---

[92] Für eine genauere Besprechung des deutschbaltischen Schicksals siehe Mark R. Hatlie, Die Welt steht Kopf: Die Kriegserfahrung der Deutschen in Riga 1914-1919. in: Jahrbuch des baltischen Deutschtums. Band XLIX (2002), S. 175-202.

über die Unterbringung der Truppen im Rigaer Archiv sind leider spärlich. Es müssen aber Zehntausende gewesen sein. Der Umstand, dass Riga Kasernen- und Frontstadt war, hatte sichtbare Folgen. Praktisch alle öffentlichen Gebäude wurden durch Stäbe, Hospitäler, und Militärbehörden besetzt: Schulen, die leer standen, wurden ebenfalls vereinnahmt. Andere Schulen, die nicht leer standen, wurden übernommen und der Schulbetrieb anderswo verlegt. Hotels, Vereinshäuser und z.T. auch die Kirchen, die zu Garnisonskirchen umgewidmet worden waren, wurden für militärische Zwecke übernommen. Die Sanitätskommission der Stadtverwaltung hatte damit zu kämpfen, dass jetzt Tausende von Pferden im Stadtgraben oder in den Straßen ihre „Spuren" hinterliessen, dass die Besitzer der Wohnhäuser und der Fabriken - zum Teil nur Statthalter für Besitzer, die nun in Moskau oder Jurev lebten - nicht in der Lage waren, die Gruben zu leeren oder die Soldaten daran zu hindern, die Anlagen und Wohnungen völlig zu verunreinigen, die Zäune als Brennmaterial abzutragen, oder die Fensterscheiben einzuschlagen.

Die Katastrophe

Die Bevölkerung der Stadt war seit der Volkszählung von 1913 um die Hälfte zurückgegangen. Geht man von einer angenommenen mittleren Bevölkerungszahl von 505.000 Menschen für 1914 aus, so war der Bevölkerungsstand bei etwa 40% des Vorkriegsniveaus angekommen, wobei etwa ein Viertel der gezählten Menschen Flüchtlinge von Außerhalb waren. Nur noch jeder dritte Rigenser war da.

(Nationalitäten der Zivilisten nach Polizeibezirk, s. Abb.2, nächste Seite)

Nationalitäten der Zivilisten nach Polizeibezirk gemäß
der Volkszählung vom August 1917[93] (Abb. 2)

Polizeibezirk	Nationalität								Summe	Davon Flücht-linge
	Deutsche	Letten	Russen	Polen	Litauer	Juden	Esten	Andere, ohne Angabe		
Innenstadt I	2.185	2.290	420	279	186	1.741	73	78	7.252	670
Innenstadt II	2.300	2.191	604	364	180	916	126	173	6.854	642
Petersbg. I	8.841	8.772	1.781	1.033	536	2.982	329	352	24.626	
Petersbg. II	3.930	12.348	1.418	802	828	1.049	193	95	20.663	3.663
Petersbg. III	924	5.142	606	606	685	312	70	25	8.370	1.756
Mokau I	376	2.172	3.068	2.151	1.528	6.376	61	64	15.796	1.610
Moskau II	2.638	9.220	1.703	1.412	1.163	5.460	670	108	22.374	3.855
Moskau III	2.710	23.411	1.248	1.052	1.409	1.710	116	185	31.841	10153
Moskau IV	249	6.623	4.682	1.252	1.468	392	8	54	14.728	4.421
Mitau I	702	13.273	619	644	1.600	155	60	206	17.259	7.949
Mitau II	3.873	16.475	1.117	801	1.277	280	262	130	24.215	8.320
Außenbz.	1.413	12.462	1.054	549	744	149	113	128	16.612	6.809
SUMME:[94]	30141	114379	18320	10945	11604	21522	2081	1598	**210590**	52865

Um den Charakter der Stadt und dessen Veränderungen etwas klarer herauszuarbeiten, sollte man die zum Teil willkürli-

---

[93] Absolute Zahlen nach LVVA 2791/1/166, S. 157;
[94] Im Original im Archiv erhielt diese Tabelle die folgende Anmerkung zu dieser Summe der Deutschen: „Tatsächlich dürfte die Zahl der Deutschen höher sein: da viele der Volkszähler Letten waren, ferner mit Sicherheit anzunehmen ist, daß infolge der damaligen politischen Verhältnissen und des Druckes, der auf die Deutschen ausgeübt wurde, so mancher Angst gehabt hat, sich als Deutscher anzugeben, und schliesslich die in gemischtsprachigen Gebieten stets vorhandene national nicht angesprochene Personen bei der letzten Volkszählung sich zweifellos nicht als deutsch bezeichnet haben, - dürfte die nächste Zählung (unabhängig von Zuwanderung und Geburtenüberschuß) andere Resultate ergeben." Die Unterschrift ist unleserlich.

chen Stadtteilgrenzen der bisher gezeigten Tabellen anders bestimmen. Ich trenne den Bezirk Petersburger Vorstadt I. ab und zähle ihn zusammen mit dem Bezirk Stadtmitte zum „Stadtzentrum". Des weiteren behandele ich die Moskauer Bezirke nördlich der Eisenbahnlinie zusammen mit den Bezirken Petersburg II. und III. als „Arbeitervorstadt". Es ergibt sich folgendes Bild:

Das „Stadtzentrum" umfaßte die Stadtmitte und den wohlhabenderen Teil der Stadt nahe der Innenstadt (Stadtmitte I.-II., Petersburger Vorstadt I.) mit einer Gesamtbevölkerung von 68.902 Menschen Ende 1913. Verglichen mit der Altstadt war der Anteil der Juden hier bedeutend geringer. Nimmt man die große Zahl der Juden im Bezirk Moskau IV. hinzu, einem trotz seiner relativ zentralen Lage primär russischen Stadtteil, so wird die Konzentration der Juden im Kernbereich der Stadt deutlich.

Das Stadtzentrum

	1913		1917		
	Gesamt:	Prozent:	Gesamt:	Prozent:	Verlust:
Deutsche	21.610	31,4%	13.326	34,1%	- 38,3%
Letten	22.456	32,6%	13.253	33,9%	- 40,1%
Russen	8.541	12,4%	2.805	7,2%	- 67,2%
Juden	7.669	11,1%	5.639	14,4%	- 26,5%
Andere	8.626	12,5%	3.709	9,5%	- 57,0%
SUMME:	68.902	100%	39.132	100%	**- 43,2%**

Die Kriegsereignisse führten zu einer Zunahme des deutschen Bevölkerungsanteils im Stadtzentrum - und das schon *vor* dem Einmarsch der Deutschen. Die Juden nehmen im Verhältnis zu den anderen Ethnien proportional am deutlichsten zu, wobei auch sie ein Viertel ihrer Einwohner verlieren. Die demografischen „Verlierer" sind die Russen und die kleineren Minderheiten.

Die „Arbeitervorstadt" umfaßte die weiter außerhalb liegenden Bezirke, wo sich die meisten Großbetriebe und Arbeiterwohnungen befanden (Petersburger Vorstadt II.-III., Moskauer Vorstadt II.-III.). 1913 betrug die Gesamtbevölkerung dieses Gebiets 188.900 Menschen.

Die Arbeitervorstadt

	1913		1917		
	Gesamt:	Prozent:	Gesamt:	Prozent:	Verlust:
Deutsche	24.712	13,1%	10.202	12,3%	- 58,7%
Letten	92.780	49,1%	50.121	60,2%	- 44,9%
Russen	26.457	14.0%	4.975	6,0%	- 81,2%
Juden	11.047	5,8%	8.531	10,2%	- 22,8%
Andere	33.904	18.0%	9.419	11,3%	- 27,8%
SUMME:	188.900	100%	83.248	100%	**-55,9%**

Hier, wo die Letten schon vor dem Krieg fast eine Mehrheit bildeten, ist der Gesamtverlust der Bevölkerung deutlich höher als in der Innenstadt. Wieder sind die Juden am standhaftesten. Hier ist der Verlust der russischen Arbeiter stark zu spüren und die Letten können sich mit einer absoluten Mehrheit behaupten. Riga begann sich während des Krieges zugunsten der Letten - zuerst in den Arbeiterbezirken - zu homogenisieren.

Die Mitauer Vorstadt jenseits der Düna bleibt in ihrer historischen Zusammensetzung (Mitauer Vorstadt I.-II.) mit 98.971 Menschen 1913 bestehen.

Die Mitauer Vorstadt

	1913		1917		
	Gesamt:	Prozent:	Gesamt:	Prozent:	Verlust:
Deutsche	15.566	15,7%	4.575	11,0%	- 70,6%
Letten	47.532	48,0%	29.748	71,7%	- 37,4%
Russen	12.516	12,7%	1.736	4,2%	- 86,1%
Juden	2.063	2,1%	435	1,0%	- 78,0%
Andere	21.294	21,5%	4.980	12,0%	- 76,6%
SUMME:	98.971	100%	41.474	100%	**- 58,1%**

Sie ist in ihrer wirtschaftlichen und ethnischen Zusammensetzung mit der „Arbeitervorstadt" vor und während des Krieges vergleichbar. Die kriegsbedingte Homogenisierung bzw. „Lettisierung" ist jedoch noch dramatischer. Alle anderen Gruppen verlieren gegenüber den Letten, wobei dies bei den zahlenmäßig bedeutenden Russen und Deutschen besonders ins Gewicht fällt.

Die neue, „kleine" Moskauer Vorstadt umfaßte nur die Gebiete südlich der Eisenbahnlinie (Moskauer Vorstadt I. und IV.) mit einer Gesamtbevölkerung von 75.109 Menschen:

Die „kleine" Moskauer Vorstadt

	1913		1917		Verlust:
	Gesamt:	Prozent:	Gesamt:	Prozent:	
Deutsche	1.853	2,4%	625	2,0%	- 66,3%
Letten	10.022	13,3%	8.795	28,8%	- 12,2%
Russen	33.248	44,5%	7.750	25,4%	- 76,7%
Juden	11.620	15,5%	6.768	22,2%	- 41,8%
Andere	18.366	24,5%	6.586	21,6%	- 64,1%
SUMME:	75.109	100%	30.524	100%	- 59,4%

Hier lag also vor dem Krieg das russische Riga, wo die russischen Arbeiter eine starke relative Mehrheit stellten. Sowohl die Altgläubigengemeinde als auch einige Fabriken befanden sich in diesem relativ armen Viertel. Die Russen verloren aber auch hier während des Krieges mehr Bevölkerung als die anderen Ethnien, wobei der Anteil der Letten sich verdoppelte, was zu einer Ausdifferenzierung des Viertels führte. Im Kontext der anderen Viertel sehen wir allerdings klar die zunehmende Bedeutung der Letten im Leben der Stadt.

Riga in Russland

Mehr als die Hälfte der Rigenser, mitunter viele wichtige Menschen aus Politik, Religion und Gesellschaft, hatten Riga verlassen. Wohin führte die Migration? Die Rigenser waren jetzt weit und breit verstreut. Es gab jedoch Schwerpunkte, die sich aus den Umständen der Evakuierung, Verbannungen und Fluchtbewegungen ergaben: Nischnij Novgorod für den Klerus der Rigaer orthodoxen Diözese und für Teile des Polytechnikums und der Rigaer Industrie und ihrer Arbeiter; Jurjev für einige Verwaltungseinrichtungen und Schulen; Samara und Perm für die verbannten Deutschen, Deutschland für geflohene Deutsche, und Moskau war nicht nur eine Art Dreh- und Angelpunkt für die lettischen Flüchtlinge aus Kurland, sondern auch Zentrum der versuchten Wiederaufstellung der rigaschen Industrie. Die lettische Gesellschaft Rigas und Kurlands war jetzt verstreut in einem „lettischen Archipel", das sich von den livländischen Hinterlanden der Stadt über Jurjev, Petrograd, Moskau und Charkow erstreckte. Die Letten in den Zentren des Russischen Reiches wurden jetzt auch von der historischen Forschung entdeckt. Eine Quelle über die Letten in Moskau gibt die Zahl der dort Ansässigen als 25.000 Ende September 1915 an[95].

---

[95] Tatjana Bartele, Vitalijs Salda, Latviesi Maskava 1915-1922. Saule: Daugavpils 2001, S. 19.

Flucht und Umsiedlung 1919

Zwischen September 1917 und November 1918 stand Riga unter deutscher Besatzung. Bevölkerungsveränderungen in dieser Zeit sind schwer messbar. Die russische Garnison - die bei der Flucht aus der Stadt Plünderungen im großen Ausmaß angerichtet hatte - wurde durch eine deutsche ersetzt. Riga war allerdings ab dem Frühjahr 1918 nicht mehr so frontnah wie in den Jahren zuvor. Die deutschen Behörden bemühten sich schon um die Rückkehr vieler Flüchtlinge nach Kurland. Allerdings wurden spontane Bevölkerungsverschiebungen sowohl administrativ als auch physisch bekämpft: Es gab zeitweise einen elektrischen Zaun um fast die ganze Stadt herum, um das Kommen und Gehen auf wenige kontrollierbare Punkte zu beschränken.

Die Kapitulation des Deutschen Reichs im Westen im Herbst 1918 führte dazu, dass Sowjetrussland alle Abmachungen aufkündigte und begann, verlorene Gebiete zurückzuerobern. Als die Rote Armee sich Riga näherte und die Versuche, rechtzeitig vor dem Fall der Stadt eine wehrkräftige Armee aufzustellen, scheiterten, begannen immer mehr Menschen vor Furcht die Stadt zu verlassen. Viele hatten schon in anderen Gebieten mit den Bolshewiki schlechte Erfahrungen gemacht. Andere wussten nur von Gerüchten, wie die rote Politik aussah. Genaue Zahlen liegen nicht vor. Die Beschreibungen über das Riga der letzten Dezember- und ersten Januartage von 1919 zeichnen eine Flucht im größeren Ausmaß, ohne jedoch eine Massenflucht darzustellen.

Daten über die viereinhalb Monate lange „Bolschewikenzeit" von Januar bis Mai 1919 sind ebenfalls spärlich. Verschiedene Faktoren trugen dazu bei, dass die Bevölkerungszahl einen Tiefstand erreichte:

1. Viele Menschen flohen, wie bereits beschrieben, aus der Stadt.
2. Die katastrophalen Bedingungen, was die Versorgung der Bevölkerung mit Lebensmitteln und Heizmaterial betrifft, erreichten einen Tiefstand und führte zu Hungertod, Seuchen und einer allgemein höheren Sterblichkeit.
3. Die Machthaber errichteten ein Terrorregime, bei dem viele Menschen verschleppt oder erschossen wurden.

Alles zusammen genommen fielen dem Regime etwa 13.000 Menschen zum Opfer. Zu erwähnen ist auch eine massenhafte Zwangsumsiedlung innerhalb der Stadt im April 1919. Diese Umstrukturierung der Demographie, die Tausende von Menschen aus dem Stadtzentrum an den Stadtrand oder auf die Dünainseln brachte und Tausende von Arbeitern ins Zentrum holte, wurde allerdings gleich im Juni 1919 rückgängig gemacht und hatte keine nachhaltige Wirkung.

Nach Schätzungen der Bolschewiki im Frühjahr 1919 erreichte die Stadtbevölkerung einen Tiefstand von etwa 190.000 Menschen. Im Juni 1919, gleich nach der Befreiung, ging man jedoch schon von 212.000 Menschen aus - fast genau die gleiche Zahl wie bei der Volkszählung 1917. Die hohen Verluste wurden durch die Ankunft roter Soldaten und Funktionäre und danach deutscher und lettischer Militärs und Rückkehrer aller Art ausgeglichen.

Rückkehr 1917-1922

Bald nach der Revolution im Frühjahr 1917 begannen viele der Menschen, die aus politischen Gründen nicht mehr in Riga waren, zurückzukehren. Das waren zum einen verbannte Deutsche, aber vor allem politische Gefangene, die unter dem neuen Regime nicht mehr als gefährlich galten und von ihren

Verbannungsorten im Osten zurück in den europäischen Teil des Imperiums kamen. Eine zweite Welle von Rückkehrern kam nach der deutschen Eroberung bzw. Befreiung der Stadt im September 1917. Jetzt lag die Front östlich der Stadt. So konnten Rigenser, die noch in Russland waren, nur über lange Umwege zurückkommen. Der Weg war aber umso einfacher für Menschen, vor allem Deutsche, die in der „Maulkorbzeit" des Sprachverbots und antideutscher Hetze im Deutschen Kaiserreich ein besseres Leben suchten oder Reichsdeutsche, die nach dem Ausbruch des Krieges aus ihrer Wahlheimat ins Kaiserreich geflohen waren.

Eine dritte Welle begann nach der Befreiung der Stadt durch die lettisch-deutsche Koalition im Mai 1919, und setzte sich bis in die frühen zwanziger Jahre fort. Er bestand aus Resten aller vorheriger Auswanderungen: Arbeiter und Angehörige von staatlichen Einrichtungen, die seit 1915 im ganzen Imperium verstreut gewesen waren, Deutsche, die 1914-1917 die Stadt verlassen hatten oder verbannt worden waren; „Bourgiouse", die Ende Dezember und Anfang Januar vor den Bolschewiki geflohen waren.

Hinzu kamen Menschen, die vorher nie in Riga gelebt hatten: Russische Emigranten, die im bolschewistischen Russland nicht mehr leben wollten oder nicht mehr leben konnten. Zwar waren es die Russen, die in den Jahren der Katastrophen die demografischen Verlierer waren: Seines politischen Glanzes und der meisten seiner sprachlichen „Träger" beraubt, gab es das russische Riga von 1914 nicht mehr. Aber die Verluste dieser Teilbevölkerung gingen zum größten Teil auf Kosten der ärmeren Arbeiterbevölkerung, die politisch-gesellschaftlich vor dem Krieg eher einflusslos gewesen war und mehrheitlich als Streikende oder als Verfügungsmasse einer Revolution gedient hatte, die in Riga jetzt gescheitert und nicht mehr von Bedeutung war. Die Umstände in Russland erwirkten die Rückkehr vieler ehemaliger russischer Rigenser und Vertreter der russischen „Elite" aus anderen Städten die, unter den günstigen Bedingungen eines demokratischen Staates, zur Bildung eines russischen Milieus in Riga beitrugen, das dem der Vorkriegszeit in nichts nachstand[96].

Schlussbetrachtung

Hans-Heinrich Wilhelm schrieb einmal von den nach Riga führenden Wurzeln der Geschichte des 20. Jahrhunderts. Er warte noch auf eine Geschichte der Stadt, bei der ein „außerordentlich belehrendes Buch" herauskommen solle. „Denn," sagt er weiter, „kaum eine europäische Stadt dieser Größenordnung wurde im Laufe unseres Jahrhunderts so oft zum Opfer der eigenen Zerrissenheit, geriet so oft und so nachhaltig in die Strudel der Weltpolitik ..." wie Riga[97]. Ich habe hier versucht, eine Dimension dieser Begebenheit darzustellen. Die „Strudel der Weltpolitik" bedeuteten am Anfang des 20. Jahrhunderts ungeheure demografische Belastungen für Riga, die von militärischer Gewalt, der Auflösung ganzer Imperien, ideologischer Radikalisierung und materieller Not begleitet wurden. Es kann von einer in Riga „ansässigen Bevölkerung" zwischen 1915 und 1920 kaum die Rede sein. Die gleichzeitig wachsende „Zerrissenheit" zwischen Teilen der Rigaer Bevölkerung erreichte während der gleichen Jahre auch einen vorläufigen Höhepunkt.

---

[96] Für eine Abhandlung des russischen Lebens in Lettland zwischen den Weltkriegen und dessen Verbindungen zur Vorkriegszeit siehe Jurij I. Abyzov, Riga: Der lettische Zweig der russischen Emigration. in: Karl Schlögel, (Hg.): Der Große Exodus. Die russische Emigration und ihre Zentren 1917 bis 1941. C.H. Beck: München 1994. S. 112-140.

[97] Hans-Heinrich Wilhelm, Offene Fragen der Holocaust-Forschung. Das Beispiel des Baltikums. in: Uwe Backes, Eckhard Jesse, Rainer Zitelmann, (Hrsg.) Die Schatten der Vergangenheit. Impulse zur Historisierung des Nationalsozialismus. Propyläen: Frankfurt/Main 1990, S. 403-425. Zitat: S. 416-417.

Über die Russen ist schon etwas gesagt worden. Die Deutschen überraschen durch ihre Hartnäckigkeit. Sie hatten den Krieg in jeder Hinsicht verloren. Ihr Status als lokale politische Elite war nicht aufrecht zu halten. Sie waren durch die deutsche Besatzung zum Teil kompromittiert. Viele von ihnen waren gestorben oder hatten Riga für immer verlassen. Jedoch trugen einige Faktoren dazu bei, dass sich ihr Anteil an der Stadtbevölkerung in Riga sogar erhöhte. Zum einen kann es sein, dass einige Deutsche hinzukamen: Die Großgrundbesitzer Kurlands und Livlands waren durch die Reformen der Nachkriegszeit enteignet oder konnten mit einer baldigen Enteignung rechnen. Einige von Ihnen werden in der Stadt ihr Glück gesucht haben. Viele Deutsche aus anderen Teilen des Zarenreiches haben vielleicht in Riga einen Kompromiss gesehen, der ihnen erlaubte, den Schrecken Sowjetrusslands zu entkommen, aber gleichzeitig nahe der Heimat zu bleiben. Schließlich kam für viele Rigenser die Alternative - die Auswanderung nach Deutschland - nicht in Frage. Deutschland war ihnen einfach fremd. 700 Jahre Trennung hinterliessen Spuren, auch wenn der Austausch zwischen den Deutschbalten und Deutschland nie abgebrochen und zum Teil sehr rege gewesen war. Zudem versprach das Reich nicht unbedingt eine Besserung der ökonomischen Bedingungen, da es auch eine Niederlage erlitten hatte und wirtschaftliche und soziale Unruhen abzusehen oder schon sichtbar waren.

Es kann nicht überraschen, dass die demographischen Sieger der Kriegsprozesse in Riga die politischen Sieger waren - die Letten, die mit ihrem eigenen Staat aus dem Krieg hervorgingen. Eine andere Entwicklung ist schwer vorstellbar. Riga wurde durch den Krieg in jeder Hinsicht lettischer. Obwohl Lettland insgesamt sich noch immer nicht - auch Jahrzehnte später - von den demographischen Verheerungen der Weltkriege erholt hat und Riga selbst erst nach dem Zweiten Weltkrieg wieder über eine halbe Million Menschen zählte, erreicht die absolute Zahl der Letten schon vor 1930 den Stand von 1913. Die hohen Verluste der Letten konnten durch Landflucht und Rückkehr relativ schnell wieder ausgeglichen werden. Letten stellten bis zu der Russifizierung nach dem Zweiten Weltkrieg unbestritten die Mehrheit, 1943 sogar fast 80% der Stadtbevölkerung.

Die Stadtpläne (Abb. 1 und Abb. 2) siehe Seiten 78/79

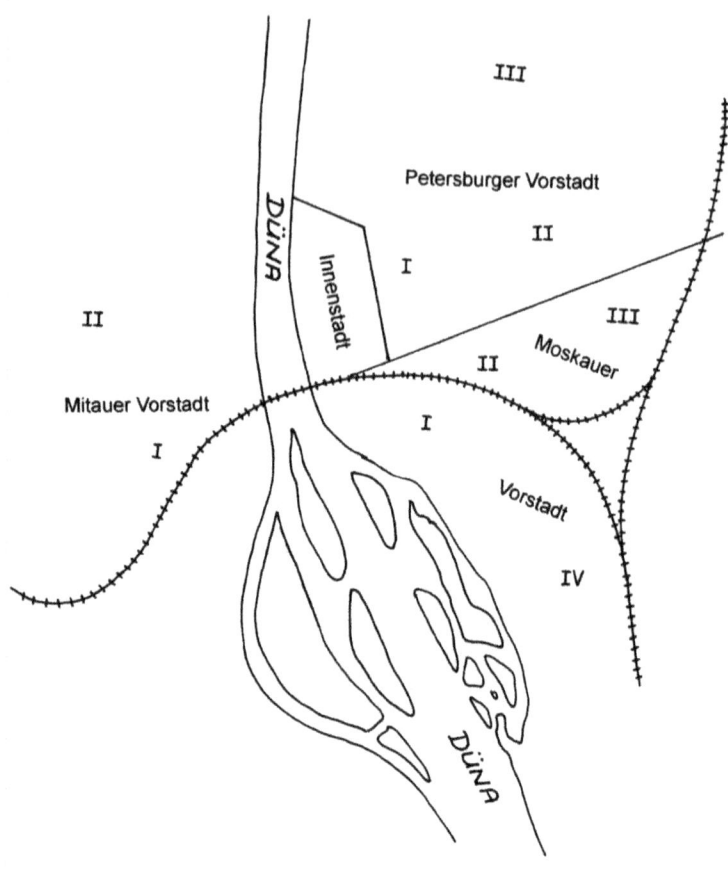

Abb. 1 Schematischer Stadtplan von Riga
(Historische Bezirke)

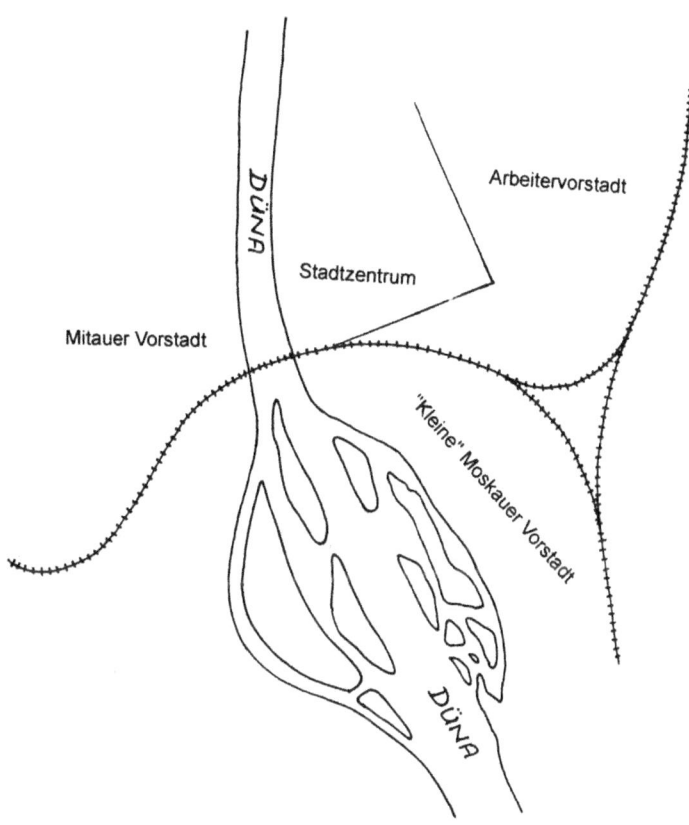

Abb. 2 Schematischer Stadtplan von Riga
(im Text erläuterte Bezirke)

Bibliographie

Abyzov, Jurij I., Riga: Der lettische Zweig der russischen Emigration. in: Schlögel, Karl (Hg.): Der Große Exodus. Die russische Emigration und ihre Zentren 1917 bis 1941. C.H. Beck: München 1994, S. 112-140.

Bartele, Tatjana, Salda, Vitalijs: Latviesi Maskava 1915-1922. Saule: Daugavpils 2001.

Berziņš, V. (red.), 20. gadsimta Latvijas vesture. I Latvija no gadsimta sakuma lidz neatkaribas pasludinasanai 1900-1918. Latvijas Vestures Instituta Apgads: Riga 2000.

Berziņš, V., Latvija Pirma pasaules kara laika. Zinatne: Riga 1987.

Graf, Daniel W.: The Reign of the Generals: Military Government in Western Russia, 1914-1915. Dissertation, Lincoln, Nebraska, 1972.

Hamm, Michael F., Riga's 1913 City Election: A Study in Baltic Urban Politics. Russian Review, Vol. 39 (Oktober 1980) No. 4. S. 442-461.

Hatlie, Mark R., Die Welt steht Kopf: Die Kriegserfahrung der Deutschen in Riga, 1914-1919. in: Jahrbuch des baltischen Deutschtums. Band XLIX (2002), S. 175-202.

Hirschhausen, Ulrike von, Die Wahrnehmung des Wandels: Migration, soziale Mobilität und Mentalitäten in Riga 1867-1914. in: Zeitschrift für Ostmitteleuropa-Forschung 48 (1999), S. 475-523.

Rigas Doma baznicas Latvies'u (agr. Miera) draudze. 1912-1937. Doma baznicas latviesu draudzes valdes izdevums. Riga 1937.

Wilhelm, Hans-Heinrich, Offene Fragen der Holocaust-Forschung. Das Beispiel des Baltikums. in: Backes, Uwe; Jesse, Eckhard; Zitelmann, Rainer (Hg.): Die Schatten der Vergangenheit. Impulse zur Historisierung des Nationalsozialismus. Propyläen: Frankfurt/Main, 1990. S. 403-425.

Archivbezeichnungen:

LVVA Lettisches historisches Staatsarchiv
LVA Lettisches Staatsarchiv
GARF Staatsarchiv der Russischen Föderation

VOM MULTINATIONALEN IMPERIUM ZUM NATIONALSTAAT

Die nationale Frage in Estland und Lettland in Revolution und Krieg

Karsten Brüggemann

Die Geschichte Russlands ist weit mehr, als es die traditionelle Historiographie gesehen hat, gekennzeichnet durch interethnische Integrations- und Ausgrenzungsprozesse. Im deutschen Sprachraum hat hier erst die Arbeit von Andreas Kappeler über „Rußland als Vielvölkerreich" bahnbrechend gewirkt.[98] Russland war und ist ein multiethnischer Staat, dessen Geschichte als Geschichte der Russen nur unzureichend begriffen wird, wie wir Zeitgenossen spätestens seit dem zweiten Auseinanderfallen Russlands (bzw. der Sowjetunion) während der Perestroika wissen. Vor jedem Zerfall steht jedoch ein Prozess der Zusammenfügung. Hier hat der russische Zentralstaat im Laufe der Jahrhunderte ein breites Spektrum verschiedener Methoden genutzt, sich der Loyalität der *inorodcy* oder *inozemcy*, der „Fremdstämmigen" bzw. „Fremdländischen", zu versichern - von konstitutionellen Experimenten über Formen indirekter Herrschaft bis hin zu direkter Machtausübung durch das Militär. Bekanntlich kam es im Laufe der Jahrhunderte im Kolonialisierungsprozess zuweilen auch zur kompletten Assimilation einer Ethnie, welche das Schicksal etwa der finnougrischen Merja und Muroma bereits im Mittelalter

---

[98] Andreas Kappeler, Rußland als Vielvölkerreich. Entstehung. Geschichte, Zerfall. München 1992.

besiegelte.[99] Gerade die finnougrischen Ethnien mit ihren entfernten uralischen Verwandten können das Spektrum russischer Nationalitätenpolitik durch die Jahrhunderte hindurch veranschaulichen; ihr Schicksal hat Rein Taagepera kürzlich als Lackmustest für die russische Demokratie bezeichnet.[100] Ganz allgemein jedoch kann gesagt werden, dass in der russischen Ethnopolitik wie im übrigen Europa über lange Jahrhunderte sprachlich-ethnische Kriterien der Abgrenzung weit hinter ständischen, religiösen, regionalen und dynastischen rangierten. Der Prozess der Kolonisation, verstanden als Erweiterung der territorialen Herrschaft durch das Zentrum Moskau, konnte sich durchaus auch über die Kooptation lokaler Eliten vollziehen. Dies vollzog sich etwa bei den Tataren im 16. Jahrhundert - der seltene Fall der Kooptation muslimischer Eliten - oder, womit wir der hier interessierenden Region näher kommen, bei den Deutschbalten nach dem Nordischen Krieg zu Beginn des 18. Jahrhunderts.

Es war die Crux des multinationalen Imperiums, dass am Ende des 19. Jahrhunderts, nachdem u.a. russische Historiker wie Sergej Solovjev oder Vasilij Ključevskij das Bild eines sich kolonialisierenden Staatswesens zur Leitidee der historischen Entwicklung und Mission Russlands entwickelt hatten, administrative Zentralisierungsmaßnahmen, die der Modernisierung und Integration des Reichs dienen sollten, mit einem diametral gegenläufigen Prozess konfrontiert wurden. Pointiert hat Jörg Baberowski kürzlich in einem instruktiven Beitrag über das östliche Transkaukasien darauf hingewiesen, dass dort, wo der staatliche Modernisierungsprozess durch die Verdichtung von Behörden und Kommunikationsstrukturen Menschen miteinander in Kon-

---

[99] Rein Taagepera, The Finno-Ugric Republics and the Russian State, London 1999, S. 50f., 151-154; Karsten Brüggemann, Finno-Ugrier, Samojeden (uralische Völker), in: Studienhandbuch östliches Europa, Bd. 2: Geschichte des Russischen Reiches und der Sowjetunion, hrsg. v. Thomas M. Bohn und Dietmar Neutatz, Köln, Weimar, Wien 2002 (im Druck).

[100] Taagepera, Finno-Ugric Republics, S. 409-412.

takt brachte, er sie auch sogleich wieder entzweite. Die Versuche, den Untertanen ein reichs-patriotisches Bewusstsein zu vermitteln, hätten „im ökonomisch wie soziokulturell heterogenen Kontext des Vielvölkerreichs" kaum Wirkung entfalten können. „Die Geschichte des zarischen Rußland", so Baberowski weiter, sei „die Geschichte seiner Zersetzung."[101]

Im Jahre 1914 war diese späte Einsicht eines Historikers jedoch noch nicht sehr weit verbreitet. Dabei hatte es seit der Jahrhundertwende zahlreiche Unruhen gegeben, die sich an der Peripherie des Reichs, im Westen und Süden ereigneten. So hatten z.B. zwischen 1901 und 1904 nur 6% der registrierten über 600 Straßendemonstrationen auf russischem Boden stattgefunden.[102] Überdeutlich war jedoch bereits vor der Revolution von 1905 zutage getreten, dass die Untertanen des Zaren nicht nur aus nationalen Gründen diesem zunehmend die Legitimität bestritten, sondern auch aufgrund sozialer Antagonismen. Ein weiterer Punkt verdient Beachtung: Die Russen selbst lagen in Bezug auf die üblichen Kategorien von Modernisierung, z.B. im Grad der Urbanisierung und Alphabetisierung, aber auch in Hinblick auf die Lebenserwartung weiterhin hinter einer ganzen Reihe von Ethnien zurück. Ein sozio-ökonomisches und soziokulturelles Entwicklungsgefälle von Nordwesten über Russland in den Osten des Reiches ließ die Russen in Wirtschaftsniveau, Bildungsstand und Lebensstandard eine höchstens mittlere Position einnehmen. Zu Beginn des 20. Jahrhunderts hatten in Russland weder liberaldemokratische *politische* noch emanzipatorische *nationale* oder

---

[101] Jörg Baberowski, Nationalismus aus dem Geist der Inferiorität. Autokratische Modernisierung und die Anfänge muslimischer Selbstvergewisserung im östlichen Transkaukasien 1828-1914, in: Geschichte und Gesellschaft 26 (2000), S. 371-406, hier S. 373.
[102] Zusammenfassend Helmut Altrichter, Rußland 1917. Ein Land auf der Suche nach sich selbst, Paderborn (u.a.) 1997, S. 419-422. Schon zuvor, von 1895 bis 1900, hatten sich nur drei von 59 registrierten Demonstrationen auf russischem Gebiet ereignet. Kappeler, Vielvölkerreich, S. 268.

gar *soziale* Reformen eingesetzt.[103] Das Resultat ist bekannt: Die Revolution von 1905 wurde zu einem ersten „Völkerfrühling", der im Baltikum, im Königreich Polen und Transkaukasien, wo die Agrarbewegung, die Arbeiterbewegung, die demokratische Bewegung der Intelligenz und die nationale Bewegung zusammenfielen, bürgerkriegsähnliche Zustände auslöste.[104] Ein letztes Mal gelang es dem Zentrum jedoch, besonders die nationalen Antagonismen für eigene Zwecke zu nutzen; der Aufstand der Esten und Letten beispielsweise führte zum Schulterschluß der Petersburger Autokratie mit den Deutschbalten, die seit Jahrhunderten die Macht in den Ostseeprovinzen innehatten. Nach einer kurzzeitigen, durch die Unruhen bewirkten Toleranz in Nationalitätenfragen schlug das Pendel ab 1907 wieder in eine restriktive Richtung aus, die zwar für die einzelnen Bewegungen gewisse Rückschläge etwa durch Exilierung führender Persönlichkeiten bedeutete, doch im Ganzen keine Rückkehr zur Zeit vor 1905 brachte. Erst die Destabilisierung der Autokratie in Krieg und Revolution war schließlich die Voraussetzung für das Auseinanderbrechen des Reiches, begleitet von zentrifugalen nationalen und sozialen Integrationsprozessen. In den Jahren nach 1917 erlebte das Imperium schließlich nicht nur das Ende des historisch gewachsenen überethnischen staatlichen Zusammenhangs, sondern auch das Aufbrechen sozioökonomischer Differenzen in einem blutigen Bürgerkrieg.

Genauso wie Russland und seine Ethnien von der Forschung oft getrennt behandelt wurden und werden, sind „Nation" und „Klasse" nicht nur im Reform-Diskurs der Zeit, sondern auch in manchen wissenschaftlichen Darstellungen als einander ausschließende, parallele soziale Identifikationen gesehen worden;

---

[103] Kappeler, Vielvölkerreich, S. 266f.
[104] Zum Baltikum ausführlich: Ernst Benz, Die Revolution von 1905 in den Ostseeprovinzen Rußlands. Untersuchungen und Verlauf der lettischen und estnischen Arbeiter- und Bauernbewegung im Rahmen der ersten russischen Revolution, Mainz 1990.

doch wird diese Dichotomie zunehmend hinterfragt.[105] Geht man davon aus, dass weder Nation noch Klasse objektive Gegebenheiten sind, so lassen sich beim Entwicklungsprozess dieser sozialen Kategorien deutliche Ähnlichkeiten ermitteln. Als Träger sind in beiden Fällen Individuen, Parteien, Zeitungen und intellektuelle Aktivisten auszumachen. Die Verankerung beider Kategorien im Bewusstsein der Menschen wurde im Laufe des 19. Jahrhunderts erleichtert infolge der gestiegenen Kommunikationsmöglichkeiten durch die Entwicklung von überregionalen Märkten, die dank der Eisenbahn erreichbar wurden. Neue, abstrakte Gemeinschaften ergänzten die enge *face-to-face-community* des dörflichen Alltags und führten allmählich sogar zur Auflösung tradierter „wir"-Gruppen.[106] Die Erfahrung von sprachlicher, kultureller oder lebensweltlicher Nähe genauso wie die der Fremdheit war dabei in jedem Fall prägend für die jeweilige Identifikation. Dass diese Identifikationen komplex und keineswegs einheitlich waren, liegt auf der Hand. Ein ukrainischer Bauer konnte sich mit dem Kampf der Bauern gegen die Landbesitzer solidarisieren und gleichzeitig für die Förderung der ukrainischen Kultur eintreten. Wie sein Verhältnis zu ukrainischen Großgrundbesitzern oder Intellektuellen war, steht auf einem ganz anderen Blatt. Sah sich der estnische Bauer am Peipussee als Este, Bauer oder - im Unterschied zu seinen orthodoxen Altgläubigen russischen Nachbarn - als Lutheraner?

---

[105] Ronald Grigor Suny, Nationality and Class in the Revolution of 1917: A Reexamination of Social Categories, in: Stalinism: Its Nature and Aftermath. Essays in Honour of Moshe Lewin, hrsg. v. Nick Lampert, Gábor T. Rittersporn, Houndmills, Basingstoke 1992, S. 211-242. Ders., The Revenge of the Past. Nationalism, Revolution, and the Collapse of the Soviet Union, Stanford Cal. 1993, S. 21.

[106] Zur Bedeutung der sozialen Kommunikation Karl Deutsch, Der Nationalismus und seine Alternativen, München 1972. Instruktiv zum estnischen Beispiel mit Literaturverweisen: David Feest, Die Entste-hung der estnischen Nation, in: Estland – Partner im Ostseeraum, hrsg. v. Jörg Hackmann, Lübeck 1998 (Travemünder Protokolle, 2), S. 19-39.

Solche Fragen verweigern sich zumeist einer klaren Antwort. Natürlich bedeutete der in den Ostseeprovinzen bereits seit Mitte des Jahrhunderts mögliche Ankauf von Hofstellen - der im Reichskontext einmalig war - nicht unbedingt, dass sich eine ethnische Solidarität herausbilden *mußte*. Landkauf war auch kein nationalpolitischer Akt, um 700-jähriges Unrecht wieder gutzumachen, sondern um sich das Recht auf Bodennutzung zu sichern.

Bestimmend für den Einfluss auf die Bildung von Identitäten haben demgegenüber der Zugang zu bzw. die Exklusion von staatlichen Institutionen - hier sei für die Ostseeprovinzen auf die schleichende Entmachtung der Deutschbalten durch den Wegfall des Zunftzwangs und des Wahlrechts für die besitzenden Schichten verwiesen -, aber auch die Richtung, aus der die Hauptgefahr für eine soziale Gruppe erfolgt. Die jeweilige Ausprägung dieser Identitäten hing von den Umständen ab und konnte sich jederzeit ändern.[107] Manche äußeren Faktoren wie z.B. die Politik des Zentrums, das bestimmte nationale Gruppen wie die Deutschbalten oder armenische Kaufleute unterstützte, andere hingegen behinderte (Juden, Ukrainer, ab 1863 Polen, Litauer, später Finnen, ab 1881 Deutschbalten, ab 1914 Deutsche insgesamt), konnten dazu führen, dass in einer bestimmten Ethnie nationale Konzepte die Oberhand gewannen. Die Förderung bestimmter nationaler wirtschaftlicher Eliten bewirkte auf der anderen Seite die Formierung ethnischer sozialistischer Bewegungen. Besonders offensichtlich war diese enge Verflechtung der Kategorien dort, wo ethnische und soziale Grenzen übereinstimmten, wie z.B. im Baltikum. In diesen Regionen wurden nationalistische Bewegungen durch die Natur ihrer klassenmäßigen Bindung eher gestärkt.[108] Aber nicht nur hier waren ethnische Loyalität und Klassensolida-

---

[107] Rex Wade, The Russian Revolution, 1917, Cambridge 2000, S. 146. Revenge Suny, S. 21.
[108] Suny, Nationality and Class, S. 224.

rität auf die eine oder andere Weise eng miteinander verbunden, und man braucht nur den finnischen Fall zu erwähnen, um zu zeigen, dass diese Kombination durchaus auch konfliktträchtig war.

In einem Vergleich der politischen Vitalität nationaler und sozialökonomischer Identifikationen im Revolutionsjahr 1917 mag russlandweit der soziale Bezug entscheidend gewesen sein. Nationale Parteien ohne ausgeprägte soziale Orientierung hatten weitaus weniger Zuspruch zu verzeichnen als „allrussische" sozialistische Parteien. In den nichtrussischen Gebieten hingegen versprach die Kombination des nationalen mit dem Klassendiskurs den größten politischen Erfolg. Unzweifelhaft haben alle zentralen russischen Parteien zu Beginn der Revolution den nationalen Faktor unterschätzt - wie auch die Nationalisten dahin tendierten, die soziale Frage zurückzustellen, die nach ihrer Interpretation erst die Einheit der Nation würde lösen können.

Erst allmählich wurden selbst russische Sozialisten zunehmend russischer, doch blieb der russische Menschevist, der die Sezession beispielsweise Estlands von Russland befürwortete, eher eine Seltenheit. Genau dieser Faktor wiederum beschleunigte die „Nationalisierung" auch der sozialistischen Bruderparteien in der Peripherie. In Russland selbst fanden nationale Aspirationen nur noch bei den jeweils linken Fraktionen der Sozialrevolutionäre und der Bolschewist Gehör. Die der Februarrevolution entsprungene Provisorische Regierung verlor ihren Kredit in der Peripherie zunehmend, als Premier Aleksandr Kerenskij, eigentlich ein *trudovik*, Mitte August 1917 auf der Moskauer Staatskonferenz unter dem Applaus der Delegierten polemisch fragte, wer denn bloß den finnischen und ukrainischen Separatisten die 12 Silberlinge gegeben hätte.[109]

Für die überwiegende Mehrheit der russischen Politik wurde die nationale Frage im Laufe des Revolutionsjahres zur Frage

---

[109] Hier zit. n. Wade, Revolution, S. 148.

über Sein und Nichtsein des Staates. Mehr noch als im Falle der sozialen Frage fand die bürgerliche Revolution für das Nationalitätenproblem jedoch nur eine wenig konstruktive Haltung. Die Verschanzung hinter dem nationalen „Einen und Unteilbaren Rußland", aber auch die liberale Haltung der „*gosudarstvennost*", einer Politik, für die die Unversehrtheit des Staates oberste Priorität hatte, wurde für das gesamte russische Spektrum jenseits der Bolschewisten zum Hemmschuh für eine Kooperation mit den Nichtrussen wenigstens bis in den Bürgerkrieg und gerade in der strategisch wichtigen Peripherie eine der Ursachen für die Niederlage der Weißen Bewegung in den Kämpfen gegen die Rote Armee bis 1922.[110]

Einer sozialen Revolution, wie der, die sich in Petrograd bis zum November 1917 immer weiter radikalisiert hatte, musste (wohl nicht nur in der Peripherie) eine nationale folgen. Die Verschmelzung von sozialer und nationaler Frage brachte es für die Randgebiete jedoch mit sich, dass hier der Umkehrschluss gültig war: Der nationalen Revolution musste eine soziale folgen. In Bezug auf das Baltikum wird in dieser Perspektive auch deutlich, warum die bereits 1919/20 eingeleiteten radikalen Agrarreformen die wichtigste Voraussetzung für den Erfolg der späteren nationalen Regierungen war. Die Befriedigung nationaler Aspirationen genügte nicht, um einen unabhängigen Staat lebensfähig zu machen.

Auch in den Ostseeprovinzen ist die nationale Frage daher in keiner Weise als isoliert von den sozialen Bedingungen ihrer Zeit zu betrachten. Nach wie vor gültig bleibt in diesem Zusammenhang zwar Arved v. Taubes Formulierung der politischen Alternativen, die sich in der postrevolutionären Situation des Jahres 1917 den ehemaligen russischen Gouvernements an der Ostsee

---

[110] Zum Krieg im Baltikum vgl. Karsten Brüggemann, Die Gründung der Republik Estland und das Ende des „Einen und Unteilbaren Rußland". Die Petrograder Front des Russischen Bürgerkriegs 1918-1920, Wiesbaden 2002 (Forschungen zur Geschichte des Ostseeraums, 6).

zumindest in der Theorie boten, und man sollte sich sowohl die sozial- als auch die nationalpolitischen Konse-quenzen der hier genannten strukturellen politischen Oppositionen vor Augen führen: „Nationale Demokratie, sozialistische Arbeiterkommune oder gesamtbaltischer Ständestaat".[111] Allerdings ist zweierlei zu ergänzen: Zum einen fehlt die vor Ort und vor allem von den Siegermächten des Weltkriegs noch bis weit in das Jahr 1919 hinein erwogene Chance eines föderativen, demokratischen Russlands. Zum anderen muss im Rahmen des eben Gesagten die tatsächliche Relevanz der genannten Alternativen hinterfragt werden. Zukunftsfähig war nur die Politik, die eine Antwort sowohl auf die soziale als auch auf die nationale Frage bot. Vor diesem Hintergrund gab es unter von Taubes Varianten nur eine Möglichkeit.

Auch wenn es evident erscheint zu fordern, dass Ereignisse im Spiegel ihrer eigenen Gegenwart betrachtet werden sollten, muss hier gewarnt werden vor einer allzu leichtfertigen Übernahme von mentalen Präpositionen aus der jüngeren Vergangenheit: Weder der Eiserne Vorhang des Kalten Krieges mit seiner Konfrontation der Systeme noch die national-politischen Frontlinien der Perestroika-Ära waren die primären baltischen Barrikaden der Jahre 1917-1920. Weder der lettische noch der estnische Drang zur Selbständigkeit hatte ein Vorbild in der Geschichte, und die Idee, dass der Nationalstaat eine Art natürliche Vollendung des historischen Wegs einer Nation darstellte, war weitaus weniger verbreitet, als es die Mythen der nationalen Geschichtsschreibung glauben machen wollen.[112]

---

[111] Arved Baron v. Taube, Nationale Demokratie, sozialistische Arbeiterkommune oder gesamtbaltischer Ständestaat? Das Reifen des Gedankens der estnischen Eigenstaatlichkeit im politischen Kräftespiel der Jahre 1914-1918, in: Baltische Hefte 6 (1959/60), S. 2-48.
[112] Marko Lehti, A Baltic League as a Construct of the New Europe. Envisioning a Baltic Region and Small State Sovereignty in the Aftermath of

Pointiert hat Marko Lehti in diesem Zusammenhang betont, dass staatliche Souveränität nicht um ihrer selbst willen zum politischen Ziel wurde, sondern weil sie vor dem Hintergrund des Räte- bzw. Ständestaats die einzige Alternative bot, wollte man auch nur ein gewisses Maß an politischer oder zumindest kultureller Autonomie gewährleistet wissen.[113] Und in dieser Forderung waren sich spätestens 1917 sowohl die Vertreter des nationalistischen als auch diejenigen des sozialistischen Paradigmas in Estland und Lettland sehr einig. Außerdem entwickelte sich weder in Lettland noch in Estland die mehr und mehr auf Unabhängigkeit zielende Politik der lokalen Eliten aufgrund eines nationalen Antagonismus gegenüber Rußland und den Russen. Obwohl sich das Verhältnis zum *Russian other* infolge der bolschewistischen Machtübernahme veränderte - wofür jedoch eher sozial- denn nationalpolitische Gründe ausschlag-gebend waren, stellten weiterhin die Deutschbalten bzw. seit der Okkupation im Verlauf des Ersten Weltkriegs alles Deutsche schlechthin die *main otherness* dar.[114] So hat die zeitgenössische estnische Publizistik die These vertreten, dass es nicht mehr die sprichwörtlichen 700 Jahre der deutschen Vorherrschaft im Baltikum gewesen seien, die man den Deutschen anlastete, sondern in erster Linie die Zeit der deutschen Besatzung; eine Interpretation, die sich im Übrigen auch in der für das Ausland verfaßten Unabhängigkeitserklärung der estnischen Konstituierenden Versammlung vom 19. Mai 1919 finden lässt.[115]

the First World War, Frankfurt/Main u.a. 1999 (= European University Studies, Series III: History and Allied Studies, 817), S. 163.

[113] Ebenda, S. 109f.
[114] Ebenda, S. 517.
[115] G.E. Luiga, Eesti-Saksa vahekord, Tallinn 1919, S. 37. Die estnische Unabhängigkeitserklärung vom 19.5.1919, in: Eesti Riigiarhiiv (Estnisches Staatsarchiv, Tallinn) 495/10/71, Bl. 86-87r.; Asutava Kogu I istungjärk. Protokollid Nr. Nr. 1-27, Tallinn (1919), Sp. 473-480, hier Sp. 473. Eine englische Übersetzung bei Malbone W. Graham, New Governments of Eastern Europe, New York 1927, S. 650-652.

Wir erinnern uns: Im Laufe des Jahres 1918 hatten estnische und lettische Diplomaten im westlichen Ausland gerade mit dieser antideutschen Haltung Punkte sammeln können. Um in Parenthese noch einmal auf von Taubes politische Alternativen zurückzukommen, dürfte klar geworden sein, dass die Variante eines deutsch geprägten Ständestaates, die ohnehin inakzeptabel war im Hinblick auf die hiermit verbundene Sozialpolitik, für die weitere nationale Entwicklung Est- und Lettlands spätestens seit dem Frühjahr 1918 keine Rolle mehr spielen konnte.

Esten und Letten gehörten im gesamtrussischen Prisma durchaus zu den in puncto sozial-ökonomischer und nationaler Modernisierung fortgeschrittenen Ethnien. Die industrielle Entwicklung ihrer Provinzen hatte zu sozialer Differenzierung, Urbanisierung und schließlich der Herausbildung einer eigenen Arbeiterschaft geführt. Nicht zu unterschätzen ist der reichsweit einmalig hohe Alphabetisierungsgrad, der mit dazu beigetragen hat, dass Esten und Letten zu Beginn des Jahrhunderts, spätestens jedoch während der Revolution von 1905 in die Phase C des Hroch'schen Modells des „nationalen Erwachens" eingetreten waren. Allerdings sollte der von Hroch hierfür verwendete unklare Begriff der „Massenbewegung" durch die Formulierung „Phase der Bemühungen um politische Eman-zipation" präzisiert werden.[116] Der hohe Alphabetisierungsgrad in den Ostseeprovinzen lieferte hierfür den Resonanzboden, auf dem nationale Agitation in verschiedenen Medien (Presse, Literatur, Gesellschaften, Parteien) aufblühen konnte. Außerdem zogen nicht nur ungelernte Landlose in die Städte - wobei festzuhalten ist, dass selbst sie

---

[116] Miroslav Hroch, Social Preconditions of National Revival in Europe. A Comparative Analysis of the Social Competition of Patriotic Groups Among the Smaller European Nations, Cambridge 1985; ders., Die Vorkämpfer der nationalen Bewegung bei den kleinen Völkern Europas. Eine vergleichende Analyse zur gesellschaftlichen Schichtung der patriotischen Gruppen, Praha 1968 (Acta Universitatis Carolinae Philosophica et Historica, 24).

im Gegensatz zu ihren Standesgenossen in weiten Teilen des übrigen Reichs durchaus über eine Grundschulbildung verfügten, sondern in erheblichem Umfang auch eine gebildete Intelligenzschicht aus lokalen Beamten und Lehrern, die in der (hauptstädtischen) Bürokratie und Administration schnell Arbeit fand. Nebenbei bemerkt, hatte auch die Russifizierung des Schulwesens für die Esten und Letten längerfristig gesehen positive Folgen in puncto Mobilität: Eine neue Generation von Intellektuellen, die nun selbstverständlich ihre Sprachen nutzte, dazu Deutsch und Russisch lernte, suchte sozialen Aufstieg über Russland und das Studium an russischen Universitäten. Manche von ihnen starteten ihre berufliche Karriere in der Hauptstadt St. Petersburg, wie etwa der spätere estnische Außenminister Jaan Poska, um mit ihren Erfahrungen die eigenen Provinzen zu bereichern. In gewisser Weise schuf die nationale Bewegung der Ostseeprovinzen das lettische und estnische Bürgertum (und nicht umgekehrt), wobei festzuhalten ist, dass bis 1917 niemand ernsthaft einen eigenen Nationalstaat anstrebte. Es ging in den zehn Jahren zwischen Revolution und Krieg um eine kulturelle Bewusstseinsbildung, die nach dem Krieg und der zweiten und dritten Revolution ihre Früchte trug: Die mittlerweile „komplettierten" Gesellschaften in Lettland und Estland hatten eine jeweils eigene, differenzierte politische Identität herausgebildet.[117] In beiden späteren Staaten hatte sich schließlich zu Beginn des Weltkriegs eine Gruppe von estnischen und lettischen Beamten und Politikern herausgebildet, die dank ihrer Erfahrung in der lokalen Administration wie in der

---

[117] Neben Feest, Entstehung, vgl. den Überblick von Gert v. Pistohlkors, Die historischen Voraussetzungen für die Entstehung der drei baltischen Staaten, in: Die baltischen Nationen. Estland, Lettland, Litauen, hrsg. v. Boris Meissner, Köln 1991, S. 11-49; zu Estland Ea Jansen, On the Economic and Social Determination of the Estonian National Movement, in: National Movements in the Baltic Countries During the 19th Century, hrsg. v. Aleksander Loit, Stockholm 1985 (= Acta Universitatis Stockholmiensis. Studia Baltica Stockholmiensia. 2), S. 41-57.

russischen Reichspolitik durchaus in der Lage war, auch selbst politische Verantwortung für das Schicksal der Provinzen zu übernehmen. Beide Regionen verband dabei auch eine vergleichsweise hohe politische Differenzierung der Gesellschaft, die sich der sozialistischen und nationalen Identifikationsangebote bediente - doch überwiegen in der Ausrichtung dieses politischen Spektrums schon die Unterschiede: Die Esten tendierten zur nationalen, die Letten zur sozialistischen Orientierung. Einer der interessantesten Beiträge der letzten Jahre zu diesem Problem stammt von Ronald Suny, einem armenischstämmigen Historiker aus Chicago, der in die russozentristische Forschungslandschaft einen Blick von außen einzubringen vermag. Mit Recht hat er in seiner einflussreichen Studie „The Revenge of the Past" über die zwei Zusammenbrüche Russlands im 20. Jahrhundert auf die eben angedeuteten Unterschiede gerade zwischen Estland und Lettland hingewiesen.[118] In seiner Typologie der Möglichkeiten, mit ethnisch und sozial formulierten Antworten auf die Revolution zu reagieren, teilt er neun größere ethnische Gruppen nach ihrer Identifikation mit „Klasse" oder „Nation" in fünf Untergruppen ein. Dabei finden sich die Esten in der zweiten, die Letten hingegen in der dritten wieder.[119] Es ist für die baltische Gesamtperspektive zudem interessant, dass auch die Litauer und die Finnen in jeweils eigene Gruppen eingeordnet sind, die Ersteren als überwiegend ländliches Volk mit einem geringen nationalen Bewußtsein neben den Weißrussen und den Azeris (Nr. 1), die Finnen als Beispiel einer in zwei Fraktionen tief gespaltenen Ethnie, die den Konflikt zwischen „Nation" und „Klasse" in einem blutigen Bürgerkrieg austrug (Nr. 4). Als fünfte Gruppe schließlich macht Suny die Armenier aus, die klassenmäßige Ge-

---

[118] Suny, Revenge, Kapitel „National Revolutions and Civil War", S. 20-83.
[119] Ebenda, S. 30-76.

gensätze unter einen vertikal integrativen Nationalismus untergeordnet hätten.

Doch zurück zu den Esten und Letten. Diese vergleicht Suny mit den Ukrainern resp. den Georgiern, wodurch er traditionellen Betrachtungen, die selten den regionalen Zusammenhang verlassen, eine imperiale Perspektive gegenüberstellt. Esten und Ukrainer habe ein stark entwickeltes nationales Bewußtsein ausgezeichnet, das allerdings nicht dazu geführt habe, dass es die widerstreitenden sozialen Identitäten dominiert hätte. In puncto „Klasse" und „Nation" hätte beide Ethnien eine gewisse „Ambiguität" ausgezeichnet. Letten und Georgier hingegen hätten ihre sozialen und nationalen Forderungen in einer dominierenden sozialistischen nationalen Bewegung formuliert. Sunys auf die Relevanz von „Nation" und „Klasse" im Jahre 1917 konzentrierte Typologie kann hier keiner grundsätzlichen Kritik unterzogen werden; die gemeinsame Betrachtung des „menschewistischen" Georgiens und des „bolschewistischen" Lettlands scheint nur auf den ersten Blick etwas mehr Substanz zu haben[120] als der schon aufgrund mancher Unterschiede in der sozioökonomischen Entwicklung etwas verfehlte Vergleich zwischen Estland und der Ukraine. Schließlich hat der Konflikt zwischen der Priorität der „Nation" oder der „Klasse" gerade auch die lettische Sozialdemokratie gespalten.[121] Fakt ist, dass sich in der Tat während der Revolution des Jahres 1917 plötzlich die Geschicke Estlands und Lettland stark voneinander unterscheiden, obwohl sie sich gerade

---

[120] Dezidiert für die Dominanz der nationalen Frage in Lettland 1917 spricht sich aus: Detlef Henning, Hammer und Sense oder die Legende vom Dritten Weg. Die Sozialistische Sowjetrepublik Lettlands (1918-1920), in: The Independence of the Baltic States: Origins, Causes, and Consequences. A Comparison of the Crucial Years 1918-1919 and 1990-1991, hrsg. v. Eberhard Demm, Roger Noël, William Urban, Chicago 1996, S. 55-76.

[121] Detlef Henning, Nationalbewegung und Nationalstaatswerdung Lettlands. Fazit der Forschung, in: Nationalbewegung und Staatsbildung. Die baltische Region im Schulbuch, hrsg. v. Robert Meier, Frankfurt/M. 1995 (Studien zur internationalen Schulbuch-forschung, 85), S. 95-109, hier S. 104.

auch im reichsweiten Blick sowohl im Hinblick auf ihre Voraussetzungen als auch im Hinblick auf das Ergebnis, die zwei Dezennien einer selbständigen Geschichte, sehr ähneln. Leider kann hier nicht auf detaillierte komparativistische Studien verwiesen werden, doch steht außer Frage, dass die lettische Sozialdemokratie die lettischen Debatten mehr dominiert hat als ihre estnischen Genossen die Diskussionen beim nördlichen Nachbarn. Sehr stark haben zudem die Lettischen Schützenregimenter, die aufgrund ihrer sozialen Zusammensetzung durchaus als Armee Lettlands gelten konnten,[122] das Bild vom „bolschewistischen" Lettland geprägt: Da sich die lettischen Regimenter im Verlauf des Kriegs oft als Kanonenfutter verheizt sahen, gewannen die Bolschewisten mit ihren Forderungen nach einem schnellen Frieden unter ihnen großen Zuspruch. Soziale long-term-Faktoren wie eine höhere Zahl an landlosen Bauern und ein zahlenstärkeres lettisches Proletariat mögen genauso wie die Metropolenrolle der Industriestadt Riga zu einer Dominanz „linker" Orientierungen beigetragen haben, während im estnischen Raum schon die traditionelle Gegenüberstellung des wirtschaftlich prosperierenden Reval/Tallinn mit der geistigen Hauptstadt Dorpat/Tartu als Hochburg des nationalen Bürgertums ausgleichend gewirkt haben mag.[123]

Einen gewichtigen Unterschied zwischen Lettland und Estland stellen für das Jahr 1917 die Kriegsfolgen dar. Mit der Eroberung Rigas im August durch deutsche Truppen war das spätere Lettland zweigeteilt. Gewaltige Flüchtlingsströme ergossen

---

[122] Andrejs Plakans, The Latvians. A Short History, Stanford, Cal. 1995, S. 115.

[123] Tatsächlich konnte ausgerechnet Konstantin Päts, der radikale Befürworter einer sozialen Revolution im Jahre 1905, dreißig Jahre später zum Inbegriff des estnischen Nationalismus werden, obwohl die Konkurrenz zu Jaan Tõnisson, seinem ewigen liberalen Tartuer Gegenspieler, ebenfalls eine Konstante der estnischen Politik in der ersten Hälfte des 20. Jahrhunderts darstellt.

sich über den unbesetzten Teil Livlands, über Estland und die russischen Gebiete. Für die lettische Politik hieß diese Situation, dass letztlich jede Vision einer bestimmten leuchtenden Zukunft für das Land ohne jedes Risiko als Mehrheitsmeinung des Volkes verkauft werden konnte, da eine solche schlicht nicht zu ermitteln war. Insofern gebe ich Detlef Henning Recht, wenn er schreibt, dass in dieser chaotischen Zeit die diversen Wahlergebnisse kaum als Beleg politischer Willensbildung zu gelten haben,[124] so auch nicht die immer wieder zitierten 72% der Stimmen, die auf die lettischen Bolschewisten bei der Wahl zur Russischen verfassungsgebenden Versammlung im November 1917 entfallen waren.[125] Zersplittert wie das Land war, hat keine der entweder vom Willen Petrograds oder von lettischen bürgerlichen bzw. sozialistischen oder gar deutschbaltischen Kreisen quasi-legitimierten Exekutiven prinzipiell an Autorität gewinnen können.

Im Gegensatz zu Estland konnte sich auch die schließlich am 18. November 1918 begründete siegreiche nationale Demokratie zunächst nicht auf ein Wählervotum stützen. Ihr Überleben sicherte nicht so sehr die eigene Stärke, sondern - neben außenpolitischen Faktoren - auf paradoxe Weise die Schwäche der sozialistischen Variante in Form der Lettischen Sowjetrepublik.[126]

Auch in Estland hatte sich die für das Jahr 1917 so typische Doppelherrschaft herausgebildet. Doch ist es ebenso typisch, dass, sieht man einmal vom Tallinner zentralen Sowjet ab, viele lokale Arbeiter- und Bauernvertretungen die von St. Petersburg eingesetzte estnische Gouvernementsverwaltung unter Jaan

---

[124] Henning, Hammer, S. 52.
[125] Oliver H. Radkey, Russia Goes to the Polls. The Election to the All-Russian Constituent Assembly, 1917. With a Foreword by Sheila Fitzpatrick, Ithaca, London 1989, S. 35, (siehe Anm. 123).
[126] Hierzu Henning, Hammer, S. 60-65.

Poska unterstützten. Ihm zur Seite stand mit dem Landtag (*Maapäev*) ein nach russischem Vorbild gestaltetes oberstes Administrationsorgan, das bis zur Ausrufung der Republik im Februar 1918 die Kontinuität der Macht für sich beanspruchen konnte. Denn gerade der Tallinner Sowjet wurde nicht nur von bürgerlicher Seite heftig kritisiert, da er einerseits die Legitimität des Landtages offensiv herausforderte, andererseits hauptsächlich aus russischen Soldaten und Matrosen bestand, die sich nur zeitweilig im Lande aufhielten.[127] Landesweit blieb der Einfluß der Bolschewisten beschränkt, selbst nach den Tallinner Wahlen im Sommer entsandten sie nur drei der neun Vertreter der Hauptstadt in den Landtag. Trotzdem fühlten sie sich Ende September dazu ermuntert, die Legalität dieses Gremiums erneut in Frage zu stellen. Sie forderten eine Neuwahl mit der nicht von der Hand zu weisenden Begründung, der Landtag sei aufgrund der indirekten Wahl und der schlechten Wahlbeteiligung auf dem Land keine repräsentative Volksvertretung.[128] Dieser Herausforderung der Bolschewisten folgte jedoch eine bemerkenswerte Verschiebung der politischen Lager: Standen sich zunächst Demokraten und Sozialisten annähernd gleich stark gegenüber, so nahmen die Demokraten nun eine Resolution der sozialdemokratischen Fraktion an, nach der der Landtag bis zur Konstituierung einer direkt gewählten Estnischen Verfassunggebenden Versammlung zum legalen Repräsentanten des estnischen Volks erklärt wurde.[129]

---

[127] Olavi Arens, Soviets in Estonia 1917/18, in: Die baltischen Provinzen Rußlands zwischen den Revolutionen von 1905 und 1917, hrsg. v. Andrew Ezergailis, Gert von Pistohlkors, Köln, Wien 1982 (Quellen und Studien zur baltischen Geschichte, 4), S. 295-314, hier, S. 301. Mitte Mai waren von den 20 Mitgliedern des Ispolkom des Tallinner Sowjets nur drei Esten. Ebd., S. 297.

[128] Maanõukogu protokollid. 1. koosolekust 1. juulil 1917 78. koosolekuni 6 veebruaril 1919, Tallinn 1935, S. 147.

[129] Ebenda, S. 153. Vgl. Olavi Arens, The Estonian Maapäev During 1917, in: The Baltic States in Peace and War, hrsg. v. V. Stanley Vardys, Romuald J. Misiunas, Pennsylvania 1978, S. 19-30.

Allein die Bolschewisten blieben von nun an in Estland auf internationalistischem Kurs. An die Macht kamen sie in Estland tatsächlich nur durch den Petrograder Putsch, nicht durch Wahlen. Die von ihnen erträumte 50% Marke verfehlten sie im November bei den Wahlen zur Russischen Konstituierenden Versammlung um gut 10%.[130] Die gut 46% der Stimmen, die die estnischen Sozialdemokraten, die Arbeitspartei (*Trudoviki*) sowie der Demokratische Block (Fortschrittspartei und Bauernbund) erhielten, waren Ausdruck einer starken antibolschewistischen Fraktion. Alle drei Gruppierungen waren zudem inzwischen - schon als Abwehrmaßnahme gegen die drohende Okkupation durch die deutschen Truppen - dazu bereit, einen unabhängigen Staat zu gründen bzw. das vom Petrograder *Sovnarkom* gewährte Sezessionsrecht zu nutzen. Die Bolschewisten stellten sich während ihrer kurzen Herrschaftszeit mit ihrer Ablehnung der estnischen Unabhängigkeit und mit ihrer Agrarpolitik, d.h. dem Versuch, enteignete Güter in Kolchosen umzuwandeln, anstelle sie den Bauern zu übergeben, ins politische Abseits.[131] Die deutsche Besetzung des Rest-Baltikums im Februar 1918 beendete dieses

---

[130] Revoljucija, graždanskaja vojna i inostrannaja intervencija v Estonii (1917-1920), Tallin 1988, S. 274. Intern hatte die Partei ihre Chancen auf 30-50% taxiert. So in einem Brief der estnischen Parteizentrale an das ZK der RSDRP (b) von Mitte Oktober, in: Velikaja Oktjabr'skaja Socialističeskaja revljucija v Èstonii. Sbornik dokumentov i materialov, Tallin 1958, Nr. 244, S. 253-255, hier S. 255.

[131] Dies gab auch die sowjet-estnische Historiographie zu: Genrich Tido, Agrarnaja politika bol'ševikov v Èstonii (1905-1920 gg.), Tallin 1978., S. 139. Vgl. Toivo U. Raun, Estonia and the Estonians, Stanford, Cal. 1991, S. 103. Ein erster postsowjetischer Versuch zur Rettung der Revolution bei: Karl Siilivask, Revolutsioon ja klassisõda Eestis 1917-1919, in: Eesti Teaduste Akadeemia Toimetised. Ühiskonnateadused 40 (1991), S. 16-22, hier S. 17.

Experiment und gab den national orientierten Kräften trotz des Verbots der politischen Betätigung Zeit, Kräfte zu sammeln.[132] Wie in Lettland, so waren die lokalen Bolschewisten auch in Estland mehr als überrascht als sie auf Weisung des Volkskommissars für Nationalitätenfragen, Josef Stalin, nach Beendigung der deutschen Okkupation eine *national* ausgerichtete Politik anstreben sollten. Neben dem für sie überlebenswichtigen Problem, den die Sowjetbewegung mehrheitlich tragenden *russischen* Arbeitern Tallinns und Narvas das Votum für einen *estnischen* Arbeiterstaat zu erklären, waren ideologische Axiome für ihre Haltung maßgeblich: Die Front des internationalen Proletariats zu schwächen kam in Hinblick auf die allseits erwartete Weltrevolution nicht in Frage.[133] Als Losung der Partei gegen die Idee der bürgerlichen Unabhängigkeit galt die Formel der „engsten und brüderlichsten Union mit den Werktätigen Rußlands".[134] Dass trotzdem am 29. November 1918 die souveräne Estnische Arbeiterkommune ausgerufen wurde,[135] verursachte allgemeine Verwirrung. Niemand, so hieß es in einem Kommentar der ukrainischen Sowjetregierung, könne sich unter dem Ausdruck „Kommune" eine souveräne Sowjetrepublik vorstellen, sondern höchstens eine Gutskommune „irgendwo in Rußland".[136] Die völlige Abhängigkeit dieses Gebildes von Moskau war von Beginn an gegeben: Schon allein ihre Ausrufung am 29. November 1918 wäre ohne die Rote Armee auf estnischem Gebiet nicht durch-

---

[132] Olavi Arens, The Estonian Question at Brest-Litovsk, in: Journal of Baltic Studies 25 (1994), S. 305-330.
[133] Die estnischen Bolschewisten standen mit dieser Position nicht allein: ihre lettischen und litauischen Genossen teilten die Skepsis in der nationalen Frage. Mati Graf, Eesti rahvusriik. Ideed ja lahendused: Ärkamisajast Eesti Vabariigi sünnini, Tallinn 1993, S. 222.
[134] Velikaja Oktjabr'skaja Socialističeskaja Revoljucija, Nr. 400, S. 395-398, hier S. 397.
[135] Dokumenty vnešnej politiki SSSR, t. 2, 1 janvarja 1919 g. - 30 ijunja 1920 g., Moskva 1958, Nr. 420, S. 587f.
[136] Zit. n. Graf, Eesti rahvusriik, S. 230.

führbar gewesen. Am gleichen Tag machte Lenin deutlich, was die Gründung von souveränen Regierungen in den Randgebieten bedeuten sollte. Die „Chauvinisten" der Ukraine, Lettlands, Litauens und Estlands, so Lenin, könnten das Vordringen der Roten Armee nun nicht mehr als Okkupation deklarieren. Die Truppen der Roten Armee sollten als „Befreier" auftreten.[137] Als am 7. Dezember Lenin die Unabhängigkeit des nun doch wieder „Estländische Sowjetische Republik" (*Èstljandskaja Sovetskaja Respublika*) genannten Pseudo-Staatswesens deklarierte, war dies angesichts der tatsächlichen Lage nur eine Camouflage.[138] Letztlich hatte Lenin selbst mit dieser Unterschrift die Dominanz des nationalen Diskurses in Estland bestätigt. Auch von Taubes Variante der „sozialistischen Arbeiterkommune" hatte sich damit bereits erledigt, da mit ihr keine befriedigende Antwort auf die nationale Frage gegeben werden konnte.

Zum Abschluss sollen in Bezug auf Estland einige Punkte genannt werden, warum sich letztlich die Variante der nationalen Demokratie durchgesetzt hat.[139] Als ersten Faktor muss dabei die mentale Prädisposition der politischen Elite für einen souveränen Nationalstaat hervorgehoben werden. Seit etwa Mitte 1918 hat es unter den führenden bürgerlichen und sozialdemokratischen Politikern Estlands eindeutige Vorstellungen über die nationale Souveränität gegeben. Parteiübergreifend war man sich dahingehend einig, dass die vor allem bei Sozialdemokraten zuvor verbreitete Hoffnung, als Teil einer demokratischen Russischen Föderation nationale Autonomie gewährt zu bekommen, obsolet war.[140]

---

[137] Vladimir Il'ič Lenin, Polnoe sobranie sočinenij. Izdanie pjatoe, t. 1-58, Moskva 1958-1966, hier t.37, S. 234.
[138] Revoljucija, S. 441, 445; Bor'ba za Sovetskuju vlast' v Pribaltike, Moskva 1967, S. 223, mit einem Faksimile des *Sovnarkom*-Dekrets vom 7.12.1918 . Vgl. Dokumenty vnešnej politiki, Nr. 433, S. 603.
[139] Ausführlich zu diesem Abschnitt Brüggemann, Gründung.
[140] Lehti, A Baltic League, S. 119.

Im Hinblick auf die folgenden militärischen Auseinandersetzungen mit der Roten Armee sollte festgehalten werden, dass es dabei in erster Linie um die Verteidigung der nationalen Demokratie ging, nicht um einen antibolschewistischen Kreuzzug, wie ihn sich manch ein Politiker in den westeuropäischen Hauptstädten gerne gewünscht hätte. Dass die estnische Politik von ausländischen Beobachtern gerade im entscheidenden Jahr 1919 gern als „bolschewistisch" gebrandmarkt worden ist, hat mit der erkannten Notwendigkeit sozialer Reformen zu tun, die mit den ehernen westlichen Vorstellungen von Menschen- und Besitzrechten zuweilen recht respektlos umgehen mussten, wenn sie eine Radikalisierung der Bevölkerung vermeiden sollten.

Für die Behauptung des Staates war nicht nur die effektive Zusammenarbeit zwischen Exekutive und aus dem Boden gestampfter Armee bedeutsam. Mindestens ebenso wichtig war es, dass die nationale Idee nach den ersten militärischen Erfolgen eine starke Integrationskraft entfaltete. Dies umso mehr, als die politische Alternative der Sowjetrepublik nicht nur während der Jahreswende 1917/18, sondern auch in Form der Estnischen Arbeiterkommune im Jahr darauf ihren Kredit in der Praxis verspielt hatte. Deutlichstes Anzeichen hierfür war das Ergebnis der noch während des Kampfes gegen die Rote Armee im April 1919 veranstalteten demokratischen Wahl zu einer Verfassunggebenden Nationalversammlung: Hierbei wurden bei einer Wahlbeteiligung von über 80% bis 90% der Stimmen für Parteien abgegeben, die einen demokratischen Nationalstaat unterstützten. Der Sieg der Sozialdemokraten und die Ablösung der konservativen Provisorischen Regierung auf demokratischem Wege machten im Mai 1919 deutlich, was die Bevölkerung von der neuen Exekutive verlangte: Land (von den deutschen Gutsbesitzern) und Frieden (mit Sowjetrussland).[141] In Estland vollzog sich erfolgreich die Schaffung eines zivilen Raumes unter Kriegsbedingungen.

---

[141] Toivo U. Raun, Estonia and the Estonians, Stanford, Cal. 1991, S. 109.

Dass im Übrigen der Antagonismus gegenüber den Deutschen eine elementare psychologische Konstante dieser Phase war, bewies der sog. Landeswehrkrieg gegen balten- und reichsdeutsches Militär im Juni/Juli 1919 (und man sollte für Lettland ergänzend noch den Sieg über Bermondt-Avalov im Oktober 1919 nennen). Der Sieg gegen die „Baltischen Barone" war der patriotische Höhepunkt des eigenen Unabhängig-keitskriegs. Die Fortsetzung des Kriegs gegen Sowjetrussland an der Seite der weißen Russen war demgegenüber äußerst unpopulär, auch wenn letztlich er es war, der mit dem Frieden von Tartu im Februar 1920 die Sicherheit der eigenen Grenzen garantierte. Allerdings sollte man nicht darüber spekulieren, was mit den baltischen Republiken passiert wäre, wenn es das sogenannte „Wunder an der Weichsel" im Sommer 1920, d.h. den polnischen Sieg über die Rote Armee, nicht gegeben hätte. Die jungen Demokratien hingen weiterhin trotz der integrativen nationalen und sozialen Revolution im Innern sowie der sukzessive erfolgenden internationalen Anerkennung sicherheitspolitisch in der Luft. Ihr Sieg in den Jahren 1918-1920 war historisch bedingt durch die Schwäche der Großmächte infolge von Krieg und Revolution, er war aber auch das Ergebnis tatkräftigen Handelns und Ausnutzens der gebotenen Chance durch die nationalen politischen Eliten.

DIE CHRISTLICHEN KONFESSIONEN WÄHREND DER ERSTEN LETTISCHEN REPUBLIK 1920-1940 IM SPANNUNGSFELD DER NATIONALEN AUSEINANDERSETZUGEN UND POLITISCHEN KRÄFTE

Heinrich Wittram

Nation und Konfession sind geschichtlich in mancherlei Berührungen und Verbindungen getreten. Für die Menschen Ostmitteleuropas im 19. und 20. Jahrhundert ist „Nation" als der Raum verstanden worden, in dem von Geburt an das eigene Denken und Handeln im politischen Zusammenhang ihren Ort haben. Seit der Mitte des 19. Jahrhunderts sind die leidenschaftlichen Versuche zu erkennen, die eigene Kulturnation und die Staatsnation zur Deckung zu bringen. Auch dort, wo die Nation für Jahrzehnte bis zu zwei Jahrhunderten nicht zu einer eigenen Staatlichkeit gelangen konnte (in Polen oder in den baltischen Völkern), umschließt das Nationale Sprache und kulturelle Identität.

Nation kann sich, wenn sich die ihr zugehörigen Menschen als bedroht empfinden, zum Nationalismus entwickeln, der zu einer bedeutenden politischen Kraft des 19. und beginnenden 20. Jahrhunderts geworden ist. Für die Beurteilung der Ereignisse ist es wichtig, zwischen nationalem Bewußtsein einschließlich seiner Ausdrucksformen und einem kollektiv betonten Nationalismus zu unterscheiden. An der Art, wie eine zu eigener Staatlichkeit gelangte Nation mit den ethnischen Minderheiten im Staatsgefüge umgeht, läßt sich diese Unterscheidung konkretisieren.

Konfession ist die geschichtlich gewachsene und an ein gemeinsames Bekenntnis gebundene Gemeinschaft, die sich im christlichen Verständnis zu einer Kirche formiert hat. Konfession enthält wie ethnische Gemeinschaften eigene kulturelle Prägungen, lebt im Unterschied zu ihnen in weit in die Geschichte zurück reichenden übernationalen Zusammenhängen („Byzanz", „Rom", „Wittenberg", „Genf"), beeinflußt Ethos und Sitte, auch die Auffassung und Praxis von Arbeit und Ruhezeiten. Konfession kann als Konfessionalismus intolerante Züge annehmen und politisch wirksame Abgrenzungen zu anderen Konfessionen bewirken.

Wenn Konfession sich in der Identität von Personen, Sprache und Lebensart mit Nation verbindet, kann sich beides gegenseitig verstärken und anders geprägte ethnische und religiöse Minderheiten an den Rand drängen. Die Minderheiten werden bemüht sein, ihre Identität zu wahren und ihr Lebensrecht im staatlichen Gefüge zu sichern. Die folgenden Ausführungen werden diese Bestrebungen im Wandel der politischen Verhältnisse im heutigen Gebiet Lettlands nachzeichnen.

I. Die konfessionellen Verhältnisse in den baltischen Ostseeprovinzen Russlands zu Beginn des 20. Jahrhunderts

1. Politische Vorrangstellung und nationalistische Einstellungen der russisch-orthodoxen Kirche

Im Gefolge der Russifizierungsversuche seit den achtziger Jahren des 19. Jahrhunderts wurde die russisch-orthodoxe Kirche von der zaristischen Regierung vielfältig verstärkt unterstützt und bevorzugt. Im orthodoxen Bistum Riga wurden von 1896 bis 1905 insgesamt dreizehn neue Kirchen erbaut, für deren Errichtung seit 1896 jährlich 50.000 Rubel aus der Staatskasse zur Verfügung gestellt wurden. Die Förderung der Konversionen unter den Letten und Esten seit den vierziger Jahren hatte zur Folge, dass 15,6% der Bevölkerung 1897 in Livland und 5,0% der Bevölkerung in Kurland zur orthodoxen Kirche gezählt wurden. Offiziell waren Austritte untersagt, die Kinder aus

Mischehen gehörten zwangsweise der orthodoxen Kirche an. Staatlicher Schutz für die orthodoxe Kirche bedeutete zugleich staatliche Bevormundung.
Eine Veränderung bewirkte die revolutionären Ereignisse von 1905. Die Veröffentlichung des Manifestes über die religiöse Toleranz am 17. April 1905 legalisierte die Möglichkeit des Konfessionswechsels. Die Rückkehr in die lutherische Kirche war spürbar, doch nicht sehr umfangreich, 1906 kehrten in Livland 4.215 Personen zurück, 1907 waren es 1.147 Personen, in den folgenden Jahren jeweils etwa sieben- bis achthundert, die genaue Zahl läßt sich nicht mehr feststellen, unterschiedliche Quellen liefern unterschiedliche Angaben. Von orthodoxer Seite wurde die Gesamtzahl der Konvertiten zum 1. Januar 1909 mit 9.306 Personen angegeben, 1905 seien es 3.831, 1906 2.995, 1907 1.297 und 1908 1.183 gewesen. Toomas Kaijahärm schreibt: „Die russische rechtsgerichtete Presse reagierte heftig auf die Loslösung vom Staatsglauben" und auf den „Mißbrauch der religiösen Toleranz". Die Trennung von der Orthodoxie wurde von dieser Presse als „Beweis für den Nationalismus und Separatismus der Esten und Letten sowie für die feindselige Einstellung gegenüber den Russen und der russischen Staatlichkeit betrachtet".[142] Empfohlen wurden auch nach 1905 Maßnahmen zur Russifizierung der baltischen Länder unter beachtlicher Mitwirkung der orthodoxen Kirche. Wilhelm Kahle hat darauf hingewiesen, dass die orthodoxe Kirche in den baltischen Ostseeprovinzen im Bereich der Kirchenmusik Elemente des Luthertums übernommen hat, die sie vom sonstigen Bild orthodoxer Kirchlichkeit unterscheidet.[143]

---

[142] Toomas Kajahärm, Konfessionen und Nationalismus in Estland zu Beginn des 20. Jahrhunderts. in: Nordost-Archiv Neue Folge Band VII/1998, Heft 2, Lüneburg, S. 536.
[143] Wilhelm Kahle, Die Orthodoxie im baltischen Raum, ein Überblick. in: Kirche im Osten, hrsg. von Peter Hauptmann, Band 21/22. Göttingen 1978/79, S. 89.

2. Äußerungen deutschbaltischer Theologen zur russisch-orthodoxen Kirche

Vor dem Ersten Weltkrieg hatten deutschbaltische Theologen nur in Ausnahmefällen einen näheren Zugang zur orthodoxen Konfession. In der Theologischen Fakultät Dorpat konnte Konrad Grass in seiner Lehrtätigkeit ab 1901 auf eine Gymnasiallehrerzeit in St.Petersburg (1896/97) und ab 1904 auf eine Forschungstätigkeit zum Studium der orthodoxen Dogmatik und der russischen Sekten zurückgreifen.[144] Vor allem wirksam wurde jedoch die scharfe Kritik Adolf von Harnacks in seinen Publikationen an der Orthodoxie. Für Adolf von Harnack ist diese Konfession nur „Ritualismus". Rückfall in antike Religion niederster Ordnung an Stelle der notwendigen geistigen Religion. Weihehandlungen erregen Phantasie und Stimmung. Ein Mysterienkultus mit Formeln, Bildern und Weihehandlungen ersetzt die Lehre Jesu und der Kirche und ist etwas für sie völlig Fremdes. Zwischen dem griechisch-slawischen Morgenland und dem lateinischen Abendland besteht ein unüberbrückbarer Gegensatz. Die negativen Eindrücke von der russisch-orthodoxen Kirche im Baltikum bestimmen Harnacks wissenschaftliches Urteil.[145] Die Fremdheit und das Bündnis von Thron und Altar in Russland in ihren administrativen Wirkungen für das Baltikum verhindern eine Begegnung mit der orthodoxen Theologie. Auch noch in den zwanziger Jahren des 20. Jahrhunderts kommt es für die deutschbaltischen und ebenso für die lettischen und estnischen Theologen erst ansatzweise zu einer Beschäftigung, mit der östlichen Theologie und Frömmigkeit.[146]

---

[144] Wilhelm Kahle, Die Begegnungen des baltischen Protestantismus mit der russisch-orthodoxen Kirche. Leiden/Köln 1959, S. 205-211.
[145] Ernst Benz (sen.), Die Ostkirche im Licht der protestantischen Geschichtsschreibung. 1952, S. 242 ff.
[146] Wilhelm Kahle, (wie Anm. 144), S. 229-233.

3. Die katholische Kirche in den baltischen Provinzen und in Lettgallen um 1900.

Bis zum Ersten Weltkrieg bildete die Katholische Kirche in den baltischen Provinzen eine in Estland (1897 nur 0,5%) und in Livland (1897 nur 2,3%) verschwindende Minderheit und in Kurland als früherem polnischen Lehnsherzogtum eine (1897 immerhin 11,1%) eindeutige Minderheit. Schwerpunkt des Katholizismus war das historisch mit Litauen und Polen verbundene noch nicht hinzugehörige Lettgallen, das von der Erzdiözese Moglilew kirchlich geleitet wurde.[147] Als katholische Priester wirkten im 19. Jahrhundert fast ausschließlich Litauer, auch Polen, die in den Priesterseminaren in St. Petersburg oder in Kraslava ausgebildet worden waren. Da es bis zum Ende des 19. Jahrhunderts in Lettgallen nur zwei Gymnasien gab, in Daugavapils und in Rezekne, die nur von wenigen Letten besucht wurden, war es lettgallischen Bauernsöhnen kaum möglich, Priester zu werden. Dennoch gelang es einigen von ihnen. Das Priesterseminar in St. Petersburg absolvierten 1884-1900 sechzehn lettische Kandidaten, die als Priester bereits bedeutende Gestalten der lettgallischen Nationalbewegung wurden. Weitere fünfzig kamen in den Jahren 1901-1920 hinzu. Diese Priester traten bald publizistisch in den wichtigsten „nationalen" Blättern hervor und publizierten nach Aufhebung des Druckverbots in lettgallischem Dialekt der lettischen Sprache 1904-1919 38 Gebetbücher, 24 Jahrbücher zur Glaubenslehre und 30 religiöse und 86 weltliche Bücher. Unter Führung des Priester Francis Trasuns wurde 1917 die Einheit mit den Letten beschlossen: im März 1917 auf einer politischen Versammlung in Petrograd, am 6. und 7. April in Re-

---

[147] Ernst Benz (jun.), Zwischen konfessioneller, regionaler und nationaler Identität. Die Katholiken in Lettgallen und Lettland im 19. und 20. Jahrhundert, in: Nordost-Archiv (wie Anm. 142), S. 456-466.

zekne und am 26. und 27. April auf einem großen Kongreß in Rezekne, auf dem sich der Priester und spätere Bischof J. Rancans für eine Vereinigung mit den übrigen lettisch besiedelten Gebieten und gegen einen Verbleib bei Rußland aussprach. Nach einem überwältigend einstimmigen Beschluß des Kongresses bei einer einzigen Enthaltung wurde ein Provisorischer lettgallischer Landesrat von 60 Personen gebildet, an dem proportional nach ihrem Bevölkerungsanteil die einzelnen Nationalitäten beteiligt wurden: 36 Sitze für Letten, zwölf für Russen, acht für Juden, drei für Polen und ein Vertreter aller übrigen Nationalitäten. Unter den 36 lettischen Vertretern waren sechs katholische Priester. Die Dominanz der katholischen Kirche in Lettgallen und der beachtliche Anteil der russisch orthodoxen Bevölkerung waren entscheidende Voraus-setzungen für die veränderte konfessionelle und ethnische Zusammensetzung der Bevölkerung im selbständigen Lettland.

4. Die Wirkungen der politischen, sozialen und weltanschaulichen Kämpfe 1905-1919 auf die nationalen und konfessionellen Verhältnisse in der Umbruchzeit.

Alle christlichen Konfessionen, vor allem die deutschen Evangelischen, aber auch die Letten der gleichen Konfession und die orthodoxen Gläubigen, hatten in der Revolution von 1905 und dann in und nach dem Ersten Weltkriege extreme Leidenssituationen durchzustehen. Kirchen wurden 1905 von den atheistisch-revolutionären Kräften geschändet und geschlossen, allein vierzehn Kirchen in Livland, orthodoxe Kirchen in der Osternacht 1905. Eine Anzahl deutscher Pastoren wurde mißhandelt, fünf Pastoren (Karl Schilling, Ludwig Zimmermann, Wilhelm Taurit, Friedrich Albert Gruehn, Julius Busch) fielen Mordanschlägen zum Opfer. Nach einigen Jahren relativer Konsolidierung brachte der Erste Weltkrieg ab 1915 die zeitweilige Verbannung deutscher Pastoren nach Sibirien. 1919 folgte durch die

Bolschewisten das große Martyrium, in dem insgesamt 40 Pastoren ein gewaltsames Ende fanden. Auch Glieder der estnischen und lettischen Gemeinden hatten schwer zu leiden. Wilhelm Neander schreibt: „Eine Frucht dieser Zeit ist die Zusammenführung der Konfessionen."[148] Eine „Union des Leidens" kam zustande, besonders augenfällig im gemeinsamen Tod von Professor Traugott Hahn und dem orthodoxen Bischof Platon in Dorpat am 14. Januar 1919. Spätere Begegnungen der Konfessionen sind unter dem Eindruck dieses gemeinsamen Leidens entstanden.

Weltkrieg und Repressalien führten zu erheblichen Fluchtbewegungen. Ein Teil der Deutschbalten verließ 1918/19 die Ostseeprovinzen in Richtung Deutschland. Besonders schwer durch den Krieg getroffen war die lettische Bevölkerung Kurlands ab 1915. Über die Hälfte der Bevölkerung floh aus dem Land in östliche Richtung. Die erste Volkszählung im neuen Staat Lettland 1920 zählte 1.161.404 lettische Einwohner im Unterschied zu 1.318.617 im Jahre 1897.

---

[148] Wilhelm Neander, Das Martyrium der baltischen Kirche. in: Baltische Kirchengeschichte, Hg. von Reinhard Wittram, Göttingen 1956, S. 303.

II. Nationale und konfessionelle Spannungen und Ausgleichsversuche in Lettland 1920-1940

1. *Lettischer nationaler Aufbruch in seinen Wirkungen auf Politik und Religion ab 1920*

Die Bildung des neuen lettischen Staates in veränderten Grenzen war mit einer neuen Zusammensetzung und Gewichtung der christlichen Konfessionen verbunden. Die orthodoxe Kirche war nicht mehr die Staatskirche, sondern eine Konfession mit der historischen Hypothek der früheren russischen Hegemonie, zahlenmäßig die drittstärkste Konfession, (1925: 167.538, am stärksten in Lettgallen). Die lettischen Lutheraner blieben, nun als lettische Kirche mit einem weitgehend selbständigen deutschen Kirchenwesen, die stärkste Konfession (1925: 1.055.167). Die Deutschbalten verloren ihre alleinige kirchenleitende Position. Die katholische Kirche wurde durch den Hinzutritt Lettgallens zweitstärkste Konfession (1925: 416.769) und erhielt zusätzlich eine besondere politische Bedeutung. Keine der Konfessionen stand mit der anderen in einer Gesprächsbeziehung, nur selten wurde das Nebeneinander durchbrochen.

Die Einstellung der Gebildeten des Landes zu Religion und Kirche war äußerst heterogen, die Einstellung der Politiker ausgesprochen distanziert. Die lettischen Lehrer, Schriftsteller, Journalisten, Künstler waren teilweise an der Revolution von 1905 beteiligt gewesen oder hatten sich Ideale der Revolution zu eigen gemacht. Manche waren Atheisten. Die Einstellung mancher Kreise hat Wilhelm Kahle so beschrieben: „Man löste sich gänzlich vom Christentum, das als ein Element der Unfreiheit seit dem 13. Jahrhundert verstanden wurde und suchte in den Kräften einer Volksmythologie die Grundlagen einer Identität."[149] Ein Büchlein „Das Wiedererstehen der lettischen Gottgläubigkeit" plädierte für eine eigene lettische Religion, die in Ernests Brastins ihren literarischen Wortführer fand. Solche Bestrebungen fanden zwar keine Mehrheit, waren jedoch nicht zu übersehen.

In den Kreisen, die dem Protestantismus nahestanden, suchten nicht wenige nach einem von der bisherigen konfessionell lutherischen Prägung abweichenden Schwerpunkt und fanden ihn im religiösen kulturprotestantischen Liberalismus, auch in Kontakten zu den anglikanischen Kirchen, die keine deutsch geprägte Tradition aufwiesen. Die Haltung des theologischen Liberalismus wurde auch für die neue Theologische Fakultät an der lettischen Universität Riga bestimmend. Diese Haltung stand in starker Spannung zur neuen lettischen lutherischen Kirche mit ihrem Bischof Carl Irbe, die sich dem konfessionellen Luthertum und der bisherigen kirchlichen Tradition verpflichtet wußten,

Kennzeichnend für viele Politiker war ein deutlicher Nationalismus, der sich im Verhalten zum russisch geprägten Teil der orthodoxen Kirche und zum deutschen Teil der lutherischen Kirche geltend machte. Dieser Nationalismus war auch die Triebfeder für das intensive Bemühen, die überwiegend katholischen Bewohner der neuen Provinz Lettgallen in den lettischen Staat zu integrieren. Die politische Notwendigkeit, auf die aus Lettgallen kommende Kirchenleitung der katholischen Kirche Rücksicht zu nehmen, hatte indirekt positive Auswirkungen für die lutherische lettische Kirche: „Die lutherische Kirche Lettlands hätte schwerlich so früh den Weg zu einer Anerkennung ihrer Aufgaben im

---

[149] Wilhelm Kahle, Luthertum und nationale Identität der Völker im baltischen Raum. in: Baltisches Jahrbuch, hrsg. vom Baltischen Christlichen Studentenbund. Bonn 1986, S. 39.

Staatsverband gefunden, wenn es die politischen Parteien allein mit ihr zu tun gehabt hätten."[150]

2. Die Bedeutung der Katholischen Kirche für den lettischen Staat nach 1920

Die von Papst Benedikt XV. am 9. Juni 1920 verfügte Angliederung von Kurland und Semgallen an die Diözese Riga hat Ernst Benz zu Recht als de-facto-Anerkennung der lettischen Eigenstaatlichkeit durch den Vatikan bezeichnet.

Die Katholische Kirche erhielt eine neue Bedeutung durch die Verlegung der Residenz des Bischofs vom lettgallischen kirchlichen Zentrum Aglona nach Riga und durch den Abschluß eines Konkordates zwischen der lettischen Regierung und dem Vatikan am 30. Mai 1922.

Zur Residenzfrage des am 22. August 1920 in Aglona geweihten Bischofs Antonijs Springovics (1876-1958, Erzbischof ab 25.10.1923) schreibt Ernst Benz: „Bei den Verhandlungen mit der Regierung wurde die Frage der Residenz des Bischofs durchaus als Druckmittel eingesetzt. Die Regierung, in steter Furcht vor separatistischen und autonomistischen Bestrebungen unter den Katholiken Lettgallens, musste etwas „bieten", um ihn zur Verlegung seiner Residenz nach Riga zu bewegen."[151] Hierzu wurden die lutherische St. Jakobikirche und die orthodoxe Alexej-Kapelle mit dazugehörigem Gebäudekomplex im Zentrum Rigas ausersehen, die bisherige Residenz des orthodoxen Erzbischofs.

---

[150] Wilhelm Kahle, (wie Anm. 144) S. 38. Vgl. Edgars Dunsdorfs. Bevölkerungs- und Wirtschaftsprobleme bei der Staatsgründung Lettlands, in: Von den baltischen Provinzen zu den baltischen Staaten 1917/18. Marburg 1971, S. 327.

[151] Ernst Benz, (wie Anm. 147) S. 468. Dort auch (S. 468f) Einzelheiten und Nachweise zum Konkordat vom 30.05.1922.

Das von der Verfassunggebenden Versammlung Lettlands am 19. Juli 1922 ratifizierte Konkordat sicherte der katholische Kirche zu, eine von der Regierung ausgewählte und vom Erzbischof als geeignet anerkannte Kirche als Kathedrale und eine Residenz für den Erzbischof und das Domkapitel, das Recht, ausländische Geistliche zur Arbeit in Lettland einzusetzen, das Recht, Konfessionsschulen zu gründen und zu unterhalten, u.a.m. Entsprechend den Wünschen der Regierung sah das Konkordat vor: Die höheren Geistlichen müssen die Staatsangehörigkeit Lettlands besitzen, das Erzbistum Riga untersteht unmittelbar der päpstlichen Kurie, die Regierung hat das Recht, die in Aussicht genommenen Bischofskandidaten und ausländischen Geistlichen auf etwaige Einwände hin genannt zu erhalten, Treueid des Erzbischofs auf den Präsidenten Lettlands bei Amtsantritt, vorwiegend lettische Unterrichtssprache im Priesterseminar.

Es liegt auf der Hand, dass die vorgesehene Übergabe der St. Jakobikirche und der orthodoxen Kirchengebäude, wie zu zeigen sein wird, erhebliche interkonfessionelle Störpotentiale enthielt, auch Störungen im Verhältnis der nicht katholischen Konfessionen zum Staat. Diese Störungen wurden allerdings in den folgenden beiden Jahrzehnten überlagert durch die viel gravierenderen politischen Ereignisse bis hin zum Ende des selbständigen lettischen Staates im Jahre 1940. Die katholische Kirche konnte in Lettland eine zunehmend stabilisierte Position einnehmen und ihre Mitgliederzahl im Jahr 1930 auf 450.210 und 1935 auf 476.963 erhöhen. 1937 wurde das Erzbistum Riga in den Rang einer vatikanisch anerkannten Metropolie erhoben, als Suffraganbistum wurde ihm die neugeschaffene Diözese Libau/Liepaja unterstellt, hinsichtlich des Bischofsortes eine strategische Entscheidung zur Integration und Ausbreitung des katholischen Bevölkerungsanteils im südlichen Lettland. Für 1940 wird die Zahl der katholischen Gläubigen in Lettland mit insgesamt 535.000 angegeben. Schon 1929 schreibt ein deutschbaltischer Kenner Lettgallens in der „Baltischen Monatsschrift": „Sicher ist, daß die protestantischen, den heutigen lettischen Staat tragenden Bevölkerungsteile zugunsten der katholischen, orthodoxen und jüdischen Elemente zurückgehen werden, und diese Tatsache ist jedenfalls von erheblicher Bedeutung."[152] Von 1927 an hat der bayrische Kapuzinerpater Thomas Maria von Grumppenberg in Riga an der St. Albertkirche ein Kapuzinerkloster eröffnet und Mitte 1936 im Nordosten Lettlands, in Marienhausen/Vilaka, eine weitere Klostergründung vorgenommen.[153] Das katholische Priesterseminar, das 1918 gegründet worden war, wurde 1938 der Universität Riga als Katholisch-theologische Fakultät angeschlossen.

3. *Die Auswirkungen der staatlichen Kirchenenteignungen 1923 für die evangelische und für die orthodoxe Kirche*

Die Pläne des lettischen Staates zur Enteignung der Rigaer deutschen evangelischen St. Jakobikirche und der Gebäude um die orthodoxe St. Alexej-Kirche zugunsten des künftigen katholischen Erzbischofssitzes provozierten heftige Reaktionen in der deutschbaltischen Presse und Parlamentsvertretung, unter den Deutschen und Letten in der lutherischen Kirche, in ausländischen Kirchen Schwedens, Deutschlands und den USA und bei den Vertretern der orthodoxen Kirche Lettlands. Schon 1921 gab es erste Pressekontroversen und eine Protestversammlung der St. Jakobi-Kirchengemeinde, eine Versammlung der deutschen Bevölkerung Rigas und ein in der Presse publiziertes Protestschreiben des Gemeindekirchenrates an den Papst. Der international bekannte schwedische Erzbischof D. Nathan Söderblom protes-

---

[152] Constantin von Weymarn, Das andere Lettland-Lettgallen. in: Baltische Monatsschrift 1929, S. 414-424 (Zitat S. 424).
[153] Rudorf Grulich, Kirchlich-religiöse Verbindungen zwischen den Völkern des baltischen Raumes und den Deutschen, Katholischer Bereich, in: Tausend Jahre Nachbarschaft. Die Völker des baltischen Raumes und die Deutschen, Hg. von Wilfried Schlau, München 1995.

tierte energisch gegen das staatliche Vorgehen, ebenso das National Council of USA und europäische Kirchenverbände.[154] Die Proteste konnten nicht verhindern, dass das lettländische Parlament am 23. März 1923 nach erregten Verhandlungen den Antrag annahm, das im Konkordat den Katholiken gegebene Versprechen einer repräsentativen Kirche für den künftigen Erzbischof, eben der St. Jakobikirche, zu erfüllen. Am Tage der Entscheidung versammelten sich deutsche und lettische Lutheraner in der St.Jakobikirche. Die deutsche Zeitschrift „Die Evangelische Diaspora" schrieb 1923: „Der tiefernsten Kundgebung des deutschen Bischofs (D. Harald Poelchau) schlossen sich auch die lettischen Kirchenglieder unumwunden an und ließen sich nicht irremachen durch das von ihnen unbegehrte Zugeständnis eines künftigen Anteils der Letten am deutschen Dom, durch das die Parlamentsmehrheit einen nationalistischen Blitzableiter zu finden hoffte." In der lettischen Kirchenzeitung. „Swehtdeenas Rihts" bringt einer der ersten Schriftsteller des Volkes, Apsisu Jekabs, klar zum Ausdruck, dass jetzt alle sonst wartenden Händel zwischen Deutschen und Letten zu schweigen hätten. Auch die lettischen und russischen Orthodoxen, selbst die „Altgläubigen" und die Juden stehen in gleicher Front". Der lettische lutherische Bischof Carl Irbe dankte dem deutschen Gustav-Adolf-Verein für seine Anteilnahme: „Es ist ein herrliches Bewußtsein, in den Tagen der Prüfung zusammen mit den Glaubensgenossen auch in anderen Ländern den Herrn anrufen zu können".[155] Die Wegnahme war nicht zu verhindern, der Antrag auf eine Volksabstimmung erhielt nicht die erforderliche Anzahl von Stimmen.

---

[154] Michael Garleff, Deutschbaltische Politik zwischen den Weltkriegen, Bonn/Bad Godesberg 1976, S. 130-138.
[155] Die Evangelische Diaspora, 4. Jahrg. Leipzig 1922, S. 119-121; 5. Jahrg. 1923, S. 83 f (Zitat).

Am 10. Juni 1923 nahm die Polizei die Jakobikirche gewaltsam in Besitz, versiegelte und versperrte sie. Am 4. Mai 1924 weihte der päpstliche Legat Zecchini die Jakobikirche zur katholischen Kathedralkirche Lettlands.

Der deutschbaltische Abgeordnete und Publizist Paul Schiemann deutete die Wegnahme im Unterschied zum deutschen lutherischen Bischof D.H. Poelchau nicht als konfessionellen Gewaltakt zur Ausbreitung des Katholizismus, sondern als „überall zutage tretende Auffassung des Staates, politische Ziele durch Eingriff in fremden Besitz zu erreichen". Der lettische Innenminister Alberts Kviesis hatte schon 1921 mit Kritik an den Deutschbalten in einem Interview mit der Zeitung „Jaunakas Zinas" erklärt, ausschlaggebend seien in Abwehr eines lettgallischen Separatismus nicht konfessionelle Gesichtspunkte, sondern der „Gesichtspunkt staatlicher Notwendigkeit". Entgegen der Auffassung staatlicher Kreise, bei der Jakobikirche als ehemaliger „Kronskirche" handle es sich um Staatseigentum hat die deutsche Minderheit und die ganze lutherische Kirche (Rücktritt der vier lettischen Mitglieder des Livländischen evangelisch-lutherischen Konsistoriums als Protest gegen die Enteignung) zusammen mit vielen Abgeordneten des Parlaments die Auffassung vertreten, an der Kirche als Eigentümerin sei ein Rechtsbruch verübt worden. Tatsächlich war die Jakobikirche im Frieden von Nystad 1710 ausdrücklich als evangelisch-lutherische Kirche bestätigt worden. Seit 1923 ist sie die katholische Kathedralkirche. In der Zeit der sowjetischen Herrschaft bis 1991 konnte sie als einzige der drei großen Rigaer Innenstadtkirchen ausschließlich in kirchlicher Nutzung verbleiben.

4. Die Situation der orthodoxen Kirche in Lettland 1920 bis 1940

Die gegenüber der Zeit vor 1920 veränderte politische Situation in den baltischen Gebieten mit sehr deutlicher Absage an die vergangenen Herrschaftsverhältnisse bedeutete für die orthodoxe Kirche in den ersten Jahren der lettischen Republik eine sehr schwere Zeit. Da die Kirche zunächst nicht als Rechtsnachfolgerin der früheren orthodoxen Kirche angesehen wurde, verlor sie in der Zeit von 1918 bis 1925 19% ihres Eigentums. Manche Kapellen wurden von kirchenfeindlichen Kräften zerstört, geistliche Häuser wurden anderen Institutionen zur Nutzung übergeben, etwa das Priesterseminars und, wie oben berichtet, die Residenz des Erzbischofs. Die kirchliche Verwaltung fand einen Platz im Keller der Kathedrale in Riga.

Weitblickend war vom Moskauer „Vorkonziliaren Rat" schon 1917 für den Fall einer Verselbständigung eines lettischen Bistums als Bischof der Bischof von Twer Jānis Pommers als gebürtiger Lette genannt worden. Die erste Synode der orthodoxen Gemeinden im neuen Lettland vom 22. bis 27. Februar 1920 bat um die Berufung eines neuen Bischofs. Patriarch Tichon berief daraufhin Jānis Pommers (1876-1934) zum Erzbischof von Riga und ganz Lettland.

Die orthodoxe Kirche, die zu einem größeren Teil aus Russen und Weißrussen und zu einem kleineren Teil aus Letten bestand, mußte sich eine der evangelischen und der katholischen Kirche vergleichbare staatliche Anerkennung und Förderung erkämpfen. Dass dieses bis zur Anerkennung als Juristische Person am 8. Oktober 1926 gelang, ist das Lebenswerk Jānis Pommers. Im Jahre 1921 konnte er das orthodoxe geistliche Seminar in Riga eröffnen. Jānis Pommers wurde Parlamentsmitglied in der Saeima und stritt dort wortgewaltig gegen die Atheisten und

Marxisten und für seine Kirche.[156] Er deckte Versuche auf, Lettland in den Einfluß des Bolschewismus hineinzubringen, und provozierte damit Tumulte im Parlament. Szenen wie die folgende ließen seine Gegner in Wut geraten: Nach einem Tumult sagte er: Meine Herren Volksvertreter. Als ich im weiten Norden lebte und ich bei der Durchführung der Revision der Schulen diese Dörfer im Norden bereisen mußte, wurde ich bei meiner ersten Reise von einer unvorstellbar großen Zahl von Hunden überrascht, die unter wildem Bellen, Heulen und Wüten sich auf mein Gefährt warfen. Mein Kutscher, ein alter Mann, sagte mir: Reg dich nicht auf Väterchen; unser Reich der Hunde begrüßt dich auf Hundeart. Nach diesen weisen Wort überrascht mich das wilde Geschrei überhaupt nicht, welches die Marxisten immer erheben, sobald ich nur an das Rednerpult trete. So begrüßen sie mich auf diese Weise der Marxisten". Jānis Pommers kämpfte für die Renten der Geistlichen und erreichte den Bau von zehn neuen Kirchen zwischen 1921 und 1930. Die Mitgliederzahl erlebte zwischen 1925 und 1935 eine leichte Erhöhung von 167.000 auf 174.000. Ab 1926 wurde sie in den staatlichen Förderungen den anderen Konfessionen gleichgestellt.

Pommers musste mit Spannungen zwischen Letten und Russen in der eigenen Kirche fertig werden. Der russische Bevölkerungsanteil Lettlands setzte sich aus sehr unterschiedlichen sozialen Schichten zusammen: aus bäuerlichen schon lange ansässigen Kreisen und in Riga aus intellektuellen Emigranten. Die lettischen ließen sich nicht in die Abhängigkeit von den russischen Kirchengliedern bringen. Jānis Pommers hielt an der Verbindung zum Moskauer Patriarchat fest, nannte jedoch die Verfolgungen

---

[156] Janis Kalnins, Die orthodoxe Kirche Lettlands in den zwanziger und dreißiger Jahren, Swetdienas Rits 4/1996 (Übersetzung Johannes Baumann).Vgl. Wilhelm Kahle, Die Orthodoxie im baltischen Raum, ein Überblick. in: Kirche im Osten, hg. von Peter Hauptmann, Band 21/22, Göttingen 1978/79, S. 89-97.

der Orthodoxen in der Sowjetunion 1930 beim Namen. Schon 1927 hatte er eine Moskauer Forderung nach einer Treueerklärung zur Russisch-orthodoxen Kirche der UdSSR verweigert. Von dort aus beschuldigte man ihn der eigenmächtigen Separation.

Unter nie aufgeklärten Umständen wurde Erzbischof Jānis Pommers am 11./12.Oktober 1934 in seinem Sommerhaus am Rigaer Stintsee/Kisezers im brennenden Haus tot aufgefunden.

Auf ihre Weise blieb die orthodoxe Kirche zwischen 1934 und 1940 inmitten nationaler Spannungen und politschjurisdiktioneller Konflikte. Der lettische nationale Anteil erhielt Verstärkung, 75 russischen standen 1937 78 lettische Gemeinden gegenüber mit insgesamt 125 Priestern, 1936 wechselte die orthodoxe Kirche Lettlands in der Jurisdiktion vom Moskauer zum Ökumenischen Patriarchat in Konstantinopel. 1934 hatte der lettische Staat dem litauischen Erzbischof Elevferij als dem Beauftragten des Moskauer Patriarchats zur Führung der Geschäfte die Einreiseerlaubnis verweigert. Nach dem Wechsel des Patriarchats wurde der Pfarrer Augustins Petersons durch die lettisch orthodoxe Synode am 9.März 1936 zum leitenden Bischof und Metropoliten gewählt. Ihm wurden als weitere Bischöfe Jēkaps Karps und Adam Vitols an die Seite gestellt. Am 2.April 1937 wurde das seit 1926 bestehende Priesterseminar geschlossen und dafür eine orthodoxe Abteilung in der Theologischen Fakultät der Universität Riga eröffnet. Für einige Jahre erlebte die orthodoxe Kirche Lettlands eine Zeit der international orientierten relativen Selbständigkeit. Sie fand 1940 in der Okkupation Lettlands durch die Sowjetunion und die jetzt strikte Unterstellung der orthodoxen Kirche unter das Moskauer Patriarchat ihr Ende. Erneute Bestrebungen der Selbständigkeit von Moskau während der deutschen Besetzung Lettlands 1941-1943 fanden in der Ermordung des seit März 1941 amtierenden Metropoliten Sergij Voskresenskij am 28. April 1944 ein gewaltsames Ende.

III. Ansätze zu interkonfessionelle Begegnungen

1. *Die ökumenische Bewegung in ersten Auswirkungen auf das Verhältnis von Evangelischen und Orthodoxen*

Gleichzeitig mit dem Beginn des 1. Weltkriegs war am 1.8.1914 der „Weltbund für internationale Freundschaftsarbeit der Kirchen" gegründet worden, der „zur Versöhnung der Völker beitragen und im Sinne der Verständigung und des guten Willens auf die Völker, Parlamente und Regierungen einwirken" wollte. Er hatte seine Anhänger vor allem in Großbritannien, Deutschland und den USA. Der Erste Weltkrieg war der große Anlaß für diese Friedensinitiative, in der 1919 15 nationale Verbände mitarbeiteten. Bis 1921 traten acht weitere Verbände hinzu, vor allem aus Gebieten der orthodoxen Konfession. Dieser kleine „Weltbund" verstand sich als Teil der „Weltkonferenz für Praktisches Christentum" (Life and Work) der ökumenischen Bewegung und sah sich zu Hilfsaktionen für notleidende Kirchen und Bevölkerungen berufen. Erster Höhepunkt für diese ökumenischen Initiativen war für die ostmitteleuropäischen Kirchen die Stockholmer „Weltkonferenz für praktisches Christentum" 1925, an der sich die estnischen und lettischen lutherischen Kirchen beteiligten, aus Lettland die Bischöfe Irbe und Poelchau und als ihr Vertreter Dekan W. Rosenieks.

In seinem Stockholmer Vortrag vom 28.8.1915 über „Methoden der praktischen und organisatorischen Zusammenarbeit der Kirchengemeinschaften", äußerte Bischof Irbe sich in bemerkenswerter Weise zur zwischenkirchlichen Hilfeleistung. Er plädierte dafür, den „Mahnruf, den der Herr der Kirche an alle Glieder der Kirche richtet, über Länder und Meere, Nationen und Konfessionen, einander die Bruderhand zur gemeinsamen Arbeit zu reichen", nicht zu überhören. „Die Streiter des Antichrists haben längst einen übernationalen Bund zur Zerstörung des Reiches Gottes geschlossen." Zu wünschen sei eine Zeitschrift der

Weltkonferenz für Praktisches Christentum, „frei von jeglicher Menschenfurcht oder irregeleiteter Menschenliebe. Sie müßte die Machtgelüste, die Gewinn- und Herrschsucht der Großen dieser Welt ebenso im Lichte der göttlichen Wahrheit betrachten wie die Mißgunst und den Neid der Kleinen. Die Kirche Christi muß den verdienter- oder unverdienterweise gegen sie gerichteten Verdacht von sich abwenden, als ob ihr nur das Wohl der Reichen und Vornehmen und nicht gleicherweise das der Armen und Geringen am Herzen läge."[157]

Erst zehn Jahre später, vom 3. bis 6. September 1935, wurde in Reval/Tallinn die erste baltische Regionalkonferenz des Weltbundes für internationale Freundschaftsarbeit der Kirchen und des Ökumenischen Rates für Praktisches Christentum abgehalten. Über diese Konferenz berichtet das „Deutsche Kirchenblatt" aus Estland: „Die Kirchen von Estland, Finnland, Lettland, Litauen und Schweden waren durch insgesamt 30 Delegierte unter der Leitung von Bischof Rahamägi (Tallinn), Bischof von Bonsdorff (Helsingfors), Erzbischof Grünberg (Riga) und lic. Dr. Ankar (Stockholm) vertreten. Aus Litauen war Präsident Dr. Ycas gekommen. Ferner befanden sich unter den Konferenzteilnehmern Vertreter der orthodoxen und deutschen Kirchen Estlands und Lettlands, besonders Metropolit Alexander (Reval/Tallinn) und Pastor Poelchau (Riga)".

Die Tagung war mit abendlichen ökumenischen Gottesdiensten verbunden, die laut Tagespresse als „machtvolle Kundgebung einer wahrhaft ökumenischen Verbundenheit" empfunden wurden. Die Konferenz befaßte sich mit Fragen der kirchlichen und völkischen Minderheiten in den baltischen Ländern. Sie beschloß, sich zur Vorbereitung der Weltkirchenkonferenz 1937 mit Fragen der Gottlosenbewegung und des Bolschewismus zu

---

[157] Amtlicher deutscher Bericht über die Weltkonferenz für „Praktisches Christentum" in Stockholm 1925, Bericht von Adolf Deissmann, Berlin 1927, S. 646 f.

beschäftigen. Die Versammlung befürwortete eine Hilfsaktion des Weltbundes und des Ökumenischen Rates für die russischen Christen und zur politischen Sicherung der Glaubens- und Gewissensfreiheit in der Sowjetunion. Sie befaßte sich an Hand von Referaten mit dem Thema der Weltkonferenz 1937 in Edinburgh „Kirche, Staat und Volk". Gewünscht wurde eine ständige Fortsetzung zu Fragen der praktischen Zusammenarbeit der baltischen Kirchen.[158]

2. *Begegnungen von deutschbaltischen Evangelischen und Orthodoxen in Estland und Lettland*

Die Erinnerung an die gemeinsame Zeit des Leidens von evangelischen und orthodoxen Christen und die Anteilnahme an der extremen Leidenssituation der Kirchen in der Sowjetunion brachte die Konfessionen in einigen Gegenden Estlands und Lettland enger zusammen. Auf der deutschen estländischen Synode 1922 wird berichtet: „Außergewöhnlich ist in Dorpat die Freundschaft zwischen der evangelisch-lutherischen und der orthodoxen Kirche und das seit der gemeinsamen Märtyrerzeit. In diesem Jahr erbot sich der russische Kirchenchor, in der Johanniskirche ein Geistliches Konzert zu veranstalten zum Gedächtnis der Märtyrer „unserer" Kirchen. Noch nie hatten wir ein so gut besuchtes Kirchenkonzert erlebt - so ändern sich die Zeiten!"[159]

Staunend erlebten die deutschen Teilnehmer an einer Religionslehrertagung in Dorpat/Tartu 1930 einen Besuch im Mönchskloster von Petschur/Petschori: „Eine ganz andere Welt tat sich unter der Führung von Direktor Lic. 0. Pohrt Riga auf. Kirchen mit blau-goldenen Kuppeln, ernste bärtige Mönche, die in kindlich-naiver Frömmigkeit wunderbare Dinge über die dargestell-

---

[158] Deutsches Kirchenblatt. Reval 1935, S. 182.
[159] Die Evangelische Diaspora 5. Jg. 1923, S. 47.

ten Heiligen zu erzählen wissen, jauchzend-rufendes Läuten von 17 in hoher Glockenwand hängenden Glocken, langgestreckte schmale Katakombengänge im heiligen Sand-steinberg, in dem über 5000 Särge ruhen, an denen man durch das von kleinen Lichtern erhellte Dunkel schreitet, erfüllt von Gedanken an urchristliche Zeiten, ein weiter Obst- und Bienengarten mit heiligen Eichen, ein unvergeßlich-eigenartiger Sonntag-Nachmittag im Kloster der östlichen Welt!"[160]

Für die deutschen Balten war nach dem Ersten Weltkrieg eine weitgespannte Hilfstätigkeit wichtig geworden, wie sie auch von kirchlichen Hilfsorganisationen in Deutschland initiiert worden war, hier als „Baltische Rußlandarbeit" organisiert und geleitet von den beiden Pastoren D. Oskar Schabert/Riga und Eduard Steinwand, seit 1925 Lehrer und seit 1931 Dozent für Praktische Theologie in Dorpat/Tartu. Viele Gemeindeglieder beteiligten sich an den Hilfssendungen an Adressen in Rußland. Durch ein eigenes Publikationsorgan wurden Nachrichten über die Religionsverfolgungen in Rußland in die westlichen Länder übermittelt.[161] Als D. Oskar Schabert im Januar 1936 starb, dankten ihm orthodoxe Kirchenvertreter aus den baltischen Ländern als einer „Persönlichkeit, die über den engen Rahmen der Nationalität und Konfession hinausragte" (Priester R. Losinsky, Narva). Der Gymnasialprofessor am russischen Gymnasium in Jaunlatgale/Lettland schrieb: „Im Namen der russischen Märtyrerkirche möchte auch ich dem Heimgegangenen für alle seine Mühe und für seinen Dienst an ihr herzlich danken und gewiß auch in seinem Sinne als sein Vermächtnis ausrufen: „Vergeßt die christlichen Märtyrer in Russland nicht!"[162]

---

[160] Ev-luth. Kirchenblatt für die deutschen Gemeinden Lettlands. 1930. Nr. 36, S. 9.
[161] Oskar Schabert, die Baltische Rußlandarbeit. Berlin-Spandau 1931.
[162] Pastor D. Oskar Schabert zum Gedächtnis. Hg. von Eduard Steinwand, Riga 1936, S. 32f.

D. Eduard Steinwand, Ehrendoktor von Breslau 1937, leitete die Russlandarbeit bis 1939, zugleich als Nachfolger von D. Oskar Schabert/Riga. Steinwand gebürtig 1890 aus Odessa, zunächst Pfarrer und Lehrer auf der Krim, war von der eigenen Biographie her ein Zeuge der Leiden der Christen in Russland in der gemeinsamen Schicksalserfahrung mit der orthodoxen Kirche. Seinem Wirken ist es im besonderen zu verdanken, dass das gegenseitige Verstehen und Lernen von evangelischen und orthodoxen Kirchen in den baltischen Ländern eine Förderung erlebte. Der estländische deutsche Propst Konrad von zur Mühlen schreibt im Rückblick: „Unvergeßlich ist mir eine von der Baltischen Rußlandarbeit in Narva veranstaltete Konferenz, auf der lutherische und orthodoxe Geistliche in brüderlicher Gemeinschaft tagten. Hätte man in der Ära der Russifizierung gesagt, ich wurde einmal vor der orthodoxen Geistlichkeit in russischer Sprache einen Vortrag halten zum Ausdruck des gemeinsamen Glaubens an den einen Herrn Jesus Christus, so hätte ich über eine so phantastische Prophezeiung nur gelacht. In Narva aber geschah es".[163]

Die „Baltische Rußlandarbeit" hatte es sich durch drei spezielle Mitarbeiter weiterhin zur Aufgabe gesetzt, ohne Missionierung der orthodoxen Christen und unter Beteiligung der orthodoxen Priester Evangelisationen im estnischen und lettischen Grenzgebiet zur Abwehr des Atheismus zu veranstalten. Das deutsche Kirchenblatt in Estland berichtet 1935 über eine Evangelisationsversammlung im lettischen Grenzgebiet in einem großen Saal des von der lettischen Grenzwache neuerbauten Volkshauses mit etwa 150 Personen. Eine Spielszene behandelt die Frage der Existenz Gottes und der Entstehung der Religion und des Glaubens: die Szene zeigt einen Disput zwischen dem ortho-

---

[163] Zitiert in: Eduard Steinwand, Glaube und Kirche in Rußland, gesammelte Aufsätze. Göttingen 1962, S. 79.

doxen Bauern Demjan und einem in das Dorf gekommenen bolschewistischen Agitator der „Kämpfenden Gottlosen". Nach dem anschließenden Vortrag entsteht eine lebhafte Diskussion mit einem kritischen und streitbaren jungen Mann über die Herkunft des Bösen und die Verantwortung des Menschen für Gottes Schöpfung. Nach der Versammlung bewirtet der orthodoxe Priester des Ortes den Mitarbeiter der „Baltischen Rußlandarbeit" in seinem Hause.[164]

Zweifellos darf die Breitenwirkung dieser Initiativen im Grenzgebiet für die Orthodoxen und im Peipusgebiet Estlands auch für die „altgläubigen" Orthodoxen nicht überschätzt werden. Ihre Wirkungen in den dreißiger Jahren wie auch die Existenz einer orthodoxen Abteilung an der Theologischen Fakultät Riga waren angesichts der politischen Veränderungen ab 1939/40 nur von kurzer Dauer. Immerhin waren es erste Zeichen eines neuen Verstehens unter Angehörigen sehr unterschiedlicher Glaubenstraditionen.

3. Ausblicke auf die Zeit nach 1940 und zur Gegenwart

Die Jahrzehnte nach dem Herbst 1939 brachten für alle christlichen Konfessionen schwere Verluste: Die Umsiedlung der Deutschbalten 1939/40, 1941 und nach 1944 Verhaftungen und Deportationen von Geistlichen und anderen Kirchengliedern nach Sibirien, Verlust von Kirchen und Gebäuden, belastende gesetzliche Einschränkungen des kirchlichen Lebens. Hinzu kam 1944 der Exodus eines nicht geringen Teils der lettischen Bevölkerung in die westlichen Länder. Den Zahlen nach gingen die Jahrzehnte der Repression vor allem zu Lasten der evangelischen Kirchenglieder, deren personeller Bestand sich von 1939 bis

---

[164] Deutsches Kirchenblatt. Reval 1935, S. 39.

1991 auf ein Drittel der Vorkriegszahlen reduzierte. Zwei Generationen wuchsen heran ohne öffentlich zugelassene religiöse Erziehung.

Die orthodoxe Kirche erlebte in der Zeit der sowjetischen Okkupation nach schweren Anfangsjahren im Zuge der Ansiedlung von russischen Industriearbeitern in den baltischen Ländern eine Zeit der staatlichen Bevorzugung, weil sie wie in der zaristischen Zeit als Instrument der Russifizierung dienen sollte. Durch den Zuzug auch von orthodoxen Christen konnte sie trotz offizieller atheistischer Erziehung ihren Vorkriegsstand halten.

Die katholische Kirche konnte als einzige Konfession ihren Mitgliederbestand aus den stärkeren Geburtsjahrgängen Lettgallens sogar erhöhen und wurde auf diese Weise mindestens ebenso stark wie die lutherische Kirche. Es verwundert daher nicht, dass sich nach der Wiederbegründung der selbständigen lettischen Republik 1991 der lettische Staat und die evangelisch-lutherische Kirche Lettlands entschieden gegen Bestrebungen der weltweiten katholischen Kirche wandten, die politische Position der katholischen Kirche durch den Abschluß eines neuen Konkordats noch stärker aufzuwerten. Die lutherische Kirchenzeitung „Swetdienas Rits" brachte hierzu eine sehr kritische Wertung des Konkordats von 1922, das zu Lasten der evangelisch-lutherischen und der orthodoxen Kirche abgeschlossen worden sei.[165]

Die gemeinsam erlittene staatliche Repression und Förderung des Atheismus stellte die drei Konfessionen häufig vor die Notwendigkeit, gemeinsame Gespräche mit dem Religionsbeauftragten der sowjetlettischen Republik zu führen und gemeinsam bei staatlichen Feieranlässen - etwa am Gedenktag zum Ende des 2.Weltkriegs und zu Friedensversammlungen sowjetischer Deutung, - in der

---

[165] Swetdienas Rits (Übersetzung Johannes Baumann) 46/ 2000.

Öffentlichkeit aufzutreten. Solche äußeren Anlässe führten jedoch nicht zu einer inneren Annäherung. Bei interkonfessionellen Auslandsreisen waren die orthodoxen Kirchenvertreter stets die vom Staat beauftragten Berichterstatter, und das Klima des oft gegenseitigem Mißtrauens verhinderte die tiefere Gemeinsamkeit.

Seit der Wende 1991 sind wieder freie Kontakte wie in der Vorkriegszeit und hier und da auch Annäherungen zu erkennen. Die konfessionellen Weltverbände können wieder unbehindert den Wiederaufbau fördern: Die katholische Kirche durch ihre Programme zur Neuevangelisierung und große Finanzhilfen aus dem Weltkatholizismus. Die „Lettische Kirche außerhalb Lettlands", der „Deutschbaltische Kirchliche Dienst" und Partnerbeziehungen zwischen Kirchengemeinden fördern die lutherische Kirche. Auch die orthodoxe Kirche, die vom Moskauer Patriarchat 1994 die gleichen Rechte relativer Selbständigkeit zugesprochen erhalten hat wie sie Jānis Pommers 1921 zu Beginn seiner Zeit als Erzbischof zugestanden waren, erfährt Hilfe durch die anderen orthodoxen Kirchen. Hier und da entstehen neue Berührungen, etwa durch die Verhandlungen der evangelischen und der katholischen Kirche über den Religionsunterricht mit gemeinsamen Religionslehrertreffen (begonnen 1993 mit einem ökumenischen Gottesdienst) oder durch einen evangelisch-katholischen Kreuzweg in der Osternacht 1995 in Goldingen/Kuldiga und dazu eine gemeinsame Zeitungsbeilage zur Zeitung „Jaunais Kurzemnieks" („der Neue Kurländer"). Die lutherische Kirchenzeitung „Swetdienas Rits" berichtet über bedeutsame Ereignisse bei den anderen Konfessionen, natürlich über den Papstbesuch und die Marienfrömmigkeit in Aglona und Riga 1995, die Heiligsprechung des ermordeten Erzbischofs Jānis Pommers durch die Orthodoxe Kirche 2000[166] und über die neue

---

[166] Swetdienas Rits a.a.0. 36/ 2001.

armenisch-orthodoxe St. Gregorkirche in Riga 1997, für die die lettischen Lutheraner als Angehörige eines ebenfalls von der Sowjetunion unterdrückten Volkes verstärkte Sympathien empfinden. Im gegenwärtigen Lettland verhält es sich mit dem Verhältnis der Konfessionen zueinander wie in jedem anderen Land: Die Begegnungen und Kontakte sind umso besser, je weniger sie durch nationalistische Ansprüche von außen oder durch Hegemonialwünsche einer Konfession über die anderen Störungen erfahren. Die Geschichte des 20. Jahrhunderts in Lettland zeigt deutlich, dass beim sensiblen Verhältnis der Konfessionen zueinander sehr viel Rücksicht aufeinander nötig ist. Je mehr davon erkennbar ist, umso glaubwürdiger wird das christliche Zeugnis, umso mehr wird ein Votum von Christen in der Öffentlichkeit als gemeinsames Votum möglich sein und, wie im November 2000 geschehen, zur Wirkung kommen.

ESTEN, DEUTSCHE UND JUDEN IN DER ZWISCHENKRIEGSZEIT IN ESTLAND: VERHALTEN UND BEZIEHUNGEN

Sirje Kivimäe

Im neugegründeten Freistaat Estland hatten die Deutschen und Juden völlig unterschiedliche Ausgangspositionen. Die Deutschen hatten Jahrhunderte hindurch herrschende Schichten des Landes gebildet. Die Juden durften sich erst allmählich seit den 1840er Jahren ansiedeln. Im Unterschied zu den Deutschen, Russen und Schweden wurden sie nicht als historisch mit dem Lande verbundene Minderheiten anerkannt. Vom estnischen Standpunkt verbindet eine gemeinsame Betrachtung der deutschen und jüdischen Volksgruppen die Tatsache, dass nur diese beide Minderheiten in der Republik Estland die nationale Kulturautonomie ausübten. Ein weiterer Grund ist, dass eben die Deutschen und Juden in den 1930er Jahren unter dem Vorzeichen eines verstärkten estnischen Nationalismus in der Presse oft zusammen unter die Lupe genommen wurden.

Über die Deutschbalten in der Zwischenkriegszeit existiert eine reichhaltige Forschungsliteratur vor allem aus der Feder deutschbaltischer und deutscher Autoren, unterstützt von mehreren Memoiren. In der jüngeren Zeit sind estnische Beiträge hinzu gekommen. Auch über das jüdische Leben wurde jetzt in Estland oft geschrieben; einige Beiträge stammen von Juden aus dem Baltikum. Die umfassenderen Studien von zwei Exilesten über jüdische Aktivitäten und über die Landreform als Schwächung der deutschbaltischen ländlichen Elite wurden bis heute relativ wenig beachtet.

Dass die bei einem Teil der deutschen Bevölkerung vorhandene ablehnende Haltung gegenüber den demokratischen

Staatsformen unter anderem daraus folgte, dass der neue Staat seinen Minderheiten nur eine ihrer numerischen Volksgruppenstärke und nicht ihrer historischen Stellung im Lande entsprechende politische Bedeutung zukommen lassen wollte[167], ist zu verstehen. Bei dieser Feststellung erkennt man oft nicht, dass dieser Entmachtungsprozess schon viel früher begonnen hatte. Im Jahre 1901 noch auf Grund des mit dem Vermögenszensus verknüpften Wahlrechts übernahmen die Esten und Letten in Walk/Valga die Stadtverwaltung. Bei den Wahlen in Reval/Tallinn erlangten die Esten im Wahlblock zusammen mit den Russen 1904 den Sieg und seit 1906 fungierte als Stadthaupt der estnische Ingenieur Voldemar Lender. Die Ritterschaften als Selbstverwaltungsorgane auf dem Lande wurden in ihrer Tätigkeit seitens der Zentralgewalt während des Weltkrieges immer mehr eingeschränkt, bis sie völlig beiseite gelassen wurden, als nach der Abdankung des Zaren die russische Provisorische Regierung mit einem Erlass vom 30. März 1917 das ganze estnisch besiedelte Gebiet in eine administrative Einheit zusammenschloss und das damalige Tallinner Stadthaupt Jaan Poska zum Gouvernementskommissar ernannte. Der Provisorische Landtag des nunmehr großen Estländischen Gouvernements trat am 1. Juli zusammen; der einzige Deutschbalte war Deputierter der Dorpater/Tartuer Stadtversammlung.

Der Gedanke der Eigenstaatlichkeit bildete sich unter den estnischen überwiegend kleinbürgerlichen Parteien jedoch erst in den letzten Monaten 1917 aus.[168] Das heißt nach der Machtergreifung der Bolschewiki und angesichts der drohenden

---

[167] Michael Garleff, Deutschbaltische Politik zwischen den Weltkriegen. Die parlamentarische Tätigkeit der deutschbaltischen Parteien in Lettland und Estland. Quellen und Studien zur baltischen Geschichte. Bd. 2. Bonn/Bad Godesberg 1976, S. 3.

[168] Mati Graf, Eesti rahvusriik. Ideed ja lahendused: ärkamisajast Eesti Vabariigi sünninu. Tallinn 1993, S. 190.

deutschen Besetzung mit ihren Ansiedlungsplänen. Deshalb beeilte sich der Ältestenrat des estnischen Landtages, vor dem Einmarsch der deutschen Truppen am 24. Februar 1918 ein an alle Völker Estlands gerichtetes Selbständigkeitsmanifest zu erklären. Aus dem Manifesttext hebt man oft den Satz hervor: Den in den Grenzen der Republik lebenden nationalen Minderheiten, den Russen, Deutschen, Schweden, Juden und anderen, werden die Rechte nationalkultureller Autonomie garantiert. In unserem Zusammenhang ist zu betonen, dass der deutschen Bevölkerung damit klar eine untergeordnete Stellung zugewiesen wurde. Zugleich wurde eine Provisorische Regierung (mit drei reservierten Ministerstellen für die deutschen, schwedischen und russischen Angelegenheiten), die zunächst durch ein Rettungskomitee vertreten wurde, sowie eine Auslandsdelegation gebildet. Das Aufzählen der Juden in dieser Reihe ist umso bemerkenswerter, als einige Juden in der Bolschewisten-Zeit 1917/18 aktiv tätig waren.

Die deutsche Besatzungspolitik erwies sich mit ihren Requirierungen und deutlichen Germanisierungsmaßnahmen härter als befürchtet. Insbesondere waren die Esten von dem Auftreten der örtlichen Deutschbalten und den Plänen der ritterschaftlicher Kreise zur Errichtung eines Baltischen Herzogtums betroffen.

Am selben Tage, als Deutschland den Waffenstillstand unterschrieb, kam in Reval/Tallinn die Provisorische Regierung zusammen. Zwei Wochen später griffen aus dem Osten die Roten an. Eine aufgrund einer Vereinbarung zwischen den deutschbaltischen Vertretern und dem Premier- und Kriegsminister Konstantin Päts gebildete deutsche militärische Einheit, das Baltenregiment, war für die Regierung eine große Unterstützung. Als Gegenleistung wurde nun der vorgesehene deutsche Volksminister in die Regierung berufen. Für das Weiterbestehen der deutschen Schulen war wichtig, dass als Unterrichtssprache die Muttersprache der Schüler bestätigt wurde. Doch sollte die estnische Staatssprache in den nichtestnischen Schulen als Pflichtfach eingeführt werden. In der letzten Zeit wurden einige in der deutschbaltischen Literatur eingebürgerten Argumentationen sachlich korrigiert. Eine Grundvoraussetzung, dass es zunächst für beide Seiten, d.h. für Esten und Deutsche, um das blanke Überleben ging[169], ist zu diskutieren. Man darf nicht außer acht lassen, dass die estnische Bevölkerung eher sozialistisch/sozialdemokratisch gestimmt war, was auch das Spektrum der politischen Parteien zeigte. Durchaus nicht alle Esten unterstützten die Provisorische Regierung. Ihre erste Mobilmachung brachte nur wenig Männer zur Armee. Erst das Versprechen des Oberbefehlshabers Johan Laidoner, dass alle Kriegsteilnehmer Land bekommen sollten, brachte die Landsleute an die Front. Immerhin machten in der Konstituierenden Versammlung die zwei linksstehenden Parteien 65% der Delegierten aus. Bei dieser Konstellation bedeutete das Vordringen der Baltischen Landeswehr zusammen mit dem reichsdeutschen Freikorps in Nord-Lettland zur estnischen Grenze einen absoluten Rückschlag für die estländischen Deutschbalten. Der Sieg der Esten über die Landeswehr bei Wenden/Cēsis am 24. Juni 1918 entschied über die völlige Enteignung des Großgrundbesitzes.

Immerhin blieben große Vermögen in deutsche Hand. Auch konnte beibehalten werden ein strukturiertes Vereinsnetz der Deutschen. Als neue Vereine wurden sofort diejenigen zur Unterstützung der Schulen gegründet, die sich zu einem Dachverband "Deutsche Schulhilfe" zusammenschlossen und mit Hilfe aus Deutschland ein überwiegend aus Privatschulen bestehendes deutsches Schulwesen garantierten. Die geistliche

---

[169] So Karsten Brüggemann, Die deutsche Minderheit in Estland und die Konstituierung des Estnischen Staates. – Boris Meissner, Dietrich A. Loeber, Cornelius Hasselblatt (Hg.). Die deutsche Volksgruppe in Estland während der Zwischenkriegszeit und aktuelle Fragen des deutsch-estnischen Verhältnisses. Hamburg 1996, S. 15.

Eigenverwaltung der Deutschen sicherte der eigene Propstbezirk im Rahmen der estnisch gewordenen evangelischen Landeskirche. Die großen Auswanderungsverluste der Volksgruppe ersetzten teils die Optanten aus Russland, die ohne weiteres die estnische Staatsangehörigkeit bekamen. Nach der Volkszählung von 1922 zählte man in Estland 18.319 Deutsche oder 1,7% der Gesamtbewölkerung von 1.107.050, 1934 - 16.346 oder 1,5% von 1.126.413. Die Zahl der Juden war entsprechend 4.566 und 4.434 (immerhin 0,4%).

Unter den Deutschen gab es Gruppierungen und Sonderinteressen, die sie aber hinter dem Gedanken einer nationalen Einmütigkeit zurückstellten. Die einzige deutschbaltische Partei konnte trotz aller Differenzen die Stimmen der Volksgenossen auf sich vereinigen und war in allen fünf Staatsversammlungen (Parlamenten) bis zum Staatsstreich im Jahre 1934 vertreten, im Wahlblock mit der schwedischen Partei.[170] Zum wichtigsten Programmpunkt neben der Forderung nach einer gerechten Entschädigung für die Güterenteignung erhob die Partei die Kulturautonomie, ein Recht, das in der Verfassung den nationalen Minderheiten zugesichert worden war. Sie legte einen ersten Entwurf 1921 vor, aber erst im Februar 1925 - nach einem gescheiterten kommunistischen Putsch (am 1. Dezember 1924) - erfolgte die Annahme des Gesetzes.

Eine auf dem Personalverband basierende Kulturautonomie der nationalen Minderheiten wurde bekanntlich von österreichischen Sozialisten vorgeschlagen, wobei man eben die zersplitterte Siedlung der Juden im Habsburger-Reich vor Augen hatte. Diese Idee entwickelten die Deutschbalten Werner Hasselblatt und Ewald Ammende, beide später anerkannte Vorkämpfer für den Minderheitenschutz im ganzen Europa, weiter. Um das Gesetz voranzubringen, wirkten die Deutschen

---

[170] Garleff, S. 106-113.

sowohl mit den russischen als auch den schwedischen Abgeordneten zusammen. Die Anzahl der Minderheit, die Gegenstand des Gesetzes sein konnte, wurde im Laufe der Verhandlungen von 4.000 auf 3.000 Staatsbürger gesenkt - möglicherweise auf Wunsch der jüdischen Gemeinde, die von der deutschen Fraktion unterstützt wurde.[171]
Oft hebt man hervor, dass die Kulturautonomie für nationale Minderheiten eine Visitenkarte für Estland im Völkerbund, gegründet 1919 auf der Pariser Friedenskonferenz, war. Für Estland entstand die praktische Möglichkeit, dem Völkerbund beizutreten, nach dem Dorpater/Tartuer Friedensabschluss mit Sowjetrußland im Februar 1920. Der Antrag wurde auch eingebracht, aber erst der Sieg der Bolschewiki im russischen Bürgerkrieg brachte die Wende in der Ostpolitik der Entente und die de Jure-Anerkennung von Estland und Lettland.

Am 22. September 1921 wurden alle drei baltischen Staaten in den Völkerbund aufgenommen. Für Estland stand die heikle Problematik des Minderheitenschutzes hier nicht im Wege, obwohl zuvor die Abgabe einer entsprechenden Erklärung zur Bedingung gemacht wurde. Denn das sog. Komitee der jüdischen Organisationen, das auf der Pariser Friedenskonferenz gebildet wurde, hatte bereits 1920 der Vollversammlung des Völkerbundes seine erste Petition gegenüber den baltischen Staaten eingereicht: diese wurden beschuldigt die Juden zu unterdrücken. In London wusste man, dass die Juden in Lettland gegen die Eigenstaatlichkeit waren, die ihre Handelsinteressen schädigen konnte. Es erfolgten noch viele derartigen jüdische Petitionen. Unter ihrem Druck erließ Litauen seine Minderheitenschutzerklärung. Im Herbst 1921 griff das Komitee konkret Lettland an.[172]

---

[171] Cornelius Hasselblatt, Die Minderheiten. Hamburg 1996, S. 50-51.
[172] Vahur Made, Eesti ja Rahvasteliit. Dissertationes historiae Universitatis Tartuensis. Tartu 1999. S. 106-109.

In Reval/Tallinn erschien der dem Sekretariat des Völkerbundes erteilte Bericht von Alphons Baron Heyking gefährlicher für das internationale Prestige: die Agrarreform in Estland sei direkt gegen die deutsche Minderheit gerichtet, eine Anklage, die auch auf Lettland erweitert wurde.[173] Erst jetzt erfuhr man in Reval/Tallinn, dass Baron Heyking, der frühere russische Generalkonsul in London, schon 1919 daselbst einen deutschbaltischen Verein der nationalen Minderheiten gebildet hatte und dass dieser Verein als solcher aus Estland von der Föderation der Vereine des Völkerbundes akzeptiert wurde. Heyking initiierte eine breite Propagandakampagne gegen die estnische Agrarreform. Beim Völkerbund verlangte er die Rückgabe der enteigneten Ländereien und des Vermögens an die Deutschen oder die Entschädigung und überhaupt den Schutz des Völkerbundes für die Deutschen in Estland. Der estnische Vertreter Kaarel Pusta konnte begründet argumentieren, dass die Gesetzgebung Estlands auf jede Art günstig für die Minderheiten sei. Zuletzt waren Lettland wie Estland jedoch gezwungen, Minderheitenschutzerklärungen abzugeben, aber ohne die vom Völkerbund gewünschte Kontrolle.[174]

Als zuletzt 1925 der ehemalige estländische Ritterschaftsbeamte Eduard von Bodisco dem Generalsekretär ein offizielles Memorandum überreichte, in dem man über die "katastrophalen" Auswirkungen der Agrarreform auf den Lebensstandard der früheren Gutsbesitzer und die gesamte Landwirtschaft in Estland sprach, kannte man in Genf die

---

[173] Imre Lipping, Land Reform Legislation in Estonia and the Disestablishment of the Baltic german Rural Elite, 1919-1939. (Manuskript). University of Maryland 1980; Vesa Vasara, Das estnische Parlament und die Deutschbalten. Zu den Debatten bis zur Verabschiedung der Kulturautonomie 1925. – Nordost-Archiv. Zeitschrift für Regionalgeschichte. NF. Bd. IV/1995, H. 2, S. 486-487.
[174] Made, S. 112-120.

faktische Lage ganz gut. Ernster verhielt man sich in Genf gegenüber der Klage der lettländischen Deutschen. Ähnlich der lettischen Antwort, in der man behauptete, der deutsche Grundbesitz sei durch die Eroberung entstanden und deshalb nicht rechtmäßig gewesen, verfasste (in Beantwortung der nächsten, viel gründlicheren Petition der estländischen Deutschen) der Tartuer Juraprofessor Jüri Uluots, seine Erklärung.[175] Er bestätigte, dass die Reform den politischen, sozialen und wirtschaftlichen Bedürfnissen Estlands, entsprechend durchgeführt worden sei und man schon begonnen habe, die Kompensationen zu bezahlen. Das Erörtern der lettischen Reform im Völkerbundrat geschah nicht ohne Druck Deutschlands. Der estnische Staatsälteste konnte aber mit Außenminister Gustav Stresemann 1927 vereinbaren, dass Berlin auf die Unterstützung der Forderungen Heykings und der deutschbaltischen Organisationen im Völkerbund verzichtet. Die estnische Seite versprach, die Verhandlungen mit den Gutsbesitzern über Kompensationen fortzusetzen, und Stresemann versprach, sie zu größerer Zusammenarbeit mit der estnischen Regierung zu bewegen.[176]

Die günstige Genfer Einstellung zu Estland folgte aus einer anderen Initiative. Für die Umstrukturierung der Industrie konnten 15 Millionen Goldrubel verwendet werden, die Estland aufgrund des Tartuer Friedensvertrages von Russland erhielt. In der Euphorie, die die zunächst hohen Profite aus dem Russland-Transit erzeugten, gewährte die Estnische Bank zahlreiche langfristige Darlehen. Das Bedürfnis nach einer größeren Auslandsanleihe für die Sanierung des ganzen Finanzwesens stand nach wie vor auf der Tagesordnung. Um sie hatten sich die estnischen Diplomaten in London seit 1920 bemüht, bis

---

[175] Lipping, S. 218-219.
[176] Made, S. 126.

empfohlen wurde, die Lage in Estland von einer Expertenkommission des Völkerbundes zu prüfen. Finanzminister Otto Strandmann schickte Klaus Scheel, der unter anderem in London ausgebildet worden war und das Bankhaus Scheel & Co. in Reval/Tallinn übernommen hatte, als seinen Vertrauensmann nach London.[177] Ihm gelang es, dort das Eis zu brechen.

Am Anfang des Jahres 1925 traf die Expertenkommission des Völkerbundes in Reval/Tallinn ein. In dem am 12. Februar veröffentlichten Bericht des Finanzkomitees des Völkerbundsekretariats wurde die Estnische Bank stark kritisiert als eine "anonyme Aktienbank" unter staatlicher Kontrolle, die reformiert werden sollte. Kritisch war man auch gegenüber der Steuerungspolitik und der Agrarreform, doch stellte man fest, dass der landwirtschaftliche Sektor stabil und exportfähig sei.[178] Also wurde das vom Finanzkomitee gebilligte Protokoll des Anleihevertrags im Dezember unterschrieben. Estland durfte eine Anleihe von 1.350.000 Pfd. zeichnen, die 1927 durch Emittierung von Obligationen realisiert wurde. Über die Anleihebedingungen führten die Verhandlungen der deutsche Großindustrielle Martin Luther, der schon manches Mal zu estländischen Wirtschaftsdelegationen gehört hatte, und J. Laidoner, der zu dieser Zeit der Außenkommission des Parlaments vorstand. Am 1. Januar 1928 wurde in Estland die Währungsreform durchgeführt. Weiter begann man, wie die Expertenkommission geraten hatte, die Ölschieferindustrie aufzubauen, und dabei beteiligten sich aktiv sowohl Scheel als auch Laidoner.

---

[177] Made, S. 159; Otto Karma, Eesti Vabariigi majanduspoliitika. Kaks aastakümmet 1919-1939. Tallinn 1999, S. 71.
[178] Rahvasteliit, Rahvasteliidu rahanduskomitee aruanne Eesti majandusliku ja rahandusliku olukorra kohta. Tõlge. Eesti Vabariigi välisministeerium. Tallinn 1925.

Der Kommunistenputschversuch vom 1. Dezember 1924 war zwar der Anlass für die Annahme des Gesetzes über die Kulturautonomie der Minderheiten, das schon vier Jahre lang in der Staatsversammlung hin und her geschoben wurde. Das Gesetz sollte die Minderheiten zur loyalen Kooperation gewinnen. Doch konnte es nicht zufällig sein, dass das Gesetz (mit einer einzigen Gegenstimme) zur gleichen Zeit verabschiedet wurde, als der Report des Völkerbundes über die finanz-wirtschaftliche Lage Estlands bekannt wurde. Vermutlich war der Druck seitens des Völkerbundes bzw. der ausländischen finanziellen Kreisen stärker, als auch in der jüngeren estnischen Literatur erklärt wurde.

Die Wahl von Klaus Scheel als Vermittler in der Anleihefrage basierte auf der Tatsache, dass durch seine Bank die wichtigen ausländischen Investitionen in die Industrie Estlands gekommen waren. Zugleich hatte seine Bank bedeutende Aktienpakete an den meisten Großunternehmen, die überwiegend den Deutschen gehörten.[179] Die Herkunft der Vermögen vieler war damals wohl etwas dunkel und spekulativ. Scheel bekam 1920-1922 Riesenprovisionen durch die Vermittlung des russischen Goldes in den Westen. Nach einer ausführlichen Kontrolle in seinem Bankhaus wurde er mit einer persönlichen Zuschlagssteuer in Höhe von über 100 Millionen estnische Mark veranlagt, die er allerdings nach den Prozessen nicht bezahlen musste.[180] Der von ihm vermittelte Kauf von 200.000 Uniformen für die Rote Armee bei einer holländischen Firma ging aber nicht so gut wie eine ähnliche Operation eines der Gebrüder Puhk, der führenden estnischen Geschäftsleute. Puhk vermittelte 1920 den Kauf von 50.000 Uniformen für das

---

[179] Maie Pihlamägi, Eesti industrialiseerimine 1870-1940. Tallinn 1999, S. 91.
[180] Vesa Vasara, Das Bankhaus Georg Scheel & Co., Reval (1884–1940). – B. Meissner, D. A. Loeber, C. Hasselblatt (Hg.). Die deutsche Volksgruppe in Estland während der Zwischenkriegszeit und aktuelle Fragen des deutsch-estnischen Verhältnisses. Hamburg 1996, S. 99-100.

estnische Heer aus England, für die der Staat fast 250 Millionen Mark bezahlte. Doch die Ware war minderwertig, und daraus entstand der Skandal der "blutigen Soldatenmäntel".[181] Aber eine erste Anleihe von 100.000 Goldrubeln hatte der Staat am Anfang von den Puhks bekommen, so dass sie das Haus für die Gesandtschaft in Berlin kaufen konnten.

Behilflich bei der "Soldatenmäntel"-Affäre war ein gewisser Joseph Goldarbeiter, der ohne Estnischkenntnisse, aber mit dem Titel eines Staatssekretärs zur estnischen Delegation gehörte, die Ende November 1918 nach Stockholm fuhr, um die Waffen und jegliche Hilfe für Estland zu beschaffen.[182] Die von einem amerikanisch-jüdischen Handelsagenten zusammen mit den bekannten estnischen Politikern und Geschäftsleuten entwickelten Operationen hinterließen aber dem Staat Risenschulden.[183] Es fehlt die Übersicht, wohin genau die beträchtliche Kriegsanleihe aus Großbritannien und insbesondere die russischen Goldrubel flossen, aber wohl nicht zuletzt in die Taschen der Politiker.

Während in den Ministerien fast ausschließlich Esten angestellt waren, entwickelte sich im privatrechtlichen Tallinner Börsenverein eine enge deutsch-estnische Zusammenarbeit. Der Vorsitz des Börsenkommittees ging 1920 an die Esten, dieses Amt bekleidete zunächst kurz und dann 1925-1931 Konstantin Päts. Dieser Machtwechsel machte möglich, dass auch nach der Auflösung der Gilden als ständische Institutionen das Gebäude der Großen Gilde, wo das Börsenkomitee logierte, in Nutzung blieb. Unter den etwa 90 Mitgliedern des Börsenkomitees in den 1930er Jahren waren die deutschen Unternehmen stark vertreten, was auch bewirkte, dass die Institution weiterhin überwiegend einen deutschen Charakter trug. In der 1925 gegründeten

---

[181] Karma, S. 27-29.
[182] Eero Medijainen, Saadiku saatus. Välisministeerium ja saatkonnad 1918-1940. Tallinn 1997, S. 57-58.
[183] Karma, S. 23-27.

Handels- und Industriekammer, die ihren Sitz fast gegenüber im enteigneten Haus der Kanutigilde hatte, dominierten die estnischen Geschäftsleute ebenso wie in den beiden Vereinigungen der Industriellen.

Überhaupt waren die Beziehungen der estnischen Wirtschaftsleute in Reval/Tallinn zu den deutschen und jüdischen Kollegen enger, als das zu erwarten war. Ein estnisch-deutsches Unternehmen ähnlich wie die paritätisch gegründete estnisch-jüdische Galalithfabrik von Oskar Kerson und Max Schapiro (1927) ist jedoch nicht bekannt. Wohl schlossen sich später die deutsch-englischen Textilmanufakturen mit einem jüdischen Unternehmen in "Kreenbalt" zusammen.

Auch die Juden hatten in den estnischen Truppen mitgekämpft und manche hatten auch als Geldwechsler während des Freiheitskriegs gut profitiert. Die Juden waren recht gut organisiert. Neben den religiösen Gemeinden wirkten traditionelle Krankenpflegekreise, es gab alte Studentenvereinigungen an der Universität Dorpat/Tartu, aber als Volksgruppe waren die Juden schwach etabliert. Zahlreich hatten die Juden an der russischen Universität Dorpat/Tartu studiert und fast 200 Juden immatrikulierten sich noch an der deutschen "Landesuniversität", aber von diesen sind nur wenige im Lande geblieben. Im Mai 1919 fand ein Kongress der jüdischen Gemeinden statt. Diese erste jüdische Vertretung in Estland diskutierte schon über die Kulturautonomie, aber das gewählte Nationalkomitee erwies sich wegen Meinungsverschiedenheiten als nicht handlungsfähig. Es wurden jüdische Elementarschulen in Reval/Tallinn, Dorpat/Tartu, Walk/Valga und zeitweilig in Narva ins Leben gerufen. An den Wahlen zur I. Staatsversammlung beteiligten sich die Juden mit zwei Parteilisten, die zusammen 395 Stimmen erhielten. Charakteristisch war, dass die inneren Zwistigkeiten und Differenzen die kleine Volksgruppe spalteten. Diese Entwicklungen konnte der deutschbaltische Historiker Georg von Rauch zusammenfassen, der sich als Dorpater Student in den

1920er Jahren auf eigene Erfahrungen stützte: "Bei der jüdischen Minderheit war der Übergang von der russischen Herrschaft zur Staatsbürgerschaft in den baltischen Staaten bedeutsam," schreibt er und weist auf die frühere Benachteiligung der Juden bei der Wahl des Wohnsitzes, in Ausbildung und Berufsausübung und andererseits Assimilie-rungstendenzen hin. "Jetzt fielen nicht nur die negativen Erscheinungen fort; eine neue nationale und religiöse Bewußtwerdung im Zeichen zionistischer Parolen trug zur Entstehung eines neuen Selbstbewußtseins bei, das auf sprachlichem Gebiet durch Gegenüberstellung zwischen Hebräisch und Jiddisch gekennzeichnet wurde."[184]

Die zionistischen Gruppen entstanden in Dorpat/Tartu schon am Anfang des Jahrhunderts. Dort wurde im Dezember 1918 auch der erste Zionisten-Kongress Estlands durchgeführt und ein Zentrum errichtet. In vielen Städten entstanden Makkabi-Sportvereine. In der weltweit organisierten Makkabi sah der Zionismus seine große Nachwuchsbewegung. Auf einer Jugendtagung 1923 wurde als feste Aufgabe der Kampf gegen die Assimilierung und die Arbeit zugunsten Israels formuliert. An der Universität Dorpat/Tartu wurde außer der Korporation "Limuvia" nach einem Vorbild in Riga die revisionistische "Hasmonäa" gegründet.[185]

In Reval/Tallinn, wo 2.000 Juden lebten, gab es mehr Berührungspunkte mit den Deutschen. Die Führungen beider Volksgruppen suchten auch, wie erwähnt, Kontakte zueinander. In den 1920er Jahren erschienen in den deutschen Zeitungen manchmal Todesanzeigen jüdischer Kaufleute. Die Deutschen waren verdrängt und die deutsche Sprache längst nicht privilegiert. Die erste Gymnasialklasse an der Tallinner jüdischen Privatschule wurde 1923 mit Russisch als Unterrichtssprache

---

[184] Georg von Rauch, Geschichte der baltischen Staaten. Hannover-Döhren 1986, S. 88.
[185] Leon Rosenthal, Die Korporation Hasmonäa zu Riga. – Harald Seewann (Hg.). Zirkel und Zionsstern. Bd. 5. Graz 1996, S. 72.

eröffnet. Das wurde auch in der im nächsten Jahr vom Bildungsministerium bestätigten Satzung des Gymnasiums fixiert. Sowohl die Eröffnung des Gymnasiums als auch der Bau eines modernen Schulgebäudes kamen vor allem dank der Bemühungen von Hirsch (Georg, Grigori Israels Sohn) Aisenstadt, des Vorstands der Revaler/Tallinner Gemeinde und Vertreters von Standard Oil Company, zustande. Bei der feierlichen Einweihung des Schulgebäudes waren als Ehrengäste der Staatsälteste Konstantin Päts, der Bildungsminister sowie der Bürgermeister anwesend.[186] Es gab aber nicht genug gebildete Schulleiter. So wurde nach Reval/Tallinn Samuel Gurin aus Rumänien, ein Absolvent der Warschauer Universität, und nach Dorpat/Tartu der in Zürich promovierte Jankel Nodel aus Wilna/Vilnius berufen.

Sobald die Zahl der jüdischen Staatsbürger die Grenze von 3.000 überschritt, bewarb man sich um die Kulturautonomie. Die jüdische Kulturverwaltung unter dem Vorsitz von Aisenstadt begann ihre Tätigkeit am 6. Juni 1926. Während die Geschäftssprache der Kulturverwaltung wie auch die Muttersprache der meisten jüdischen Kinder Jiddisch war, entschied die Kulturverwaltung unter dem Druck der Zionisten, dass die nun unter ihrer Aufsicht stehenden Schulen auf Hebräisch (eigentlich Iwrith) übergehen müssten. Im Revaler/Tallinner Gymnasium wurde auch gleich die erste hebräische Klasse eröffnet. Damit verletzte man im Grunde genommen das Kulturautonomiegesetz, das den Unterricht in der Muttersprache vorschrieb.[187] Obwohl viele Eltern eine Klage einreichten und die Frage das Bildungsministerium erreichte, mischte dieses sich nicht ein, vermutlich weil Pastor Jaan Lattik, der derzeit das Ministeramt bekleidete, selbst ein prozionistisches Reisebuch über Palästina veröffentlicht hatte.

---

[186] Eugenia Gurin-Loov, Tallinna Juudi Gümnaasium 1923-1940 (1941). Tallinn 1998, S. 21-27.

[187] Sirje Kivimäe, Estland. Geschichte und Gegenwart der Juden. – Tribüne. Zeitschrift zum Verständnis des Judentums. 1996 (35). H. 4. S. 171.

Noch mehr: Um hebräisch gebildete Lehrer vorzubereiten, initiierte die Kulturverwaltung ein Pädagogium, dessen Unterhaltungskosten zur Hälfte vom Staat getragen wurden. Russischsprachige Klassen am Tallinner Gymnasium setzten dennoch ihre Arbeit fort. So absolvierte 1936 der letzte "russische" Jahrgang und im nächsten Jahr der erste "hebräische" Jahrgang. Da eine jiddischsprachige Elementarschule angegliedert wurde, fand auch danach die Lehre in unterschiedlichen Unterrichtssprachen statt und die Kosten für die Schule waren sehr hoch. Die eigenen Schulen besuchte ja nur knapp über die Hälfte der jüdischen Kinder. Etwa je 20% gingen auf die estnischen und die deutschen Schulen und die übrigen 10% auf die russischen. 1926 kam der Dichter und Administrator von Keren Hajessod (Jüdische Aufbauwerk) Leib Jaffe, der von der Dachorganisation der gesamten Palästinaeinwanderung, Jewish Agency, als Verbindungsmann zu den jüdischen Organisationen in Estland und Finnland bestimmt worden war, nach Estland. Bei dem zu seiner Ehre veranstalteten Festakt hielt General Laidoner einen Vortrag. Er war kurz vorher im Auftrag des Völkerbundes in Mosul gewesen, um den türkisch-britischen Grenzstreit zu untersuchen, und äußerte positive Erfahrungen von der Reise durch Palästina. Anwesend war auch Lattik. Als Außenminister ernannte er 1929 auf diesbezüglichen Wunsch von dort einen jüdischen Kaufmann zum Ehrenkonsul in Jaffa[188], wo die Zentralstelle für jüdischen Kolonisationsangelegenheiten wirkte.

Auf Jaffes Visite folgte der Beitritt des estnischen Judentums zum Keren Hajessod. Die Republik Estland wurde im Februar 1927 für die Zulassung und Unterstützung der jüdischen Kulturautonomie ins "Goldene Buch" der Juden eingetragen.[189] Das Diplom übergab dem Staatsältesten als Vertreter des

---

[188] Martin Hallik, Eesti Vabariigi konsulaat Jaffas. – Ajalooline Ajakiri 1998, 1, S. 58.
[189] Tõnu Parming, The Jewish Community and inter-ethnic Relations in Estonia, 1918-1940. – Journal of Baltic Studies. 1979 (10), 3, S. 252.

jüdischen Volkes Dr. Gir-Arja Terlo. Ein Jahr später besuchte einer der Führer des Weltjudentums, Dr. Leo Motzkin, Estland. Beim Besuch von L. Jaffe 1931 begrüßte Außenminister Lattik ihn mit einer begeisterten Rede und der Staatsälteste Päts führte mit ihm ein herzliches Gespäch. Alle diese Gäste lobten Estland für sein Verhalten gegenüber den Juden, wie die estnischen Zeitungen gern bekanntgaben.

Das Deutschtum erlitt dagegen 1927 einen schmerzlichen Verlust. Die gewaltsame Fortnahme der Domkirche zu Reval/Tallinn von der deutschen Gemeinde warf einen sehr dunklen Schatten auf die gegenseitigen Beziehungen der Deutschen und Esten. Während der Staat die Arbeit des hebräischen Pädagogiums unterstützte, rief die Gründung des deutschen privaten theologisch-philosophischen Luther-Instituts in Dorpat/Tartu in der estnischen Öffentlichkeit einen so heftigen Widerhall hervor, dass sich der stellvertretende Außenminister im Akademischen Nationalen Kulturverein in Dorpat/Tartu mit einem Vortrag über die nationale Frage zu Wort meldete. Seinen Standpunkt darf man als offiziell betrachten. Diesem zufolge war die Minoritätenfrage im Staat schwierig und kompliziert. Einerseits warf er den Esten ein geringes nationales Selbstbewusstsein vor und meinte, dass, falls die Freiheit gegeben wäre, ihre Kinder in beliebige Schulen zu schicken, der Zustrom in die deutschen Schulen sehr groß sein würde. Andererseits beurteilte er das Verhältnis der Deutschen zum Staat als formal loyal, beschuldigte sie aber eines separaten Kulturträgertums. Wenn die baltischen Deutschen auch nicht im estnischen Volk aufgehen wollten, so Hellat, dann sollten sie jedoch Patrioten sein und sich mit Interesse und Sympathie der estnischen Kultur und dem estnischen Volk gegenüber verhalten.[190] Den Juden wurde niemals ein solcher offizieller Tadel zuteil.

---

[190] Hier: Beilage der Revalschen Zeitung. 13. April 1932, Nr. 82. S. 58.

Dorpat/Tartu blieb das Zentrum des jüdischen Kulturlebens. Seit 1929 hielt der Schuldirektor Nodel als Privatdozent an der Universität Vorlesungen über die iwritische Sprache und Literatur. Um einen ordentlichen Lehrstuhl für Judaistik zu gründen, wurden eine Gesellschaft in Dorpat/Tartu und ein Komitee in Berlin ins Leben gerufen. Die Universität befürwortete die Gründung des Lehrstuhls, jedoch ohne Finanzierung. Ihre Unterstützung versagte auch die Kulturverwaltung, weil Jiddisch nicht zum Lehrstuhlprogramm gehörte. Eine schnelle Lösung drängte sich auf, als im Oktober 1933 der Rabbiner der Leipziger Gemeinde eine Stelle für den jungen und begabten a.o Professor für Wissenschaft des späten Judentums, Lazar Gulkowitsch, "der aber doch als Jude seine Stellung verloren hat", suchte.[191] Diese Formulierung hat die Expertenkommission der Philosophischen Fakultät in Dorpat/Tartu, die aus drei deutschen Professoren (Alexander Bulmerincq, Ernst Kieckers und Walter Anderson) bestand, durchaus nicht gestört. Seit März nahm Gulkowitsch als gewählter Professor an der Philosophischen Fakutät seine Tätigkeit auf. Er las auf hebräisch und deutsch.[192] Die finanzielle Basis des Lehrstuhls war größtenteils einem aus Dorpat/Tartu stammenden englischen Zionisten zu verdanken.

Die Genehmigung des jüdischen Lehrstuhls seitens der estnischen Regierung ist umso bemerkenswerter, als nationale Ansprüche immer öffentlicher ventiliert wurden. Wie überall in Europa, veranlasste die Wirtschaftskrise auch in Estland das Aufkommen nationaler samt autoritärer Forderungen. Die Wirtschaftskrise dauerte im stark agrarischen Estland lange an. Die ersten Bankrotte fanden schon 1929 statt, als die Preise auf Holzmaterialien, die wichtige Exportartikel waren, fielen. Wie dicht aber das Bankhaus G. Scheel & Co. mit dem englischen

---

[191] Estnisches Historisches Archiv. Fond 2100, Verzeichnis 2, Nr. 164.
[192] Katri Lindroos, Judaistika õppetool Tartu Ülikoolis 1930. aastatel. – 1994 (6). 10. S. 2136-2149.

Kapital verbunden war, zeigte sich, als es zwei Wochen nach der Devaluation des Pfundes in großen Zahlungsschwierigkeiten geriet. Um dem (fast alle größeren Wirtschaftsunternehmen Estlands finanziell betreuenden) Bankhaus zu helfen, verabschiedete die Staatsversammlung schnell ein Moratorium. Unterstützt vom Auswärtigen Amt bekam Scheel auch in Berlin von der Mendelssohn-Bank einen Schnellkredit, der sich in London refinanzierte.[193] Die in Estland wechselnden Regierungen versprachen, den Kurs der Krone zu halten. Als man die Krone schließlich doch im Juni 1933 abwerten wollte, war eine neue politische Kraft massiv hervorgetreten.

Der Zentralverband der estnischen Freiheitskämpfer (Vabadussojalaste Liit) konnte in einer Volksabstimmung seinen autoritär geprägten Vorschlag für eine Verfassungsänderung durchbringen. Mit den Freiheitskämpfern sympathisierte eine unter den Deutschen entstandene nationalsozialistische Gruppe. Als aber ihre Anführer den Vorstand der Deutsch-Baltischen Partei übernahmen, brach in der estnischen Presse wieder ein Entrüstungssturm los. In Estland konnte ein "Nationaler" nur antideutsch sein. Sofort distanzierten sich die Freiheitskämpfer kategorisch von den deutschen nationalsozialistisch "Bewegten" in Estland, die darauf gezwungen waren, vom Parteivorstand zurückzutreten. Im deutschbaltischen Lager herrschte zum Schein Ruhe.

Um die Machtübernahme der Freiheitskämpfer, deren Verfassung schon in Kraft getreten war, abzuwenden, erklärte der amtierende Staatsälteste und Premierminister Päts zusammen mit General Laidoner im März 1934 den Ausnahmezustand und begann, durch Dekrete zu regieren. Die Tätigkeit der Parteien und

---

[193] S. Karma, S. 109; Vasara, Das Bankhaus G. Scheel & Co., S. 101. V. Vasara behauptet umgekehrt, dass die Regierung Scheel ohne Unterstützung ließ, das aber nicht logisch sein konnte.

der Staatsversammlung wurde eingestellt und die Zensur eingeführt. Es begann die "Ära des Schweigens".
Die von den intellektuellen Kreisen getragenen nationalen Ressentiments gegenüber den Minderheiten passten zu der neuen Ideologie. Eine Begründung von Päts bei der Einführung des autoritären Regime war, dass das ganze estnische Volk psychisch krank sei.[194] So wurde eine Reihe von Maßnahmen eingesetzt, die die nationale Einheit konsolidieren sollten und folglich die Minderheiten unter Druck setzten. In erster Linie schränkte dieses Vorgehen die Deutschen ein, aber eben den deutschen Einfluss wollte man vermindern. Bei der Suche nach nationalen Symbolen wurde der Jahrestag des Sieges der Esten über die Baltische Landeswehr - als die Esten 1919 die „Barone" geschlagen hatten - zum staatlichen Feiertag erklärt. Auf Grund des neuen Sprachgesetzes durfte man nur die estnischen geographischen und Straßennamen verwenden. Auch die frühere Freiheit der Nationalitätsbestimmung wurde praktisch aufgehoben. Das neue Grundschulgesetz erlaubte, in die Schulen der Minderheiten nur die Kinder der bezüglichen Nationalität aufzunehmen. Damit versuchte man vor allem den Zutritt der estnischen Kinder zu den deutschen Schulen zu vermeiden. Der Effekt war aber gegensätzlich, da sich vor dem Inkrafttreten des Gesetzes noch rund 700 Personen um die Aufnahme in das deutsche Nationalkataster bewarben.[195] Die Schulreform selbst, die schon vorher geplant worden war, um die weitere „Überproduktion der Gebildeten" zu stoppen, führte zur Abschaffung der bisherigen Einheitsschule und zur Verringerung des deutschen Schulnetzes, die ja wegen der immer kleiner gewordenen Schülerzahl sowieso nötig war. Die deutsche Kulturverwaltung war direkt davon betroffen, dass

---

[194] Ago Pajur, Die "Legitimierung" der Diktatur des Präsidenten Päts und die öffentliche Meinung in Estland. – Erwin Oberländer (Hg.). Autoritäre Regime in Ostmittel- und Südosteuropa 1919-1944. Paderborn 2001, S. 171.
[195] Hellmuth Weiss, Das deutsche Schulwesen Estlands 1925-1939. – Zeitschrift für Ostforschung. 1986. H. ½. S. 187.

die Stelle ihres eigenen Schulrats abgeschafft wurde. Die Einführung des estnischsprachigen Geschichts- und Geographieunterrichts konnte man mit Hilfe aus Berlin vermeiden.

Auf dem ersten Kongress der völkischen Bildung wurde Kritik insbesondere an den Kulturselbstverwaltungen der Minderheiten mit ihren eigenen Schulwesen geübt. Eine derartige Publizistik führte der Patrioten-Klub in seinen Veröffentlichungen fort. Unzufriedenheit bei den extrem nationalen estnischen Kreisen verursachten die Angaben der Volkzählung des Jahres 1934. Zuallererst stellte man fest, dass gerade die deutsche und die jüdische Volksgruppe am meisten überaltert waren. Das erklärte den verhältnismäßig hohen Anteil der aktiven Bevölkerung bei diesen Minderheiten (s. Tabelle). Am meisten störte aber die starke Vertretung der Juden in der Industrie und insbesondere im Handel. Der große Anteil der Deutschen im Handel resultiert daraus, dass darunter auch die Beschäftigten im Bank- und Versicherungswesen mit gerechnet wurden. Wusste man bereits vorher, dass verhältnismäßig viele Deutschen die sog. freien Berufe ausübten, so erwies sich jetzt, dass dies auch bei den Juden der Fall war.

Beschäftigungsstruktur der aktiven Bevölkerung
in Estland nach der Nationalität 1934 (Zahl, Prozent)

	ESTEN 411.627	RUSSEN 32.854	DEUTSCHE 8.247	JUDEN 1.957	SCHWEDEN 2.243	ANDERE UNBEST. 6.126
Landwirtschaft	194.173 47,2%	16.119 49,1%	818 9,9%	38 2,0%	1277 56,9%	1.466 23,9%
Industrie	88.534 21,5%	8.151 24,8%	1.589 19,3%	656 33,5%	229 10,2%	1.358 22,2%
Handel, Banken, Versichrg-wesen	22.846 5,5%	1.890 5,7%	1.597 19,4%	702 35,9%	125 5,6%	621 10,1%
Transport Kommunikation	15.608 3,8%	530 1,6%	129 1,6%	10 0,5%	90	254 4,2%
Angestelte, Freiberufliche	27.010 6,6%	1.442 4,4%	1.634 19,8%	259 13,2%	172 7,7%	443 7,2%
Dienstleistung	14.275 3,5%	1.181 3,6%	327 3,9%	14 0,7%	112 5,0%	213 3,5%
Sonstige/Unbestimmt	49.181 11,9%	3.541 10,8%	2.153 26,1%	278 14,2%	238 10,6%	1.771 28,9%

Quelle: R. Kadaja, Vähemusrahvused Eestis. – Tähised II. Eestluse aastaraamat. Tartu 1936, S. 40.

Den Nationalen war ein Dorn im Auge, dass an der estnischen Universität Dorpat/Tartu überproportional viele Deutsche und noch mehr Juden studierten. Im Vergleich der Jahre 1920 und 1935 war der Anteil der studierenden Deutschen jedoch von 8,1 auf 6,3 und der der Juden von 5,1 auf 2,4 Prozent gesunken; hier muss man aber berücksichtigen, dass in die estnische Universität auch Juden aus Lettland, seltener aus Litauen kamen. Sowohl die Deutschen als auch die Juden bevorzugten

Pharmazie, Medizin und Jura, teils auch die philosophische Fakultät. In diesen Fakultäten wurden als erstes Eintrittsexamina eingeführt. Für die Anderssprachigen wurde insbesondere der estnischsprachige Aufsatz eine Hürde. Immerhin gab es 1938, gerechnet auf tausend Einwohner, unter den Juden 15,6 Studenten, unter den Deutschen 8,7 Studenten und unter den Esten 2,9 Studenten.[196] Im Herbst 1939 wurden an der Universität noch 23 einheimische Deutsche immatrikuliert. Von den vier immatrikulierten Juden waren drei Absolventen der deutschen Gymnasien und nur einer des jüdischen Gymnasiums zu Reval/Tallinn.[197]

Dabei waren die beruflichen Perspektiven der jungen Deutschen, Juden oder Russen in Estland gleichwohl begrenzt und in den staatlichen Strukturen eigentlich ausgeschlossen. Aber viele Esten vertrauten z.B. den deutschen Ärzten. Die Auswanderung der jüngeren Generation versuchte die deutsche Führung mit der Schaffung von meist gering bezahlten Stellen bei deutschen Firmen zu bekämpfen, wie das auch die große Angestelltenzahl unter den Beschäftigten zeigt. Wenn aus Deutschland Stipendien verteilt wurden, wurde den Stipendiaten die Heimkehr zur Bedingung gemacht.

Die Juden waren eher geneigt, die Eröffnung eines selbständigen Geschäfts zu unterstützen. Insoweit die zionistische Aufklärung stark war, begann die Auswanderung nach Palästina. Die genauen Daten fehlen, aber 1929-1935 wanderten offiziell 127 Juden aus, davon 101 nach Ländern außerhalb Europas.[198] In

---

[196] Tartu Ülikooli ajalugu. Bd. 3. Tallinn 1982, S. 69.
[197] Album Academicum Universitatis Tartuensis 1918-1944. Bd. 3. Tartu 1994, S. 353-369.
[198] Eesti arvudes 1920 – 1939. Tallinn 1930. S. 47-48. Nach einer Schätzung siedelten bis 1940 etwa 500 junge Juden nach Palästina über: Emanuel Nodel. Life and death of Estonian Jewry. – Arvids Ziedonis, jn., William L. Winter, Mardi Valgemäe (Hg.), Baltic History. Publications of the Association for the Advancement of Baltic Studies. 5. Columbus 1974, S. 233.

einem Sendschreiben zum Unabhängigkeitstag am 24. Februar 1935 dankten die aus Estland stammenden jüdischen Ansiedler in Palästina dem estnischen Volk und dem Staatsältesten (Päts), dass sie in Estland muttersprachliche Bildung bekommen hatten und den Ackerbau erlernen durften.[199]

Warum unterstützten die estnische Regierung und konkret Päts die Zionisten? Man erklärt das als politischen Schachzug: Als die Zionisten die jüdische Jugend in Estland für das zukünftige Leben in Palästina vorbereiten wollten, ergriffen die Jiddischisten Partei für sozialistische und liberale Gruppen.[200] Eher ist der Grund jedoch in der allgemeinen englischen Orientierung der estnischen politischen Führung zu suchen. Sicher sahen manche gern, dass die Juden auswanderten. In erster Linie wollte und sollte man unter Berücksichtigung der finanziellen Abhängigkeit Estlands nach Londoner Wünschen handeln.

Zu Deutschland verhielten sich die estnischen Führer zurückhaltend und die politische Polizei verfolgte aufmerksam die deutschen Kontakte der Deutschbalten, insbesondere nach Hitlers Machtergreifung. Die Angst vor Hitler-Deutschland trug zu der allgemeinen deutschfeindlichen Gesinnung in den breiteren estnischen Volksmassen noch bei.[201] 1934 bot aber das Reich unter günstigen Bedingungen die Einfuhrmöglichkeit für estnischen Butter. Mit dem Abschluss eines langfristigen Vertrags über Lieferung von Öl und andere Derivate des Ölschiefers an die deutsche Marine ein Jahr später trat eine

---

[199] M. Heltzer.
[200] Nodel, S. 233.
[201] Indrek Jürjo, Das Verhältnis der Deutschbalten zum estländischen Staat und dem estnischen Volk in der Zwischenkriegszeit (Auf Grundlage von Archivakten der Politischen Polizei). – B. Meissner, D. A. Loeber, C. Hasselblatt (Hg.), Die deutsche Volksgruppe in Estland während der Zwischenkriegszeit und aktuelle Fragen des deutsch-estnischen Verhältnisses. Hamburg 1996, S. 185-202.

deutliche Wende in der politischen Haltung der Regierungsgruppe gegenüber dem Reich ein. Ferner nahmen sowohl die deutschen Investitionen in die Ölschieferindustrie als auch der Warenaustausch mit Deutschland ständig zu. Das kam den Deutschen in Estland zugute. Man rechnet, dass die den Deutschen gehörenden Unternehmen fast 23 Prozent der Gesamtproduktion der Großindustrie umfassten, etwa derselbe Anteil fiel an sie von der Gesamtzahl der Arbeiter.[202]

Obwohl die Kulturautonomie "als Staat im Staat" den Nationalen ein Dorn im Auge war, blieb sie unangetastet. Die Gleichschaltung nach estnischer Art bedeutete, dass die bisherigen Parteien eine einzige Staatspartei wurden und mehrere Berufskammern ersetzt werden sollten.[203] Das Volk durfte 80 Abgeordnete in die erste Kammer der neuen Nationalversammlung nach dem Grundsatz der Persönlichkeitswahl wählen, da gab es keine Chancen, einen deutschen Kanditaten zu wählen. Die 40 Mitglieder der zweiten Kammer, des Staatsrats, sollten teils von den Berufskammern und einigen Institutionen gewählt, teils vom Staatsältesten ernannt werden. So durften auch die nationalen Minderheiten, die eine Kulturverwaltung hatten, einen gemeinsamen Vertreter in den Staatsrat entsenden. Da sich die Juden bei der Wahl der Stimme enthielten, vertrat 1938 der von der Deutschen Kulturverwaltung gewählte Harry Koch, 1939 Wilhelm Baron Wrangell die nationalen Minderheiten.[204]

In der Tat aber bewahrte die gelobte Kulturautonomie die Isolation, die Geschlossenheit der Minderheiten, die in den späteren Jahren von den Behörden mit offiziellen Maßnahmen sogar ge-

---

[202] Pihlamägi, S. 99.
[203] Pajur, S. 196.
[204] Wilhelm Baron Wrangell, Zur Situation der Deutschbalten in Estland bis zur Umsiedlung. – Henning von Wistinghausen (Hg.), Zwischen Reval und St. Petersburg. Erinnerungen von Estländern aus zwei Jahrhunderten. Weissenhorn 1993, S. 397.

fördert wurde. Weder die Deutschen noch die Juden assimilierten sich mit den Esten. Beide Volksgruppen waren auch zu klein und übersichtlich. Vor allem aber fehlte es fast völlig an gesellschaftlichem Umgang zwischen den Deutschen oder Juden mit den Esten.

Was die Deutschen betrifft, so ist wieder Päts zu nennen. Auf seine Initiative ist die Gründung eines elitären Klubs "Centum" in Reval/Tallinn am Anfang der 1920er Jahren zurückzuführen. Als Präsident des Klubs, dessen Mitgliedschaft auf 100 Personen beschränkt wurde, fungierte der amtierende Staatsälteste. Ein Vorbild waren die wirtschaftspolitischen Klubs im westlichen Europa und ebenso der traditionelle Aktienklub des estländischen Adels. Vermutlich wollte man ihnen sogar Konkurrenz machen mit dem Ziel, eine ausgewählte estnische Gesellschaft dem diplomatischen Corps und auch der deutschbaltischen Gesellschaft näher zu bringen. K. Scheel und M. Luther gehörten vom Anfang an zum Klub. Die Mitglieder des Aktienklubs hätten im "Centum" einen Gaststatus gehabt. Einige baltische Herren besuchten oft "Centum". Schwieriger war es, den Widerstand der deutschen Damen zu überwinden.[205] Der veränderten politischen Haltung zufolge wurden jedoch gemeinsam wohltätige Bälle veranstaltet. In diese Zeit fiel auch die feierliche Aufnahme von Päts als "Ehrenbruder" der Bruderschaft der Schwarzenhäupter.[206] In den sozial niedrigen deutschen Schichten wirkten die nationalen Schranken sicher nicht so stark. Auf ihre Rechnung kann man auch die Mischehen setzen, die die estnischen Nationalen als eine Voraussetzung für den Zuwachs des sog. "Wacholderdeutschtums" stark kritisierten.

---

[205] Oswald Hartge, Auf des Lebens großer Waage. Erinnerungen 1895-1939. Hannover-Döhren 1968, S. 469-471.
[206] Arved Frhr. v. Taube, Konstantin Päts und die Deutschbalten. – Jahrbuch des baltischen Deutschtums 1975. Bd. 22. Lüneburg 1974, S. 28.

Im täglichen Leben waren die Kontakte der Esten zu den Deutschen und zu den Juden gering und verliefen problemlos. Dass in Estland mit dem Aufkommen der patriotischen Parolen unter den Esten oder mit dem Eindringen nationalsozialistischer Ideen unter den Deutschen ein Judenhass in der Öffentlichkeit zum Erscheinen kam, wie einige jüdische Autoren behaupten, ist unbegründet. Religiöser Antisemitismus lässt sich überhaupt nicht nachweisen. Diskriminierende Beiträge findet man wohl in den militärpatriotischen Zeitschriften. Und es ist wohl wahr, dass unter den Deutschen das Deutsch-Baltische Pfadfinderkorps stärker antisemitisch infiziert war. In dieses drang nationalsozialistisches Gedankengut ein, auch die äußeren Formen glichen sich dem militanten Gebaren der Hitlerjugend an.[207] Sein öffentliches Auftreten wurde begrenzt, als jegliche außerschulische Jugendorganisation unter staatliche Kontrolle genommen wurde.

Den nationalen Druck seitens der Esten spürten sowohl die Deutschen als auch die Juden. Ob sie sich ähnlich fühlten, ist nicht aufzuhellen. Auf die Gemeinsamkeit im Bewusstsein der Deutschbalten und der Juden wies indirekt in seinem (im schon problematischen Jahr 1936 veröffentlichten) Buch "Nie geschaute Welten" Jakob Baron Uexküll hin, der aus Estland stammende Edelmann und renommierte Naturforscher. Die russischen Juden beschreibend wiederholte er die Gedanken, die er von einem jüdischen Kommilitonen in Dorpat/Tartu um die Jahrhundertwende gehört hatte, dass die gebildeten Juden nur noch durch ein "selbstverständliches Gefühl" zusammenhingen. Auf die Frage Uexkülls, was das für ein Gefühl sei, erwiderte der Jude: "Wie kann man das, was einem selbst ohne weiteres selbstverständlich ist, einem anderen verständlich machen? Aber Sie sind ein Balte und werden es einigermaßen nachfühlen

---

[207] Berndt von Staden, Erinnerungen aus der Vorzeit. Eine Jugend im Baltikum 1919-1939. Berlin 1999, S. 168, 177.

können (...) . Dies latente, aber immer vorhandene, ihnen ganz selbstverständliche baltische Gefühl beruht nicht darauf, daß die Balten dem gleichen Lande entstammen oder der gleichen Rasse angehören, sondern ausschließlich auf der Tatsache, daß die Balten seit siebenhundert Jahren eine Schicksalsgemeinschaft bilden, deren Mitglieder in Leid und Freud den Kampf für ihr baltisches Deutschtum gemeinsam geführt haben. Sehen Sie, das gleiche gilt aber in noch viel höherem Maße für uns Juden, die wir über zweitausend Jahre lang verbannt und verfolgt über die ganze Erde verstreut die gemeinsame Fahne des Judentums hochgehalten haben".[208]

Die plötzliche Umsiedlung der Deutschen aus Estland nach dem Beginn des Weltkrieges im Herbst 1939 auf den Ruf des Führers, wie man propagandistisch erklärte, wurde in den nationalestnischen Kreisen mit der Zufriedenheit quittiert. Die Umsiedlung bewirkte nach Meinung mehrerer Beobachter *innenpolitisch* einen bedeutenden Gegensatz.[209] Da entdeckte man, dass in der Viru Straße, einer der Hauptstraßen von Reval/Tallinn, viele Häuser und Läden tatsächlich den Juden gehörten. Im Juni 1940 wurde Estland von den Sowjets okkupiert. Aus den damaligen Ereignissen hafteten den Tallinner im Gedächtnis, dass eben zwei jüdische Kaufmannssöhne die estnische blau-weiß-schwarze Nationalfahne von der Spitze des Langen Hermann auf dem Domberg herunterrissen und die rote Fahne hissten. Da aber unter den Juden viele Besitzer der großen Wohnhäuser und Geschäfte waren, traf die erste sowjetische Massendeportation im Juni 1941 sie noch stärker als die Esten.

---

[208] Jakob von Uexküll, Niegeschaute Welten. Die Umwelten meiner Freunde. Berlin 1936, S. 166-167.
[209] Jüri Kivimäe, "Aus der Heimat ins Vaterland". Die Umsiedlung der Deutschbalten aus dem Blickwinkel estnischer nationaler Gruppierungen. – Nordost-Archiv NF Bd. IV/1995, H. 2, S. 506.

LETTEN, RUSSEN, JUDEN UND DEUSCHE IN DER WIRTSCHAFT LETTLANDS VON 1920 bis 1940[210]

Helēna Šimkuva

Nach der Gründung des lettischen Staates war eine der Grundvoraussetzungen für sein Weiterbestehen eine strukturierte Volkswirtschaft, die den neuen politischen und wirtschaftlichen Rahmenbedingungen Rechnung trug, sowie die Festlegung der Schwerpunkte der Wirtschaftsentwicklung. Die Lösung dieser Aufgaben wurde von mehreren Faktoren beeinflusst: den allgegenwärtigen Kriegszerstörungen, den neuen wirtschaftlichen Rahmenbedingungen in Europa, der Vielfalt der Nationalitäten, die in Lettland lebten. Das Letztere stellte die politische Macht des Landes vor eine schwierige Aufgabe - die Entscheidungen der nationalen politischen Macht mit den Interessen der wirtschaftlich aktiven multinationalen Bevölkerung in Einklang zu bringen. Das multinationale wirtschaftliche Milieu Lettlands war ein eigenartiges Erbe aus der Vorkriegszeit, aber die Letten, die Titularnation des neugegründeten lettischen Staates, gehörten nicht zu den damals wirtschaftlich stärksten Gruppen Lettlands. Aus diesem Grund wurde bei der Formulierung der wirtschaftlichen Ziele insbesondere die Sicherstellung der wirtschaftlichen Unabhängigkeit des Landes neben der Festigung nationaler und sozialer Gleichberechtigung in den Vordergrund gestellt. Mit der Festigung nationaler und sozialer Gleichberechtigung war damals öfters die Festigung der Lage der Letten in den wichtigsten Wirtschaftszweigen des Staates gemäß ihrem Anteil an der Bevölkerung Lettlands gemeint.

---

[210] Diese Veröffentlichung ist auf Grund des am 12. November 2001 in Lüneburg auf dem 13. Baltischen Seminar gehaltenen Referates entstanden.

In diesem Beitrag wird die Rolle der Letten und der drei größten nationalen Minderheiten Lettlands im wirtschaftlichen Leben des Landes von 1920 bis 1940 behandelt. Nach Angaben der Volkszählung im Jahr 1935 betrug der Anteil der Letten an der Bevölkerung 75,5% oder 1.472.612 Personen. Die Gesamtzahl der Minderheiten war demzufolge 24,5%. Die Russen machten 10,59% der Bevölkerung oder 206.499 Personen, Juden 4,79% oder 93.479 Personen, Deutsche 3,19% oder 62.144 Personen aus.[211]

Die Grundlage der lettischen Volkswirtschaft war die Landwirtschaft. Die Landwirtschaft wurde einer breit angelegten Agrarreform untergezogen, die mehr als sechzehn Jahre - vom 2. Oktober 1920 bis zum 1.Juni 1937 - umfaßte. Diese Agrarreform erforderte objektive wirtschaftliche und soziale Bedingungen und kaum eine der lettischen Parteien bezweifelte ihre Notwendigkeit. Laut Angaben der Statistik waren im Jahr 1920 rund 80.000 oder 11% aller Bauten auf dem Lande ganz zerstört, 27% des Ackerlandes lagen brach.[212] Es mangelte im Lande an Lebensmitteln. Dazu kam, dass viele Tausende Landloser mit Arbeit und Lebensunterhalt versorgt werden mussten. Zur gleichen Zeit waren 48,1% oder 3.160.000 ha des Ackerlandes in den Händen der ortsansässigen deutschen, polnischen und russischen Gutsbesitzer.[213] Eine kleine Zahl der Gutshäuser hatte ihre Besitzer im Ausland. Kurz gesagt, die schwere Nachkriegsnot, die dürftige Versorgung mit Lebensmitteln, die Notwendigkeit, den sozialen Frieden zu sichern, indem die große Masse der Landlosen in den Besitz von Land kam - das waren die Hauptgründe für den radikalen Charakter der lettischen

---

[211] Ceturtā tautas skaitīšana Latvijā 1935. gadā (Die vierte Volkszählung Lettlands von 1935).- IV. Tautība. Riga 1937, S. 286-288.

[212] Latvijas Republika desmit pastāvēšanas gados (Die Republik Lettland während ihres zehnjährigen Bestehens). Riga 1928, S. 333.

[213] Latvijas agrārā reforma. Zemkopības ministrijas izde vums (Die Agrarreform Lettlands. Die Ausgabe des Ministeriums der Land-wirtschaft). Riga 1930, S. 343.

kalen Charakter der lettischen Agrarreform: die entschädigungslose Enteignung der Gutsbesitzer, so dass sie lediglich ein Restgut von 50 bis 100 ha behalten durften. Um es durch einen Vergleich zu veranschaulichen, war das durchschnittliche Areal eines Gutes vor der Agrarreform 2136,6 ha.

Der staatliche Landfonds enteignete einen Bestand von 84,09% oder 2.668.540 ha Land aller Gutsländereien.[214] Das war zum größten Teil der frühere Besitz der Deutschbalten gewesen. Laut ihrer eigenen Berechnungen besaßen die Deutschbalten vor dem Ersten Weltkrieg 2,4 Millionen ha Land.[215] Nach dem Krieg war dieser Besitz zusammengeschrumpft. Die zweitgrößte Gruppe der ortsansässigen Gutsbesitzer bildeten die polnischen Gutsherren, die über 200.000 ha Land besaßen. Insgesamt behielten die Gutsbesitzer nach der Agrarreform 15,77% oder 504.778 ha von ihrem früheren Landbesitz.[216]

Auch das landwirtschaftliche Inventar wurde vom Staat eingezogen. Für das enteignete Inventar erhielten die Gutsbesitzer eine Entschädigung von 80 Millionen lettische Rubel oder 1.800.000 Goldfranken.[217] Die Agrarreform ging auch an den landwirtschaftlichen Produktionsbetrieben der Gutsbesitzer nicht spurlos vorbei. Den Deutschbalten wurden 907 Produktionsbetriebe im Gesamtwert von 3.306.000 Lat enteignet.[218] 250 von den größten Produktionsbetrieben im Wert von 3.600.000 Lats durften die Gutsbesitzer behalten. Der staatliche Landfonds bekam auch einen Teil des Waldbesitzes der Gutsherren zuerkannt,

---

[214] Latvijas agrārā reforma. Agrārās reformas izvešanas darbu noslēgums (Die Agrarreform Lettlands). Riga 1938, S. 57.
[215] Baltische Monatsschrift. 1933. S. 135.
[216] Ē. Jēkabsons, Poļi Latvijā (Polen in Lettland). Riga 1996, S. 25-26.; Latvijas agrārā reforma. Agrārās reformas izvešanas darbu noslēgums (Die Agrarreform Lettlands). Riga 1938, S. 57.
[217] Materiāli Latvijas agrārās reformas vēsturei (Die Materialien für die Agrarreform Lettlands). Riga 1929, S. 46.
[218] Ibidem. S. 245.

insgesamt eine Fläche von 1.150.000 ha, im Wert von 600 Millionen Lat (verbucht in der Bilanz des öffentlichen Haushaltes 1930).[219]

Wie wirkte sich die Agrarreform auf die Verteilung des Landes unter den verschiedenen Nationalitäten aus?

Im Laufe der Agrarreform führte man eine derartige Untersuchung zum ersten Mal während der allgemeinen Landwirtschaftszählung 1929 durch. Laut Angaben dieser Zählung gehörte das Land 1929 vorwiegend den Letten. In ihren Händen waren 79,8% des privaten Landbesitzes. Die Fläche dieser Ländereien betrug mehr als 3 Millionen ha und es waren 86,37% des ganzen Privateigentums an Land.[220] Den Letten folgten auf Platz zwei die Russen mit 13,3% der privaten Landbesitze. Ihr Eigentum umfaßte 8% des Privateigentums an Land oder 33.711,72 ha. Die Juden besaßen einen eher winzigen Teil der Ländereien, nur 0,33% des privaten Landbesitzes. Deutsche besaßen 1.887 Höfe oder 0,87% der Gesamtzahl der landwirtschaftlichen Betriebe. Was die Fläche betrifft, so waren es 55.926,04 ha oder 1,33% des privaten Landes.[221]

Während der Agrarreform wurden 11 Kategorien der landwirtschaftlichen Betriebe festgelegt, von Betrieben unter 1 ha bis Ländereien über 100 ha. Die Deutschen besaßen in erster Linie mittelgroße und große Ländereien, das heißt von 30 bis 100 ha und größere. Von den 1.887 landwirtschaftlichen Betrieben gehörten 75,09% oder 1.417 Betriebe den zwei genannten Kategorien an.[222] 11% der deutschen Betriebe, 470 an der Zahl, waren Jungwirtschaften. Die Letten bewirtschafteten vor allem Betriebe zwischen 30 und 50 ha, aber es gab auch Bauernhöfe mit 100 ha

---

[219] Valsts Statistikas pārvalde. Latvijas Valsts finanses. 1918/-1920.-1931/1932, Riga 1932, S. 162.
[220] V. Salnais, Maldups A. Lauksaimniecības skaitīšana Latvijā 1929. Gadā (Die Agrarzählung Lettlands, 1929).-VII daļa. Riga 1932, S. 28.
[221] Ibidem.
[222] Ibidem. S. 22.

und mehr. Russische Betriebe waren selten größer als 5 bis 10 ha. Das Land im Besitz der Juden war nicht über 1 ha groß. Daraus können wir schließen, dass die Agrarreform die Verteilung von Grund und Boden auf eine radikale Art zu Gunsten der Letten verändert hatte. Von allen Besitzern landwirtschaftlicher Betriebe im Jahr 1935 machten Letten 83% aus.[223] Die Landwirtschaft als die Grundlage lettländischer Volkswirtschaft war zu einer beinahe durchgehend lettischen Branche geworden. Wenn wir die Auswirkungen der Agrarreform auf die drei im Titel genannten Minderheiten einschätzen, so müssten wir anerkennen, dass die Lage der Juden in der Landwirtschaft kaum eine Änderung erlebte. Die Russen hatten durch die Reform zusätzliches Land gewonnen und gründeten Jungwirtschaften. Die Deutschbalten hingegen hatten durch die Agrarreform ihren früheren Einfluss auf dem Lande weitgehend eingebüßt, obwohl sie landwirtschaftliche Betriebe behielten, die zu den führenden Produzenten landwirtschaftlicher Erzeugnisse für den Binnenmarkt sowie für den Export zählten. Es sei aber angemerkt, dass den Deutschen auch diese Betriebe in den 30er Jahren nach und nach abhanden kamen. Vor der Umsiedlung der Deutschbalten 1939 hinterließen sie 1.499 Betriebe mit einer Gesamtfläche von 47.530 ha.[224]

Der Rückgang des von Deutschen bewirtschafteten Landbesitzes ist nicht nur dadurch zu erklären, dass er von Letten aufgekauft wurde. In den 30er Jahren stießen Deutsche immer häufiger auf Hindernisse beim Erwerb neuen Landes, so dass die Politische Verwaltung Lettlands die Schrumpfung des deutschen Landbesitzes in ländlichen Regionen verzeichnete. Im August 1938 berichtete Jānis Fridrichsons, Leiter der Politischen Ver-

---

[223] Ceturtā tautas skaitīšana Latvijā 1935. gadā. S. 495. (wie Anm. 211).
[224] Siehe: Diktierte Option. Die Umsiedlung der Deutsch-Balten aus Estland und Lettland, 1939-1941: Dokumentation/Zusammengestellt und eingel. von Dietrich A. Loeber. Neumünster 1972. Dok. 224, S. 382.

waltung, dem Innenminister Jānis Gulbis, dass im Jahr 1937 der Gesamtumfang des von Deutschen verkauften Landbesitzes um 249.000 Lat den Umfang der gekauften Ländereien übertraf.[225] Deutsche Besitzer hatten auch mit finanziellen Schwierigkeiten zu kämpfen, trotz der Beihilfen aus Deutschland und der Zuschüsse aus dem Budget der Deutschbaltischen Volksgemeinschaft. Im Jahr 1933 stellte das deutsche Finanzministerium rund 100.000 Reichsmark speziell für „Agrarzwecke" im Baltikum bereit. Die Deutschen Lettlands erhielten 38.000 Reichsmark, in den folgenden Jahren kamen noch 400.000 Reichsmark hinzu, also machten die Zuschüsse insgesamt fast eine halbe Million Reichsmark aus.[226] Aus dem Budget der Deutschbaltischen Volksgemeinschaft bekamen die deutschen Gutsbesitzer im Jahr 1933-1934 einen Betrag von 42.234,94 Lat oder 8,6% des Gesamtbudgets, das 49.0677 Lat betrug.[227]

Die Deutschen fochten den radikalen Charakter der Agrarreform, wodurch die Verteilung des Landbesitzes so tiefgreifend geändert wurde, heftig an. Ihre Proteste führten dazu, dass in Lettland im Zusammenhang mit der Agrarreform und der deutschbaltischen Frage zwei Volksabstimmungen, nämlich im Jahr 1923 und im Jahr 1929, durchgeführt wurden.

Bei der ersten Auseinandersetzung ging es um die Frage, ob die ehemaligen Kämpfer der Landeswehr auch Anrecht auf das Land aus dem Staatlichen Landfonds haben sollten.

Am 26. Mai 1928 verabschiedete die Regierung eine Novellierung des Agrargesetzes, die besagte, dass die Freiheitskämpfer Vorzug beim Erwerb des Landes haben sollten. Die deutsche Parlamentsfraktion vertrat die Auffassung, dass zu dieser Kate-

---

[225] LVVA (Historisches Staatsarchiv Lettlands, im folgenden LVVA) F. 3235.-Apr. 1/22.-Lieta 922. S. 336.
[226] H. Strods, Zem melnbrūnā zobena. Riga 1994, S. 9.
[227] LVVA.-F. 5921.-Apr.1.-Lieta 73. S. 94; PAAA.-R 31304. Beschlagnahme deutschen Eigentums in Lettland, von 1933/1934.-Bd.224/9.-Blatt 169, 178.

163

gorie auch die ehemaligen Landeswehrleute gehören sollten, da sie von Juni 1919 bis Anfang 1920 zusammen mit der lettischen Armee in Lettgallen gegen die Sowjetarmee gekämpft hatten. Es ist festzuhalten, dass insgesamt 52 Deutschbalten die höchste militärische Auszeichnung Lettlands - den Orden Lāčplēša - erhalten hatten.[228] Das Zentrale Landeseinrichtungskomitee erklärte die ehemaligen Landeswehrleute zu Personen, die Vorrang beim Erwerb des Landes hatten. Dieser Beschluss rief scharfe Proteste in der lettischen Öffentlichkeit hervor und führte zu der Volksabstimmung, die vom 4. bis 25. August 1929 stattfand. Die Mehrheit stimmte gegen die Aufnahme der Landeswehrleute in die Kategorie der Bevorzugten beim Landerwerb. Bei diesem Ergebnis der Volksabstimmung und dem Druck der Öffentlichkeit nachgebend stimmte die Mehrheit der Parlamentsabgeordneten am 22. November 1929 gegen die Gesetzesvorlage, die den Landeswehrleuten den Landerwerb gewährleisten sollte.

An der Spitze der Regierung stand in dieser Zeit Hugo Celmiņš, Mitglied des lettischer Bauernverbandes, das Amt des Justizministers bekleidete in seinem Kabinett der deutsch-baltische Jurist Bernhard Behrent. Die deutschbaltische Fraktion protestierte gegen die Abstimmung im Parlament, indem sie Behrent sein Mandat entzog, die Regierung von Hugo Celmiņš aber weiterhin unterstützte.[229] Die Regierung ließ ihrerseits den Schulen der Deutschbalten zusätzliche Gelder zuteilen und gab eine Entschädigung von 4.900 Lat dem Verband ehemaliger Landeswehrleute für den Wiederaufbau des im Sommer 1929 zerstörten Denkmals der Landeswehr.[230]

---

[228] Siehe: D.-A. Lēbers, Vācbaltieši- Latvijas Lāčplēša ordeņa kavalieri /800gadi.Mūsu kopējā Rīga. Vācbaltiešu autoru apcerējumi. Rīgas pilsētas 800 gadu jubilejā 2001.gadā izdevusi Karla Širrena biedrība Līneburgā. Riga 2001, S. 294.
[229] Latvija.3. Saeima.-IV sesija.-2.sēde, S. 532.
[230] Ibidem.-V.sesija.-18.sēde. S. 689- 690., Ārkārtas sesija. S. 14.

Im Laufe der Agrarreform wandte sich die deutschbaltische Parlamentsfraktion auch der Frage der deutschen Kolonisten zu: kurländischen Bauern, die auf dem Land der Gutsbesitzer lebten, und deren Eigentumsrecht auf dem Land nicht rechtlich verankert war.

Eine bedeutende Frage war die Entschädigung der Gutsbesitzer für das enteignete Land. Das Parlament diskutierte darüber am 3. April 1924. Die Mehrheit der Stimmen erhielt der Vorschlag der Sozialdemokraten, auf eine Entschädigung zu verzichten. Es ist zu vermuten, dass hierbei das Ergebnis der Volksabstimmung im Dezember 1923 eine bedeutende Rolle gespielt hatte. Gegen die Vergütung ehemaliger Gutsbesitzer waren 97.383 Stimmen abgegeben worden.

Es überrascht nicht, dass die Frage der Entschädigung den Deutschbalten von großer Bedeutung war, schätzten sie doch den Gesamtwert ihres enteigneten Besitzes in der Anfangsphase der Agrarreform auf 60 Milliarden lettische Rubel oder 1,2 Milliarden Goldfranken.[231] Die enteigneten Güter waren mit verschiedenen Schulden belastet. Für die Deckung früherer hypothekarischer Verpflichtungen der enteigneten Ländereien stellte der Staat im Jahr 1922 einen Betrag von 4,4 Millionen Lat bereit.[232] Es ist aber auch hinzuzufügen, dass die lettische Regierung, ohne es bekannt zu geben, eine bestimmte Kompensation den Ausländern für die enteigneten Gutshäuser ausgezahlt hatte (bis 1937 einen Betrag von 5.397.500 Lat an Polen für die von polnischen Staatsbürgern enteigneten Gutshäuser und 877.000 Lat an einige Staatsbürger Italiens, Frankreichs, Finnlands und der Schweiz für die enteigneten Besitztümer).[233]

Für das vom Staatlichen Landfonds zugewiesene Land hatten die Jungwirte eine Vergütung zu entrichten. Es wurde festge-

---

[231] Materiāli Latvijas agrārās reformas vēsturei. Riga 1929, S. 46.
[232] Valsts Zemes Bankas piecpadsmit gadi. Riga 1937, S. 71.
[233] Siehe: A. Sviķis, Agrārais jautājums buržuāziskajā Latvijā (1920-1934). Riga 1960, S. 135.

legt, dass der Durchschnittsertrag pro Hektar mit 10 Lat angenommen wurde und der Höchstertrag 20 Lat nicht übersteigen sollte.[234] Die Auszahlung des Landes konnte man in Form langjähriger Abzahlungen leisten. Die Auszahlungsverpflichtungen hatten vorher zwei Banken, die staatliche Landesbank und die Hypothekenbank Lettlands, übernommen. Bis zum Ende des Jahres 1937 beglichen diese Banken die Auszahlungsverpflichtungen im Umfang von 90 Millionen Lat.[235]

Nach dem Beschluss der Saeima im Jahre 1924 über die entschädigungslose Enteignung richtete die deutschbaltische Fraktion am 6. April 1925 eine Petition an den Völkerbund. Die lettische Regierung reichte am 3. November 1925 beim Völkerbundrat ein Antwortschreiben auf die Beschwerde ein.[236] Die lettische Seite hob darin besonders die Rechtmäßigkeit und die Unaufschiebbarkeit der Reform hervor, denn ohne diese wäre es in Lettland binnen kurzer Zeit zu einem neuen Aufstand der Linken gegen die bürgerliche Staatsordnung gekommen. Der Völkerbundsrat beschloss auf die Eingabe der lettischen Regierung hin am 8. Juni 1926 die Weitergabe der Petition abzulehnen und wies darauf hin, dass die Lösung der Agrarfrage eine innere Angelegenheit Lettlands ist.

Wenn wir über die volkswirtschaftlichen Zielsetzungen der Agrarreform sprechen, so wurden diese im Zuge der Reform im Großen und Ganzen erreicht. Im Jahr 1935 gab es in Lettland 275.000 Bauernhöfe, 40.000 davon mit einer Fläche von 30-50 ha, die auch für den Export produzierten. In den 30er Jahren war Lettland auf Platz 3 unter den Ländern Europas, die sich sehr gut

---

[234] Ekonomists.-1923.-Nr.9. S. 357.
[235] Latvijas agrārā reforma. Agrārās reformas izvešanas darbu noslēgums. Riga 1938. S. 541, 546.
[236] Siehe: Materiāli Latvijas agrārās reformas vēsturei. Riga 1929, S. 170.

selbst mit Getreide versorgen konnten.[237] Im Jahr 1932-1933 stellte Lettland Lebensmittelimporte ein. Ab 1934 gehörte Lettland zu den Exporteuren landwirtschaftlicher Erzeugnisse. Trotz alldem blieb in der Landwirtschaft eine Reihe ungelöster Probleme - der Mangel an Strom und modernen landwirtschaftlichen Maschinen, die Kreditverschuldung der Landwirte sowie der Mangel an Landarbeitern.

Wenn man die Entwicklung der Industrie in der Republik Lettland charakterisieren will, so muss man sagen, dass auch sie Anfang der 20er Jahre von den Folgen des Ersten Weltkriegs schwer getroffen war. Die Industrie verspürte den Mangel an Ausrüstung, an Kapitaleinlagen, preiswerter elektrischer Energie und Rohstoffen. Unter solchen Umständen bestimmte die lettische Regierung keinerlei spezielle administrative Einschränkungen bezüglich der Tätigkeit privater Industrieller und übte auch einen gewissen Protektionismus für die Förderung der Industrie aus. Nach Schätzung der Wirtschaftsforscher waren in der staatlichen Industriepolitik bis zur Weltwirtschaftskrise die Ideen des liberalen Marktes vorherrschend.[238]

In den 20er Jahren nahmen die Vertreter der Minderheiten aktiv am Aufbau der Industrie teil. So wurde schon 1919 der Deutschbalte Robert Erhard zum Handels- und Industrieminister Lettlands und Alexander von Klot zum Staatskontrolleur ernannt. In der Saeima hatte bei der wirtschaftlichen Gesetzgebung der deutschbaltische Abgeordnete John Hahn, Börsensyndikus aus Libau/Liepāja, eine sehr große Rolle gespielt. Als Vorsitzender des Finanzausschusses und Stellvertreter Vorsitzender des Budgetausschusses der Saeima hatte er von 1925 bis 1928 an der Ausarbeitung von zwölf, d.h. beinahe von allen wichtigen, auch

---

[237] Latvija citu valstu saimē. Kulturāli-saimniecisks apskats (Lettland in der Gemeinschaft anderer Völker. Eine kulturell wirtschaftliche Betrachtung). Riga 1935, S. 43.

[238] Siehe: A. Zalts, Nacionālā saimniecība 20 gados. Centieni un sasniegumi. Riga 1938, S. 52.

protektionistischen, wirtschaftlichen Gesetzen sowie am Abschluss der meisten Handelsverträge teilgenommen.[239] Im Jahr 1930 wurde Hahn in den Direktorenrat des Freihafens von Libau gewählt.

Bei der Gestaltung der Industriepolitik spielten auch verschiedene Wirtschaftsorganisationen eine bedeutende Rolle. Von besonders großer Gewichtigkeit war der Rigaer Fabrikantenverein, der seinem Bestand nach auch in der Zeit der Republik Lettland im Grunde genommen eine deutsche Organisation blieb. Dieser Verein reichte z.b. gegen Jahresende 1926 der Regierung ein Memorandum mit der Forderung ein, Handelsverträge mit der Sowjetunion, Polen und Litauen abzuschließen, um die Ausfuhr zu fördern. Im Juli 1927 hatte die linke sozialdemokratische Regierung eine von diesen Forderungen erfüllt und einen Handelsvertrag mit der Sowjetunion abgeschlossen. Dieser Vertrag war für mehrere Großbetriebe mit bedeutendem Kapitalanteil der Minderheiten besonders vorteilhaft, insbesondere aber für die deutsche Aktiengesellschaft „Phönix", weil sie von den alljährlichen 40 Millionen Lat Bestellungen Russlands an Lettland ein Viertel bekam.[240] Das eine Viertel machten gerade Eisenbahnwagen aus, ein Produkt von „Phönix".

Dem in der Industrie spürbaren Mangel an Finanzen versuchte die Regierung Lettlands durch Kredite abzuhelfen. Von der Bank Lettlands wurden ab 1922 kurzfristige Kredite vergeben. Ab 1924 begann die Hypothekenbank Lettlands, langfristige Kredite für 12 Jahre zu vergeben. Die von den beiden staatlichen Banken vergebenen Kredite waren wegen des niedrigeren Zinssatzes im Vergleich zu den Privatbanken für die Unternehmer sehr günstig.

---

[239] LVVA.-F.2626.-Apr.1.-Lieta 4. S. 149-151.
[240] LVVA.-F.1329.-Apr.4a.-Lieta 3025. S. 78.

Der Gesamtbetrag der Anleihen der staatlichen Banken zum 1. August 1929 belief sich auf 395 Millionen Lat.[241] Nach Nationalitäten verteilten sich die Kredite folgendermaßen: zum Jahre 1929 hatten Letten 76,3%, Deutsche 10%, Juden 9,4% und Russen 2% von den Krediten der staatlichen Banken bekommen.[242] Von 1925 bis 1935 hatten die Deutschbalten eine Stelle im Aufsichtsrat und Diskont-Komitee der Lettland-Bank.[243] Man muss sagen, dass die Vergabe der günstigen Kredite eine scharfe Polemik hervorrief. Die lettischen Unternehmer protestierten dagegen, und behaupteten, dass Juden und Deutsche bevorzugt Kredite im Vergleich zu ihrem Eigengewicht der Bevölkerung Lettlands bekommen hätten.[244] Man muss sagen, dass der Staat tatsächlich an einzelne Unternehmer der Minderheiten große Kredite vergab. So bekamen die jüdischen Unternehmer Daniels und Jēkabs Hoffi, die mehrere Flachsverarbeitungsbetriebe in Mitau/Jelgava und Staicele besaßen, eine Anleihe von 8 Millionen Lat, die den der Hypothekenbank bewilligten Betrag weit übertraf, die ca.7 Millionen Lat für das Kreditieren der ganzen Industrie bekam.[245] Auf die Vorwürfe über die Bewilligung eines solchen Kredits antwortete die Bank, sie habe sich vom Prinzip der Nützlichkeit leiten lassen, weil Flachs einer der wichtigsten Exportartikel Lettlands dear Hypothekenbank Lettlands bekamen auch mehrere deutschbaltische Unternehmen Kredite, z.B., wurden 1925 60.000 Lat für 10 Jahre der Aktiengesellschaft „Otto Keller" bewilligt.[246] Anleihen bekamen auch die deutschbaltischen Unter-

---

[241] E. Zālīte, Ārzemju kapitāls Latvijas akciju bankās 1920.-1930.g.: Valdības politika// Latvijas Zinātņu Akadēmijas Vēstis.-1994.-Nr.7/8.-9., S. 10.
[242] Jaunākās Ziņas.-1929.-5. aprīlis.
[243] LVVA.-F.5921.-Apr.1.-Lieta 100. S. 7.
[244] Jaunākās Ziņas.-1929.-5. aprīlis.
[245] Latvija. 2. Saeima. Ārkārtējā sesija. S. 103.
[246] LVVA.-F.4584.-Apr.14.-Lieta 175. S. 2.

nehmen „Paul Boehm",[247] die Aktiengesellschaft „C.CH. Schmidt" für die Rigaer Zementfabrik mit Ölfabrik[248] und die Fabrik von M. Kuzņecovs,[249] wo die lettlandrussischen Unternehmer ihr Kapital investiert hatten.

Die staatliche Statistik fasste auch Daten über die Zweckdienlichkeit der staatlichen Kredite zusammen. So hatte die Lettland-Bank von 1924 bis 1926 auf Kosten verschiedener Kredite fast 8 Millionen Lat (genauer 7.992000 Lat) verloren. Nach Nationalitäten entfielen auf Letten 44,4%, auf Juden 54,67%, auf Deutsche 0,36% und auf Russen 0,04% der Verluste.[250]

Als Argument gegen die Vergabe günstiger Kredite an die Unternehmen der Minderheiten nannten die lettischen Unternehmer die Tatsache, dass die Minderheiten in den privaten Kreditanstalten weit größere Mittel angelegt hatten als die Letten und für sie die Möglichkeit, Kredite von dort zu bekommen, viel größer war.[251]

Wie war denn eigentlich die Situation im Bereich der Aktienkreditbanken und anderer privater Kreditanstalten?

Nach den Berechnungen z.B. der jüdischen Unternehmer selbst waren 1924 in sechs von den Juden gegründeten Banken 60% des gesamten Kapitals der Kreditbanken Lettlands angelegt.[252] Anfang der 20er Jahre bekamen die jüdischen Kreditanstalten in Lettland eine bedeutende Unterstützung von den in den USA gegründeten Wohlfahrtsorganisationen, die nach Lettland eine 30-Millionen Spende und noch einzelne Kredite für die Inbetriebsetzung jüdischer Unternehmen geschickt hatten.[253]

---

[247] LVVA.-F.4584.-Apr.24.-Lieta 56. S. 2.
[248] LVVA.-F.4584.-Apr.24.-Lieta 53. S. 2.
[249] LVVA.-F.4584.-Apr.24.-Lieta 98. S. 2.
[250] Jaunākās Ziņas.-1927.-29. jūnijs.
[251] J. Jurevics, V. Salnais Kredītiestādes 1919-1927 (Die Kreditanstalten 1919-1927). Riga 1929, S. 90-103.
[252] Siehe: L. Dribins, Ebreji Latvijā (Die Juden in Lettland), Riga 1996, S. 16.
[253] Ibidem.

1928 waren in Lettland 20 Aktienkreditbanken tätig.[254] In sieben von ihnen war überwiegend das Kapital der einheimischen Deutschen, in sechs Banken das jüdische Kapital, in einer Bank das einheimische russische Kapital angelegt. Nach Angaben der Letten verfügten1935 die Letten nur über 18% des in den privaten Kreditanstalten angelegten Gesamtkapitals.[255] Ende der 20er Jahre gab es in Lettland auch 23 deutsche Spar- und Darlehensgesellschaften; finanziell zählten sie zu den stärksten in Lettland. Die Bilanz dieser Gesellschaften betrug 1927 9,4 Millionen Lat oder 61,1% von der Gesamtbilanz der Spar- und Darlehensgesellschaften der nationalen Minderheiten.[256]

Die starken Positionen der Juden und der Deutschbalten im Finanzsystem Lettlands wurden dadurch verstärkt, dass meistenteils gerade über die von ihnen gegründeten Kreditbanken das ausländische Kapital in Lettland investiert wurde; z.B. war in der von Deutschbalten gegründeten Bank Liepāja das Kapital des Konsortiums der Deutschen Bank bestimmend.[257]

Die Regierung Lettlands war an den Investitionen des ausländisches Kapitals interessiert, unterstützte jedoch noch direkte Einlagen in die Banken Lettlands. Über diese Bank nahmen mit Hilfe des deutschen Kapitals die Aktiengesellschaft „Phönix" und mit holländischem Kapital die Aktiengesellschaft „Quadrat" ihre Arbeit auf.

Die Kennziffern der Entwicklung der Industriebetriebe der Minderheiten und der Letten waren bis 1934 folgende:

Die erste allgemeine Zählung der Industriebetriebe fand 1935 statt, die Angaben beziehen sich auf das Jahr 1933/1934. In dieser Zeit waren in Lettland 49.774 Handwerk- und Industrieun-

---

[254] E. Zālīte, Rīgas Kredītiestādes 1860-1940// Latvijas Kredītiestādes 20.gs. sākumā un šodien. Riga 1994, S. 22-24; A. Aizsilnieks, Latvijas saimniecības vēsture.1914-1940. Stokholma: Daugava. 1968, S. 313.
[255] Brīvā Zeme.1936.-17. novembris.
[256] J. Jurevics, V. Salnais, Kredītiestādes 1919-1927, Riga 1929, S. 91.
[257] LVVA.-F.3674.-Apr.2.-Lieta 13.- 3.,30.,40.lp; Ibdem. Lieta 14.-2,4.,13.lp.

ternehmen registriert.[258] Davon waren mehr als 41.000 Unternehmen ohne mechanisches Triebwerk und beschäftigten weniger als 5 Arbeitnehmer. Sie wurden als Handwerksbetriebe eingetragen. Die Zahl der Industriebetriebe betrug 8.678. Sie waren mit Maschinenkraft ausgerüstet und beschäftigten mehr als 5 Arbeitnehmer. Diese Unternehmen gehörten zu den Zensus-Unternehmen Lettlands und die Angaben über die Tätigkeit dieser Betriebe wurden vom statistischen Amt jedes Jahr erfasst.

Nach der nationalen Zugehörigkeit konnte man die Handwerks- und einzelnen Eigentümern gehörenden kleinen Industriebetriebe wie folgt einteilen: 73,9% aller Unternehmen, das heißt 35.416 gehörten Letten, 10,43% gehörten Juden, den dritten Platz nahmen mit 6,94% Russen ein, aber auf dem letzten Platz waren die deutschen Handwerksbetriebe mit 4,19% der Gesamtzahl oder mit 2.006 eigenständigen Betrieben.[259]

Aus diesen Zahlen ist zu ersehen, dass im Bereich der Handwerksbetriebe die Letten vorherrschend waren. Es ist zu betonen, das die Handwerksbetriebe in der ganzen Volkswirtschaft keine allzu bedeutende Rolle spielten, weil der Bruttowert ihrer Produkte nur 10,5% des ganzen volkswirtschaftlichen Umsatzes ausmachte. Bei der Auswertung der Bedeutung des Handwerks im Rahmen einzelner Völkergruppen muss man sagen, dass seine Rolle viel größer war.[260]

Die wirtschaftlich stärksten Industriebetriebe Lettlands waren die 922 Unternehmen der gesellschaftlichen Unternehmenstätigkeit oder die Unternehmungen des sogenannten „kollektiven Sektors" und das waren Industrieaktiengesellschaften, Anteils- und volle Gesellschaften sowie Kommanditgesellschaften. Sie

---

[258] Valsts Statistiskās pārvaldes Mēneša biļetens statistikai un konjuktūrai.- 1937. Nr.1/2, S. 133.
[259] Valsts Statistiskās pārvaldes Mēneša biļetens statistikai un konjuktūrai.- 1937. Nr.1/2, S. 136.
[260] Siehe: E. Pabst, Deutschbaltisches Handwerk in Lettland. Jahrbuch des baltischen Deutschtums. Bd. XLIV. 1997, S. 59-69.

erwirtschafteten 204.465.000 Lat vom Gesamtumfang des hergestellten Industrieprodukts in Lettland.[261] Von diesen insgesamt 922 Unternehmen war in 517 oder 56% das lettische Kapital dominant und diese Unternehmen erzeugten Güter für 24,8% vom Gesamtwert des Produkts. Das jüdische Kapital war in 213 oder in 23% der Unternehmen vorherrschend; sie erzeugten Güter für 35,6% vom Gesamtwert des Produkts. Das deutsche Kapital war in 145 oder in 15,7% von der Gesamtzahl der Unternehmen bestimmend und das erzeugte Produkt machte 36,7% vom Gesamtwert des Produkts aus. Die Russen hatten 28 Unternehmen oder 3% von der Gesamtzahl der Unternehmen. Ihr Produkt betrug 0,8% vom Gesamtwert.[262]

Von besonders großer Bedeutung waren die 70 deutschen Industrieaktiengesellschaften, die 40% vom Gesamtprodukt der Industrieaktiengesellschaften erzeugten, sie belegten den ersten Platz nach dem Wert des erzeugten Produkts. Nach dem Umsatz waren die Letten im Bereich des sogenannten „kollektiven Sektors" auf dem dritten Platz, aber den zweiten Platz nahmen jüdische Unternehmen ein.[263]

Während der Industriezählung von 1935 wurde im Bereich des sogenannten „kollektiven Sektors" die Frage über die nationale Zugehörigkeit des Kapitals nicht gestellt. Das wurde später unter Benutzung der alljährlich vom Staat angelegten statisti-

---

[261] Valsts Statistiskās pārvaldes Mēneša biļetens statistikai un konjuktūrai.- 1937. Nr.1/2, S. 137.

[262] Ibidem.

[263] Ibidem: Bei der Auswertung der Lage in einzelnen Industriebereichen, kann man feststellen, dass in einzelnen Zweigen die Teilnahme der Letten besonders gering war, z.B. in der Zellulose- und Papierindustrie, Lederindustrie, Textilindustrie, chemischen Industrie, zum Teil auch in der Nahrungsmittelindustrie. Hier besaßen die deutschen und jüdischen Unternehmen 80 bis 90% vom Gesamtwert des erzeugten Produkts. So war in mehreren Industriezweigen das Eigengewicht der von den lettischen Unternehmen produzierten Waren unbedeutend, nicht größer als 3-5%.

schen Angaben über die Zensus-Unternehmen durch-geführt.[264] Die statistischen erworbenen Ergebnisse wurden erst 1937 veröffentlicht und riefen seitens der Eigentümer keine Einwände hervor.

Im Bereich der Gesellschaftsunternehmen war bedeutendes ausländisches Kapital eingelegt. Zum Jahr 1929 waren in die Industrieaktiengesellschaften 57 Millionen Lat ausländischen Kapitals eingelegt.[265] Nach den Bestimmungen der Regierung vom 6. Oktober 1923 über die Gründung der Aktiengesellschaften musste der Vorstand einer Industrieaktiengesellschaft zu zwei Dritteln und bei sonstigen Aktiengesellschaften zu einem Drittel aus Bürgern Lettlands bestehen, aber das Aktienkontrollpaket durfte sich nur in den Händen der Bürger Lettlands befinden.[266] Unter Ausnutzung dieser Bestimmungen und der in den Vorkriegsjahren geknüpften Kontakte hatten die einheimischen deutschen und jüdischen Unternehmer die besten Möglichkeiten, Lettlands Seite zu vertreten. Wie vor dem Ersten Weltkrieg wurde auch in der Zeit der Republik Lettland das ausländische Kapital in erster Linie in erfolgreiche Unternehmungen angelegt.

Die Verknüpfung des ausländisches Kapitals mit den einheimischen Kapitalinvestitionen der wirtschaftlich stärksten Minderheiten förderte die Herausbildung von Monopolen in einzelnen, besonders gewinnbringenden Industriezweigen und Handelsbereichen. Solche Vereinigungen kontrollierten einen Teil des Binnenmarktes, bestimmten Umfang und Preise des Produkts, z.B. das den deutschen und jüdischen Unternehmern gehörende Bierkartell oder das Handelskartell der „Pharmazeuti-

---

[264] Valsts Statistikas pārvalde.1935.gada vispārējās sējumu –mājlopu un pirmās tirdzniecības – rūpniecības skaitīšanas darbu gaita. Riga 1935, S. 62,105.
[265] Latvijas Statistiskā gada grāmata 1929. Gadam (Stastistisches Jahrbuch Lettlands), Riga 1930, S. 256-257.
[266] Valdības Vēstnesis.-1923.-9.oktobris, S. 1.

ka".[267] Doch es gab in Lettland keine Gesetze, die in den 20er Jahren die Tätigkeit dieser Organisationen einschränkten. [268]

Die Statistiker und Volkswirtschaftler waren der Meinung, dass Letten, die aus den gewinnbringenden Wirtschaftszweigen verdrängt waren, einen niedrigeren Lebensstandard im Vergleich zu anderen Völkern Lettlands hatten. Das beweist auch die Aufteilung der staatlichen Steuern nach Nationalitäten. 1934 machte der Finanzminister Ludwigs Ēķis den Vorschlag, diese Angaben einer Analyse zu unterziehen, und diese Arbeit wurde 1938 zu Ende gebracht. Die Einkommenssteuer wurde in Lettland beim Jahreseinkommen über 2.000 Lat gezahlt, aber wenn das Einkommen aus Entgelt bestand, lag die Besteuerungsgrenze bei 3.334 Lat. 1935 waren die Steuerzahler zu 52,3% Letten, wenn sie auch von der Beschäftigtenzahl 77,7% bildeten. Von den Juden zahlten die Einkommenssteuer 26,3%, obwohl sie nur 3,3% der Beschäftigtenzahl bildeten. Das Eigengewicht der deutschen Steuerzahler war 14%, dabei waren sie unter den Beschäftigten nur mit 2,6% vertreten, Russen bildeten 4,2% der Steuerzahler.[269] Bei der Auswertung im Bereich der Handelsbetriebe hatte das Statistische Amt im Jahr 1936 in ganz Lettland 39.238 Handelsunternehmen registriert.[270] Davon gehörten Letten 56%, Juden 28,5%, Russen 5,8%, aber Deutschen 5,1%.Von Letten waren im Handel insgesamt nur 3,6% beschäftigt, Juden fast die Hälfte 48,8 %, die Deutschen 19,1%.[271]

---

[267] V. Zāgars, Karteļi un Latvijas tautsaimniecība/Ekonomists. 1937.- Nr.13/14, S. 506-509.
[268] V. Zāgars, Karteļi un Latvijas tautsaimniecība / Ekonomists. 1937. Nr.13/14, S. 506.
[269] Finanču un kredīta statistika 1938. gads. Riga 1938, Pielikums D.S. 170, 174-175,178-182, 185,187-192.
[270] Valsts Statistiskās pārvaldes Mēneša biļetens statistiqkai un konjuktū-rai. 1937. Nr.1/2, S. 128-130.
[271] Ibidem. S. 130.

Aus diesen Zahlen lässt es sich schlussfolgern, dass im Handel die lettischen Unternehmen eine viel geringere Bedeutung hatten, als ihr Eigengewicht unter der Bevölkerung war. Bei Deutschen und Juden waren diese Charakteristiken umgekehrt. Es ist noch deutlicher sichtbar, wenn man auswertet, wie die großen und kleinen Handelsbetriebe sich unter den Besitzern verschiedener Nationalitäten aufteilen. Zu den großen Handelsunternehmen gehörten die Betriebe mit einem Jahresumsatz über 200.000 Lats und von 100.000 bis 200.000 Lat. Von allen 1.237 großen Handelsunternehmen gehörten den Letten im Jahre 1936 371 Unternehmen oder 30%, Juden besaßen 592 Unternehmen oder 47,9%, Deutsche 202 Unternehmen oder 16,3%, aber Russen 17 Unternehmen oder 1,7%.[272]

Wenn wir näher auf die Verteilung des Umsatzes nach Unternehmen verschiedener Nationalitäten eingehen, dann stellen wir fest, dass von dem 496,3 Millionen Lat großen Gesamtumsatz der großen Unternehmen fast die Hälfte - 237,5 Millionen Lat jüdische Unternehmen, lettische- 148,9 Millionen Lat, deutsche 81 Millionen Lat, aber russische 6,8 Millionen Lat einbrachte.[273] In der Gruppe der mittleren und kleinen Betriebe nahmen nach ihrem Umsatz den ersten Platz lettische, den zweiten jüdische, den dritten russische und den vierten Platz deutsche Unternehmen ein.

Es ist zu ersehen, dass vom Gesamtbetrag des Handelsumsatzes in der Gruppe der großen Handelsunternehmen Deutsche und Juden zusammengenommen bestimmend waren. Bei dem damaligen Entwicklungsstand des Handels war der Kleinhandel, der bei den Letten vorherrschend war, nur Ausdruck einer gewissen Beschäftigung, deren Ergebnis das Entgelt, aber nicht der Gewinn war. Ganz anders war die Lage bei den großen Handelsunternehmen. Das waren hauptsächlich gewinnbringende Unter-

---

[272] Ibidem. S. 129.
[273] Ibidem. S. 132.

nehmen, die in den meisten Fällen für den Außenhandel arbeiteten. Das bestätigt auch die Einteilung nach Nationalitäten der im Handel beschäftigten Einkommenssteuerzahlern: Juden waren 47,9% von allen Einkommenssteuerzahlern, Letten 32,4%, Deutsche 12%, aber Russen 3%.[274]

Die wirtschaftlichen Positionen der Letten waren stärker im Bereich der Immobilien. Das widerspiegelt auch die Aufteilung der Steuerzahler nach Nationalitäten. Letten waren 44%, Juden 22,5%, Deutsche 21% und Russen 9,3%.[275]

Die Zeit des Autoritarismus leitete in Lettland eine neue Wirtschaftspolitik ein. Es wurde damals von der Rationalisierung der Industrie gesprochen, um ihre Konkurrenzfähigkeit auf dem europäischen Markt zu steigern und die Landesverteidigung zu stärken. Doch man muss sagen, dass in dieser Zeit die Wirtschaftspolitik nicht einheitlich war und widersprüchliche Elemente enthielt. So behauptete der Vorsitzende der Handels- und Industriekammer Andrejs Bērziņš im Frühjahr 1939, dass Lettland es für nötig halte, einen eigenen Weg in der Wirtschaftspolitik zu gehen, und das Endziel der Regierung Lettlands sei die Entwicklung der privaten Wirtschaft.[276] Dagegen bezeichnete der bekannte Volkswirtschaftler A. Aizsilnieks das in den 30er Jahren in Lettland ausgebaute Wirtschaftssystem als eine vom Staat ohne Plan dirigierte Wirtschaft.[277]

In Europa wurde die Wirtschaftspolitik der lettischen Regierung am häufigsten gerade mit der Einführung des Staatskapitalismus und mit der direkten Beteiligung des Staates an der unternehmerischen Tätigkeit in Verbindung gebracht. Es

---

[274] Finanču un kredīta statistika 1938.gads. Riga 1938. Pielikums D.-.-S. 180-181.
[275] Ibidem.
[276] A. Bērziņš, Latviešu saimniecībai. Latvijas tirdzniecī bas un rūpniecības kameras priekšsēdētāja Andreja Bērziņa runas. 1934.-1939. Riga 1939, S. 140,148.
[277] A. Aizsilnieks, Latvijas saimniecības vēsture 1914-1945. Daugava, S. 608.

wurde anerkannt, dass in Lettland ein System geschaffen worden war, im Rahmen dessen der Staat direkte Kontrolle der Industrie verwirklichen konnte.[278]

Die Umgestaltung der Industrie ging folgendermaßen vor: Zur Hauptmethode der industriellen Umgestaltung wurde die Gründung vom Staat finanzierter nationaler Aktiengesellschaften. Die wichtigsten Instrumente bei der Verwirklichung dieser Politik waren 6 Kammern und die Kreditbank Lettlands. Die Kammern waren spezifische staatlich-gesellschaftliche Organisationen, die einen bestimmten Bereich der wirtschaftlichen Tätigkeit vertraten und deren Aufgabe es war, die staatlichen und privaten unternehmerischen Interessen in Einklang zu bringen. Die wichtigsten der Kammern waren die Handels- und Industriekammer und die Gewerbekammer. Parallel wurden 90 berufliche eingetragene Vereine der Kaufleute, Industriellen und Handwerker aufgelöst, aber ihr Vermögen im Umfang von 1.231.208,56 Lat entweder von der Kammer oder von der Kommune übernommen.[279] Am schwersten waren davon die Deutschbalten betroffen, weil 14 deutsche Wirtschaftsorganisationen geschlossen und ihr Eigentum beschlagnahmt wurde, darunter auch die historischen Gebäude der Großen und der Kleinen Gilde.[280] Der deutsche Botschafter in Lettland von Schack schätzte in seinem Bericht vom 1. Juli 1936 an das Auswärtige Amt das Vermögen dieser beiden Vereine (Mobilien und Bilanz) insgesamt auf 4 Millionen Lat ein.[281]

---

[278] Siehe: The Baltic States. A Survey of the Political and Economics Structure and the Foreign Relations of Estonia, Latvia and Lithuania. London 1938. S. 153.
[279] Latvijas Kredītbanka. Darbības pārskats par 1936. gadu. Riga 1937, S. 122/3.
[280] LVVA.-F.5921.-Apr. 1.- Lieta 100. S. 4.
[281] PAAA.- R 31287.-Pol.25.-Bd.5.-.-Blatt E 680450-E 680457.

Die Kreditbank Lettlands wurde am 11. April 1935 gegründet. Ihr wurden nicht nur die üblichen Bankfunktionen übertragen. Sie beschäftigte sich auch mit der Auflösung zahlungsunfähiger Betriebe sowie mit dem Verkauf allgemeiner, aber auch mit der Auflösung der allgemeinen Staatsinteressen nicht entsprechender und für Verteidigungszwecke notwendiger Unternehmen. Die aufzulösenden Unternehmen (ihre Aktien) kaufte der Staat oder private Organisationen den ehemaligen Besitzern ab.[282] Für die Besitzer war das ungünstig, weil gewöhnlich nicht bar gezahlt wurde, sondern mit den Pfandbriefen der Hypothek- oder Landesbank Lettlands, deren Verkaufsmöglichkeit eingeschränkt waren.

Bis zum 1. Januar 1939 hatte die Kreditbank 230 Unternehmungen, darunter 19 Kreditanstalten, 180 kooperative Organisationen, 31 Handels- und Industrieunternehmen aufgelöst oder abgekauft.[283]

Die Kreditbank stellte die Tätigkeit dieser Unternehmen nur im juristischen Sinne ein. Überwiegend wurde die Produktion nicht eingestellt und auf der Grundlage eines oder mehrerer Unternehmungen wurde ein nationales Unternehmen – eine Aktiengesellschaft gebildet, in der das Aktienkontrollpaket dem Staat gehörte. Bis 1939 gab es schon 38 Aktiengesellschaften mit einem Kapital von 103,6 Millionen Lat. Das bildete fast die Hälfte vom Gesamtkapital der Aktiengesellschaften, das 213,9 Millionen Lat betrug.[284]

Was könnte man über die aufgelösten Unternehmen sagen? Hier einige Beispiele aus den Tätigkeitsberichten von 1936-1938 der Kreditbank Lettlands. Im Jahr 1936 wurde als größte mit dem Anteil des deutschen Kapitals tätige Unternehmung die Aktien-

---

[282] Siehe: Valdības Vēstnesis. 1937. 29. De cembris. Nr.295.
[283] Siehe: Latvijas Kredītbanka. Darbības pārskats par 1937. Gadu. Riga 1938, S. 79. Latvijas Kredītbanka. Darbības pārskats par 1938. gadu. Riga 1939, S. 84.
[284] Latvijas Kredītbanka. Darbības pārskats par 1938. Gadu. Riga 1939, S. 77.

gesellschaft „Phönix" aufgelöst. Ihr Aktienkapital betrug 5,2 Millionen Lat, aber der Bilanzstand war 10,1 Millionen Lat. Auf ihrer Grundlage wurde die nationale Aktiengesellschaft „Vairogs" gebildet.[285]

Im Jahr 1937 wurden folgende, den Minderheiten gehörende Unternehmen aufgelöst: die „Bierbrauerei Ilģuciems" und Brauereiaktiengesellschaft „Tannheisers", auf deren Grundlage die nationale Aktiengesellschaft „Aldaris" geschaffen wurde.[286] Die Schokoladenaktiengesellschaft „Th. Riegert", die eine der modernsten Unternehmungen dieses Industriezweiges im Lande war, wurde ebenfalls aufgelöst, aus der wurde die nationale Aktiengesellschaft „Laima" gebildet.[287]

Von den 1938 aufgelösten Unternehmen waren drei mit einem bedeutenden Kapitalanteil der Minderheiten: die Handels- und Industrie- Aktiengesellschaft „Buffalo" (Grundkapital 3.000.000 Lat), die Pharmazie und Chemie Aktiengesellschaft „I. Hertel" (Grundkapital 40.000 Lat) und die „Erste Rigaer Versicherungsgesellschaft".[288] In diesem Jahr wurde auch die Aktiengesellschaft „Latvijas Kokvilnas Ražojumi" („Lettische Baumwollerzeugnisse") mit gemischtem, einheimischem Kapital, in deren Vorstand entsprechend 3 lettische, 10 jüdische, 11 deutsche und 1 russischer Unternehmer waren, aufgelöst. Das genannte Syndikat vereinigte die 7 größten Spinnereien und Webereien und sein Jahresumsatz betrug fast 20 Millionen Lat.[289] Diese Unternehmung wurde als den Interessen des Staates nicht entsprechendes Unternehmen aufgelöst, das sich alleiniges Vorrecht in dem betreffenden Industriezweig gesichert hatte.

---

[285] Latvijas Kredītbanka. Darbības pārskats par 1936. gadu. Riga 1937, S. 497.
[286] Latvijas Kredītbanka. Darbības pārskats par 1937. gadu. Riga 1938, S.114,115.
[287] Ibidem.
[288] R. Mežs, Savtīgā sindikāta gals/ Latvijas Darba Kame ras ziņas. 1938. Nr. 3. 1.februāris, S. 14.
[289] Ibidem.

Die nationale Umgestaltung von Industrie und Handel, die der Politik des „gerechten Ausgleichs" entsprang, führte in einzelnen Wirtschaftszweigen zum Sinken sowie auch zur Umstrukturierung der Kapitaleinlagen der Minderheiten.

Zum Beispiel, die Gesamtinvestitionen in die Brauereiindustrie waren 1936 ungefähr 4,3 Millionen Lat, hiervon entfielen auf Unternehmen mit lettischem Kapital 18%, auf Unternehmen mit deutschem Kapital 27% und mit jüdischem Kapital 55%. Nach der von der Kreditbank verwirklichten Umstrukturierung waren im Jahre 1938 die Gesamtinvestitionen 5,8 Millionen Lat, wobei 83% auf lettisches Kapital, 13% auf deutsches Kapital, und 4% auf jüdisches Kapital entfielen.[290] In die Süß- und Konditoreiwarenindustrie betrugen die Kapitalinvestitionen bis zum Jahr 1937 circa 4.790.000 Lats, wobei auf lettisches Kapital 50%, 4% auf jüdisches und 9% auf deutsches Kapital entfielen. Dagegen betrugen die Kapitalinvestitionen im Jahre 1939 4.740.000 Lat, wovon 77% auf Unternehmen mit lettischem Kapital, 1% auf deutsches Kapital und 22% auf jüdisches entfielen.[291]

Die Tätigkeit der Unternehmen der Minderheiten wurde auch dann eingeschränkt, wenn sie in ihrer Branche mit den staatlichen nationalen Aktiengesellschaften konkurrieren mussten, weil nur letztere die staatlichen Aufträge bekamen. In diesem Zusammenhang ein Beispiel aus dem Bereich der Tätigkeit Kohlenlieferungsfirmen: 1937 nahm die staatliche Aktiengesellschaft „Ogle " („Kohle") ihre Tätigkeit auf, die in ihren Händen 76% der gesamten Kohlenlieferung an staatliche und kommunale Behörden hielt. Bis dahin wurden die Lieferungen von 2 deutschen Firmen, der des einheimischen Deutschen Jessen und des Reichsdeutschen Schmidt gesichert, die ihre Tätigkeit nach der Gründung von „Ogle" fast um 60% reduzieren mussten.[292]

---

[290] LVVA.-F.3674.-Apr.2.-Lieta S. 567.-281.
[291] Ibidem.
[292] Ibidem. S. 247-248.

Die private Unternehmertätigkeit wurde bei den Umgestaltungen in der Volkswirtschaft auch durch mehrere in den 30er Jahren verabschiedete Gesetze eingeschränkt. So unterstellten die in den Jahren 1934 und 1935 verabschiedeten Gesetze den Importhandel der Kontrolle des Finanzministers, der Scheine für Handelsgeschäfte aushändigte. Am 22.12.1937 wurde das Gesetz über die Umregistrierung der Statuten von Aktiengesellschaften im Finanzministerium verabschiedet. Die Verweigerung der betreffenden Erlaubnis bedeutete die Schließung des Betriebes.

Wie waren die Ergebnisse der industriellen Entwicklung Lettlands nach dem Jahr 1934?

Zum Jahr 1938 stellte die Regierung fest, dass die Industrie Lettlands die besten Kennziffern in ihrer wirtschaftlichen Entwicklung für die Zeit der Republik Lettland aufzuweisen hat.[293] Nach den statistischen Berechnungen des Völkerbundes nahm Lettland nach dem Wachstumstempo des Industrieproduktes einen der ersten Plätze in Europa ein.[294] Von 1933 bis 1938 war die Beschäftigtenzahl in der Industrie um 40.000 gestiegen.[295] Zu den größten Betrieben Lettlands, die 1938 mehr als 1.000 Arbeiter beschäftigten, gehörten auch mehrere Fabriken mit Anteilen deutschen und jüdischen Kapitals. Mehrere mit einheimischem deutschen und jüdischen Kapital arbeitende Fabriken steigerten auf Kosten der Betriebsmodernisierung ihre Produktion und spielten eine große Rolle in der Wirtschaft Lettlands.[296] Im Jahr 1938 gehörten den Deutschbalten 64 Aktiengesellschaften mit 57,2 Millionen Lat Grundkapital und 1.578 Handelsunterneh-

---

[293] LVVA.-F.1691.-Apr.1.-Lieta 3314. S. 11.
[294] Siehe:League of Nations. Statistical Yearbook 1938/ 1939. Geneva 1939, S. 181. Wenn man den Wert des 1929 erzeugten Industrieprodukts für 100 annimmt (Produktionsindex), dann 1939 war der Zuwachs bei Lettland 173.
[295] Latvijas Statitiskā gadagrāmata 1939.gadam. Riga 1940, S. 133-135.
[296] Z.B., mit dem einheimischen deutschen Kapital arbeitende Maschinenfabrik und Roheisengießerei „G. Waldispril".

mungen oder 27,3% der Gesamtzahl der größten Handelsfirmen mit einem 115 Millionen Lat großen Gesamtumsatz.[297]

Bei der Umsiedlung der Deutschbalten in den Jahren 1939-1940 wurden 46 Unternehmungen als für die weitere Entwicklung des Handels zwischen Deutschland und Lettland wichtig festgestellt und ihre Tätigkeit wurde weiter zugelassen.[298] Das waren die großen, mit einheimischem und mit gemischtem ausländischen Kapital arbeiteten Unternehmungen, die Aktiengesellschaften „Leverkus und Söhne", „Siemens", „Helmsing und Grimm", „Bank-Liepāja". Es sei hinzuzufügen, dass im Jahr 1939 von den früheren Banken mit einem Anteil des einheimischen Kapitals der Minderheiten 3 ihre Tätigkeit fortsetzten: eine mit Kapitaldominanz der Deutschen (Liepāja-Bank mit einer Bilanz von 12,2 Millionen Lat) und 2 Banken mit jüdischer Dominanz (Die Handelsbank-Liepāja mit einer Bilanz von 4 Millionen Lat und Nordbank mit einer Bilanz von 5,1 Millionen Lat). Ihre Gesamtbilanz betrug 21,3 Millionen Lat von den 262,4 Millionen Lat, die die Gesamtbilanz der Aktienkommerzbanken Lettlands bildeten.

Die jüdischen Unternehmer beteiligten sich aktiv an der Rationalisierung der Betriebe ihrer Branche. Mitte 1939 gründeten eine von 2 Wirtschaftsvereinigungen in der Furnierindustrie, die Aktiengesellschaft „Multiplex", die 5 Einzelunternehmer vereinigte.

So lässt es sich schlussfolgern, dass die Maßnahmen des autoritären Regimes zwar die Wirtschaftstätigkeit der Minderheiten einschränkten, doch es gelang ihm nicht, sie zu unterdrücken.

Die vom lettischen Staat von 1920 bis 1934 verwirklichte Wirtschaftspolitik gab den Unternehmern der Minderheiten die Möglichkeit, sich aktiv an der wirtschaftlichen Entwicklung des

---

[297] Rīgas Vēstnesis.-1939.-26.oktobris.
[298] LVVA.-F.2570.-Apr.3.-Lieta 368.- 29-30.lp.

Landes zu beteiligen, was Deutsche und Juden besonders erfolgreich ausnutzten. Indem sie ihr Kapital in wirtschaftlich effektive Zweige und Eigentumsarten investierten, fiel die Einkommensaufteilung unter den in Lettland lebenden Nationalitäten zu Gunsten des jüdischen und deutschen Bürgertums aus. Anders war die Lage der russischen Minderheit. 80% der Russen beschäftigten sich mit Landwirtschaft, 7% waren in der Industrie, nur 4% im Handel tätig. Hierdurch unterschieden sich die Russen von allen anderen Einwohnern Lettlands. Die Beschäftigung der russischen Einwohner mit Landwirtschaft in Lettgallen, dem wirtschaftlich am schwächsten entwickelten Teil Lettlands, förderte keinesfalls ihre soziale Mobilität, ihre Bestrebungen nach Ansehen verschaffenden Arbeitsgebieten und Wirtschaftszweigen. Wenn man das soziale Porträt der Russen einschätzt, so lassen sie sich nicht unter die wirtschaftlich und sozial erfolgreichsten Einwohnergruppen einreihen.

Die Lage der Letten hatte sich im Vergleich zu der Situation vor dem Ersten Weltkrieg wesentlich verändert. Damals gehörten den Letten nur ca 10% von allen Industriebetrieben auf dem Territorium Lettlands. Demgegenüber hatte sich in den 20er Jahren eine stabile Schicht lettischer Eigentümer in Landwirtschaft, Gewerbe, eigenständiger Industrie und Immobilienbranche gebildet. Da die Letten keine bedeutenden Positionen in der Großproduktion Lettlands einnehmen konnten, war ihre finanzielle und soziale Lage ungünstiger im Vergleich zu den Hoffnungen, die in der anfänglichen Entwicklungsphase Lettlands gehegt wurden.

Darum wurde es zum Ziel gesetzt, die wirtschaftlichen Positionen der Letten sowohl gegen das ausländische Kapital als auch gegen das der einheimischen Minderheiten zu stärken. Doch, obwohl in den Jahren des autoritären Regimes die Losung über Lettifizierung von Handel und Industrie aktuell war, waren die lettischen Unternehmer keine unmittelbaren Gewinner.[299] Die Verwirklichung der Idee nationaler Wirtschaft Unterwerfung des privaten, darunter auch lettischen Kapitals. Doch insgesamt betrachtet blieb auch in den 30er Jahren in der Wirtschaft der Pluralismus erhalten.

---

[299] 1936 streuten die in Lettland gebildeten nationalen A/G Vorzugsaktien gestreut, deren Nennwert 100 Lat war und die die lettischen Unternehmer erwerben konnten. Eigentlich betrug der Gesamtbetrag der Aktien in keinem Fall dieser 14 Unternehmen 25% vom Grundkapital dieses Unternehmens, und so wurde keines von diesen reprivatisiert.

WANDLUNGEN IN RIGAS STADTBILD WÄHREND DER 1930ER JAHRE UND BEGLEITENDE KONTROVERSEN ZWISCHEN LETTISCHER UND DEUTSCHBALTISCHER PRESSE

Andreas Fülberth

Setzt man sich mit dem ethnischen Wandel in der baltischen Region auseinander, so liegt es aus mindestens zwei Gründen nahe, in diesem Zusammenhang auch der baulichen Entwicklung der Metropole dieser Region Aufmerksamkeit zu widmen. Freilich könnten daneben andere Städte in die Betrachtung einbezogen werden, Riga allerdings dürfte unter keinen Umständen ausgeklammert bleiben; denn in der Großstadt an der Düna treten die beiden gemeinten und voneinander zu trennenden Aspekte, die schon der Titel des vorliegenden Beitrags andeutet, besonders eindringlich zutage: Zum einen spiegeln unter den Baumaßnahmen, in deren Ergebnis Rigas Erscheinungsbild als Ganzes eine Veränderung erfahren hat, zumindest manche den ethnischen Wandel unmittelbar wider; zum anderen zeigt das Thema Stadtausbau - ohnehin ein Streitthema par excellence - sich anfällig, in einem jener öffentlich ausgetragenen Konflikte zu münden, wie sie im Gefolge nationaler Mehrheits- und Machtverschiebungen unausweichlich scheinen und meist dutzendfach vorkommen. Letzteres macht die Befunde, die die nachfolgenden Ausführungen im Hinblick auf die Diskussionskultur zwischen Letten und Deutschbalten während der dreißiger Jahre des 20. Jahrhunderts liefern, paradigmatisch auch für andere Lebensbereiche im damaligen Baltikum und zumal in Lettland, eben weil sie die Konfliktträchtigkeit des Umbruchs in Bevölkerungsstruktur und Machtverteilung, der sich hier vollzogen hat, exemplifizieren.

Forum der vorzustellenden Debatte war auf deutscher Seite die „Rigasche Rundschau". Mit wie viel Eifer ein jeweiliges lettisches Presseorgan sich an ihr beteiligte, hing zum Zeitpunkt ihrer Kulmination augenscheinlich vom spezifischen Maß an Nähe der einzelnen Zeitung oder Zeitschrift zum seit Mai 1934 autoritär herrschenden Ulmanis-Regime ab. Die Quellenauswertung hat angesichts dessen im Wissen um die subtile allmähliche Einschränkung der - andererseits nie gänzlich aufgehobenen - Pressefreiheit unter Ulmanis zu erfolgen; ein Eindruck von der damals praktizierten Art von Zensur vermittelt sich beispielhaft darin, dass ein angeblich zu häufiger Gebrauch des Wortes "Heimat" an Stellen, an denen es auch "Lettland" hätte heißen können, die „Rigasche Rundschau" Mitte 1938 ein Bußgeld kostete.[300] Unbeeinflusst scheinen die uns interessierenden Kontroversen indes vom Umstand der getarnten Gleichschaltung[301] der „Rigaschen Rundschau" auf NSDAP-Linie, jedenfalls insofern, als auch die 1933 demontierten Mitarbeiter sich mutmaßlich kaum anders über Rigas bauliche Gestalt geäußert hätten als diejenigen, die dem neuen Kurs voran eilten, sich ihm angepasst hatten oder in die Redaktion nachgerückt waren.

In welcher Hinsicht und durch welche Projekte wandelte sich nun seinerzeit der Anblick Rigas?

Vergegenwärtigt man sich, welch tiefe Spuren zwei Weltkriege sowie die jeweiligen Bevölkerungsexplosionen vor dem Ersten und nach dem Zweiten Weltkrieg im heutigen Gesicht Rigas hinterlassen haben, so verzeichnet man beinahe überrascht den nicht unerheblichen Prägungsanteil am Stadtbild, der neben

---

[300] Bestrafung der „Rigaschen Rundschau", in: Baltische Monatshefte, Jahresband 1938, S. 365.
[301] Ausführliche Informationen hierüber bei Hans von Rimscha, Die Gleichschaltung der „Rigaschen Rundschau" im Jahre 1933. Aus meinen Erinnerungen, in: Baltische Hefte 21 (1975-1977), S. 178-197; vgl. auch ders., Publizistik auf unterhöhltem Boden, in: Jahrbuch des baltischen Deutschtums 26 (1979), S. 118-151.

alledem auf die Zwischenkriegszeit entfällt. Immerhin zwei der Schöpfungen jener Jahre mögen Kenner Rigas sogar zu dessen Wahrzeichen rechnen: das 1935 vollendete Freiheitsdenkmal sowie, ihrer Originalität wegen, die aus vormaligen Hangars konstruierten Markthallen von 1930.[302] Wer in entsprechend zentralen Bereichen der Stadt nach weiteren markanten öffentlichen Gebäuden der Jahre 1920-1940 sucht, stellt dann fest, dass diese annähernd ausnahmslos aus dem letzten Viertel jener Periode stammen, also unter den Bedingungen der autoritären Ulmanis-Herrschaft entstanden: Zu nennen wären das Finanzministerium, der an den Pulverturm angefügte Neubau des Kriegsmuseums, das noch immer als Rigas größtes Kaufhaus bekannte damalige „Armeewarenhaus" sowie schließlich der Justizpalast (das spätere Ministerratsgebäude), welcher im Gegensatz zu den drei anderen aufgezählten Bauten nicht innerhalb der Altstadt, sondern mehrere hundert Meter von ihr entfernt errichtet wurde. (Abb. 1)

Dass Finanzministerium, Kriegsmuseum und Armeewarenhaus auf Flächen inmitten Alt-Rigas von keineswegs rechtwinkligem Zuschnitt gezwängt wurden, bestimmt Art und Ausmaß ihrer Wahrnehmung durch die Nachwelt. Aufgrund ihres aus heutiger Perspektive kritikwürdigen Eingreifens in ein gewachsenes Gefüge - die mittelalterliche Hansestadt mit ihren teils winzigen Parzellen - wirken sie einerseits prägend; zugleich jedoch lenken sie heutzutage nicht automatisch Interesse auf sich selbst. So hielt beispielsweise kaum einer der deutschsprachigen Reisebuch-Autoren, die nach 1991 über Riga und das Baltikum schrieben, ihre Entstehungsgeschichte für erläuternswert oder

---

[302] Als die bedeutendste Bereicherung Rigas zwischen den Weltkriegen werden die meisten Letten berechtigterweise den Brüderfriedhof empfinden; doch sie dürften auch die Einschätzung teilen, dass er die für „Wahrzeichen" anzusetzende Definition „Erkennungszeichen einer Stadt" allenfalls bei Angehörigen der eigenen Nation erfüllt. Schon infolge seiner innenstadtfernen Lage hat es der eindrucksvolle Ehrenfriedhof schwer, einer Rolle als Wahrzeichen gerecht zu werden.

machte Angaben zu ihrem genauen Alter. Bei neutraler platzierten Vorzeigebauten wie dem an die Freifläche der Esplanade grenzenden Kunstmuseum oder der ihm benachbarten jetzigen Kunstakademie blieben hingegen die wenigsten unter den betreffenden Autoren die Recherche von derlei Daten schuldig.[303] Diese Beobachtung sei nur als Symptom erwähnt, das verdeutlicht, dass die Erwartung der Erbauer etwa des Finanzministeriums, es werde eines Tages ähnlich bewundernd registriert werden wie der nahe gelegene Dom und allemal bewundernder als die Große Gilde vis-a-vis, nicht aufgegangen sind und dass es Argumente gegen die gewählten Standorte gibt, die über den Gesichtspunkt des Verlusts der Vorgängerbebauung und der Verletzung des städtebaulichen Ensembles hinausgehen.

---

[303] Am meisten fällt die regelrechte Ausblendung des Finanzministeriums auf; mit dessen Nennung samt Baudaten (auf S. 60) bildet das Reisebuch des Verfassers dieses Aufsatzes (Andreas Fülberth, Lettland – Riga. Ein illustriertes Reisehandbuch. Bremen 1994) eine seltene Ausnahme. Mit einer etwas stiefmütterlichen Behandlung des Justizpalastes bestätigt es gleichwohl die Regel - schließlich ging es darum, einen Reise- und keinen Architekturführer vorzulegen; Aufgabe war es mit anderen Worten, Riga mit den Augen des Touristen zu durchstreifen, der sich erstmals in der Stadt aufhält. Für unseren Zusammenhang bezeichnend ist die Art, wie der Justizpalast im klassischen Schnellschuss unter den damaligen Reiseführen vorkommt (Hilke Maunder, Baltische Staaten. Köln 1993, S. 221): Bauzeit und sogar Architekt – wenn auch Letzterer (Fridrihs Skujiņš) mit Schreibfehlern beim Vor- *und* Nachnamen – finden sich aufgeführt, nicht jedoch die Funktion, in der das Gebäude errichtet wurde. Eine eigene Note hat die Nichtbeachtung von Justizpalast und Finanzministerium bei Marianne Mehling (Hg.), Knaurs Kulturführer in Farbe: Estland, Lettland, Litauen. München 1993; denn unter den recht zahlreichen Stichwörtern unter der Rubrik „Profanbauten" tauchen umso mehr Bauten der Sowjetzeit auf – von der Akademie der Wissenschaften bis hin zu den Hotels „Latvija" und „Rīga". Die Angaben zum Kriegsmuseum (unter dem Nachschlagebegriff „Pulverturm", S. 156) sind hier im Wesentlichen korrekt, allerdings schwer verständlich.

Für Lettlands politische Führung bildete dieser Verlust durch Abriss unterdessen geradezu das Hauptargument, ihre architektonischen Aushängeschilder fast allesamt auf dem Areal der Rigaer Altstadt anzusiedeln. Sie bezweckte damit vor allem eins: Lettisches sollte an die Stelle von Deutschem treten; und dies konnte hier auf die plastischste nur denkbare Weise geschehen. Wie sehr die Intention, den Bestand an vom Stil her eindeutig als „deutsch" identifizierbarer Bausubstanz regelrecht zu minimieren, Priorität bei der Bestimmung der Grundstücke für neue Gebäude genoss, zeigte sich, wenn bei der konkreten Planung eines Großprojekts letztendlich doch Kompromisse in Bezug auf die Realisierung des Raumprogramms eingegangen wurden, nur um die zuvor auserkorene Stelle in der Silhouette respektive im Straßennetz Alt-Rigas mit dem ihr zugedachten Prestigeobjekt besetzen zu können. Beim wichtigsten derartigen Objekt handelte es sich um ein für die Mitte der Düna-Front der Altstadt vorgesehenes städtisches Bürohaus mit sechs Geschossen sowie einem Turm, welcher dem Planungsstand von 1939 zufolge selbst denjenigen der Petrikirche knapp überragt hätte; die Verwirklichung dieses Vorhabens blieb auf die Ausführung der dazu notwendigen Abbrüche zwischen Flusspromenade und Rathausplatz beschränkt, einen Vorgang, der sich bei den deutschen Angriffen im Juni 1941 als fatal für das Schwarzhäupterhaus erweisen sollte. Das besagte Bürogebäude bzw. „Stadthaus" hätte jedenfalls die in Riga seit langem akute Rathaus-Frage lösen und endlich sämtliche kommunalen Verwaltungseinrichtungen unter einem Dach unterbringen sollen; im entscheidenden Stadium der Entwurfsarbeit jedoch, als sich abzeichnete, dass es dazu eines noch gewaltigeren Gebäudekomplexes bedürfte, entschloss man sich, lieber weiterhin Abteilungen auszulagern, als den aus Sicht der lettischen Regierenden symbol- und prestigeträchtigen Bauplatz an der Düna zugunsten eines anderen aufzugeben. Niemandem kam es in den Sinn, ihn statt mit dem Stadthaus mit einem der nicht wenigen übrigen öffentlichen Gebäude, für die man damals

Neubauten ins Auge fasste, zu füllen. Nach einer Alternative, was das Gelände für das Stadthaus betrifft, hätte kaum gesucht werden müssen, wenn es denn nur außerhalb der Altstadt hätte liegen dürfen: Noch 1935 war dem künftigen Stadthaus das südliche Eckgrundstück zwischen Waldemar- und Rainis-Boulevard zugewiesen worden; und es existierte sogar eine Reihe prämierter Entwürfe aus einem seinerzeit unter Zugrundelegung dieses Standorts veranstalteten Architektenwettbewerb. Den Vorgaben von 1935 gemäß errichtet, hätten Rigas Verwaltungssitz und sein möglicher Turm sich in die Umgebung des Nationaltheaters und zum Beispiel in dieselbe Gebäudeflucht wie das hier schon erwähnte Kunstmuseum eingeordnet. (Abb. 2)

Im Gegensatz zu den noch fertig gestellten „Monumentalbauten", wie Kriegsmuseum, Finanzministerium, Justizpalast und Armeewarenhaus, die zeitgenössisch bei jeder Gelegenheit genannt wurden, hätte das Stadthaus auch an dem 1938 auf Kosten der Altstadt gewonnenen Standort immerhin einen als regelmäßig zu bezeichnenden Grundriss bekommen – am wahrscheinlichsten einen trapezartigen. Die Fassaden zum Rathausplatz und zum Flussufer hin wären ziemlich sicher parallel verlaufen. Mit zwei parallelen Fassaden hätte es indes bereits etwas besessen, worüber keiner der vier anderen Bauten verfügt. (Abb. 3)

Seine beiden eigentümlichsten Denkmäler setzte Kārlis Ulmanis sich mit dem Finanzministerium, indem er es auf einer Straßeninsel platzieren ließ, die vormals mittig geteilt war und erst in ihrer vereinigten Form eine der ungleichmäßigsten in ganz Alt-Riga darstellt, sowie mit dem Domplatz, der dieselbe Vorgehensweise repräsentiert, diesmal mit einer Platzanlage als Ergebnis. Durch den ersatzlosen Abriss dreier Bebauungs-gruppen vor der Nordwand des Doms verschwanden nämlich auch hier uralte Gassenverläufe aus dem Stadtgrundriss: Seit Jahrhunderten bebaute schiefwinklige Flächen verschmolzen zu einer großen unbebauten; die Schiefwinkligkeit jedoch blieb an dem Gebilde, welches Ulmanis 1937 am dritten Jahrestag seines Staatsstreichs als „Platz des 15. Mai" einweihte, derart haften, dass es im Lichte klassischer Städtebau-Leitsätze der Bezeichnung als Platz tatsächlich kaum würdig schiene; gesellt sich doch zur sonderbaren Gesamtform die ebenso sonderbare Ausrichtung im Verhältnis zu den Zufahrtsstraßen.

Die Ideen zur nördlichen Freilegung des Doms sowie zur Platzierung des Finanzministeriums sollen, so die einhellige Schilderung in zeitgenössischen Texten, von Ulmanis persönlich ausgegangen sein. Verklärungen der Verdienste des Minister- und späteren Staatspräsidenten waren in der zweiten Hälfte der dreißiger Jahre an der Tagesordnung, sodass sich dabei der Verdacht einer Überzeichnung aufdrängt. Gleichwohl besteht die Wahrscheinlichkeit eines wahren Kerns, da durchaus nicht jede der hier thematisierten Projektideen mit angeblichen Anregungen aus Ulmanis' Mund in Verbindung gebracht wurde. Zudem fand die Freigabe des Blicks auf den Dom nach anfänglicher Skepsis ungeahnten Anklang aufseiten der Fachöffentlichkeit; schon 1936, im zweiten Jahr der Abbruchtätigkeiten, überwog deutlich ein positiver Tenor. Hätte ein potenzieller anonymer Initiator darauf verzichtet, die Anerkennung aus den Reihen seiner Architektenkollegen für sich zu vereinnahmen, so hätte dies folglich ein Höchstmaß an Ergebenheit bereits zu einer Zeit, als der Personenkult um Ulmanis sich erst noch aufbaute, bedeutet. Aufgrund früherer oder späterer Äußerungen scheiden im Übrigen mehrere führende Architekten des Landes als Beteiligte an der Ideenfindung zweifelsfrei aus.

Fest steht, dass die Abrissmaßnahmen zur Schaffung des Domplatzes - ob nun durch dessen Zuschreibung an den Politiker Ulmanis mitbedingt oder davon unabhängig - manchen Rigaer Deutschen aller Fortschrittsbegeisterung zum Trotz wehmütig stimmten und dass sie in der weiteren Folge zumindest indirekt zum Auslöser einer mehrmonatigen Polemik zwischen den Redaktionen der „Rigaschen Rundschau" einerseits sowie insbesondere der „Brīvā Zeme" und des „Rīts" auf der anderen Seite

wurden. Und bildete die Niederlegung der Häuserzeilen am Dom das auslösende *Geschehen* für den Schlagabtausch, so handelte es sich bei dem *Zeitungsartikel*, der hier auslösend wirkte, ganz offenbar um einen am 14. Oktober 1936 erschienenen Beitrag von „Rundschau"-Mitarbeiter Carl Klassohn unter dem Titel „Kulturhistorisches Riga". Mit Bemerkungen zum Domplatz-Konzept hielt Klassohn sich, mochte der äußere Anlass für seine Denkanstöße auch klar sein, geflissentlich zurück. Er akzeptierte überdies die lettischerseits vertretene Sichtweise, Riga habe nahezu keinerlei gleichwertige Pendants zur baulichen Pracht manch anderer Hanse- oder sonstiger Stadt zu bieten; allerdings mahnte er, das im Gegensatz zu Letzteren nicht „auf dem Boden eigenen Volkstums" entstandene Riga statt an deren Prunk vielmehr in erster Linie am Verlauf seiner Geschichte zu messen. Berücksichtige man, wie häufig die Stadt an der Düna in den zurückliegenden Jahrhunderten unter Kriegen zu leiden hatte, so gelange man zu einem durchweg positiven Urteil.

Lettische Journalisten erwiderten den darin enthaltenen Aufruf, frühere Generationen von Rigensern von Versäumnissen freizusprechen, äußerst kritisch: Vieles von dem, womit Klassohn eine gewisse Armut Rigas an wertvollen Baudenkmälern begründet und woran dieser seine Messlatte orientiert hatte, erklärten sie für unzutreffend. Überhaupt widerstrebte ihnen jegliches Messen mit zweierlei Maß. Dass mit einheitlichem Maß gemessen werden müsse, machten sie zum Beispiel auch 1938 noch geltend, als die „Rigasche Rundschau" über die Inangriffnahme verschiedenster Bauarbeiten in Berlin berichtet hatte. Die Billigung der Umwandlung Berlins durch die „Rundschau" passte nach Auffassung der Letten so gar nicht zu den Klageliedern, die jedes Mal angestimmt worden seien, wenn vor Ort ein Altstadthaus geopfert wurde.[304]

Ungefähr zeitgleich, ebenfalls im Frühsommer 1938, schrieb ein weiteres Mal Carl Klassohn über eine Facette der Umgestaltung Rigas. Den Spott, der ihm für seine Überschrift „Kulturhistorisches Riga" zuteil geworden war, hatte er nach außen hin stillschweigend über sich ergehen lassen; auf die lettischen Repliken hatten Ende 1936 gleichsam stellvertretend für ihn andere geantwortet. Seine diesmaligen Auslassungen galten der gerade erfolgten Beseitigung der Häuserviertel südwestlich des Rathausplatzes. Die aus ihr resultierenden neuen Blicke auf umstehende Gebäude fanden sich in dem Text als etwas für jeden Fotografen Erfreuliches kommentiert. Zu den nunmehr besser sichtbaren Bauwerken gehörte das so genannte Barclay de Tollysche Haus von Barockbaumeister Christoph Haberland. Klassohn streute dazu den Satz ein: „Wir bewundern nicht nur dieses Haus, sondern auch die *Baugesinnung*, die damals maßgebend war, die es als selbstverständlich ansah, ein Haus an sich schön und vollendet zu bauen, auch wenn diese Schönheit wegen Nichtvorhandenseins des geeigneten Blickpunktes verhüllt blieb."[305]

Wer zwischen den Zeilen las, erkannte, wie nachdrücklich der Autor damit seine Anschauungen aus dem Artikel „Kulturhistorisches Riga" bekräftigte. In der Grundfrage des kunsthistorisch-ästhetischen Wertes der Altstadt sprach Klassohn hier eine Art letztes Wort. Nur ausgesprochen aufmerksame Zeitungsleser dürften dies bemerkt haben, zumal nachdem er dem aktuellen Kahlschlag zuvor so viel Positives abgewonnen und sich jeder Kritik enthalten hatte.

---

[304] Un ja mēs ... Dažas piezīmes un salīdzinājumi par Rīgas un Berlīnes pārbūvi [Und wenn wir ... Einige Bemerkungen und Vergleiche zum Umbau Rigas und Berlins], in: Rīts, Ausgabe vom 23.6.1938.

[305] Alte und neue Blicke auf Rigas ältesten Marktplatz, in: Rigasche Rundschau, Ausgabe vom 11.6.1938.

Aber im Kern ging es eben nicht um die Gegenwart, sondern um ein Aufrechnen von Leistungen und Unterlassungen in der Vergangenheit.[306]

In variierenden Kontexten wiederholte sich der lettische Vorwurf an die Deutschbalten, sie seien stets nachlässig mit ihren Bauten umgegangen. Scharfzüngige lettische Publizisten trugen ihn vor, weil er ihres Erachtens die junge Staatsnation von jeder etwaigen moralischen Verpflichtung entband, bauliche Hinterlassenschaften aus früheren Jahrhunderten zu pflegen, wenn es denn schon niemand vor ihr getan hatte. Zu demselben Vorwurf konnten sie aber auch greifen, um den Deutschen entgegenzuhalten, sie selbst trügen die Verantwortung dafür, dass vieles in der Altstadt abbruchreif aussehe und deshalb auch abgebrochen *werde*. In einer dritten Funktion diente die Vorhaltung früherer Nachlässigkeit sodann noch dazu, den Rigaer Deutschen anzulasten, dass tendenziell *schmuckvolle* Baulichkeiten wie die einstige Bischofspfalz, zuletzt womöglich als Steinbruch missbraucht, seit langem aus dem Stadtbild verschwunden sind. Beim noch existenten Dom konfrontierte man sie derweil mit der, wie es hieß, von Profitgier zeugenden Vermietung seiner Seitenkapellen im 19. Jahrhundert.

War die Argumentation lettischer Journalistenkreise bis hierhin einigermaßen stringent, so verwickelte dieser oder jener sich auch in Widersprüche. Sie begannen da, wo rein fiktive architektonische Zierden barocker oder klassizistischer Art für Riga eingeklagt wurden - Adelspaläste etwa, ähnlich denen in den Metropolen der Donaumonarchie. Dass es solche Palais in der eigenen Stadt nicht gibt, wurde den baltischen Adligen nicht etwa als Ausdruck von Augenmaß und Selbstbescheidung ausge-

---

[306] Die Einbettung in einen unverdächtigen Zusammenhang belegt Klassohns Absicht, lediglich auf seiner Position zu beharren, ohne neue Streitigkeiten zu entfachen. Hiervor musste er sich ohnehin hüten, seit eine Pressegesetz-Neufassung von Februar 1938 publizistischen Fehden zwischen Zeitungsredaktionen Einhalt gebot.

legt. Gewiss - hätten die Bauherren von einst in Ornamentik geschwelgt, wäre dies nach Überwindung der Fremdherrschaft vermutlich gleichermaßen bissig als Zurschaustellung von Reichtum angeprangert worden. Ihren vermeintlichen Verzicht darauf, prachtvoll zu bauen, brandmarkte der Publizist Jānis Lapiņš[307] indessen als Handlung zum Schaden des Gemeinwohls: Optisch Wohltuendes war der Stadt und ihren Bürgern vorenthalten worden.

Ein andermal wurde die ehemalige Oberschicht sogar für Gegebenheiten getadelt, die, sofern sachlich zutreffend, einen deutschfeindlichen Letten eigentlich hätten glücklich stimmen müssen. So erschien unter dem Autorennamen Smilga, mit dem mehrere besonders bitter-ironische Artikel zu unserem Thema unterzeichnet sind, am 23. Oktober 1936 im „Tēvijas Sargs" ein Beitrag mit dem Titel „Veidojas latviskā Rīga" („Das lettische Riga bildet sich heraus"), in dem in einem weiten Exkurs unter anderem behauptet wurde: Aufgrund des Unvermögens der baltischen Deutschen, Eigenes zu schöpfen, anstatt einfach nur italienische, französische oder gar lettische Vorbilder zu kopieren, gebe es in Lettland alles in allem wenig Deutsches. Wurde damit nun nachgerade *mehr* deutsche Baukunst für das Baltikum eingefordert? In der Tat folgten einzelne Artikel indirekt dieser Logik; erinnert sei noch einmal an die These, Riga habe baulich weniger zu bieten als das Gros westlicherer Städte. Als erstklassig galt in diesem Sinne Lübeck. Auf das Beispiel Lübecks gründete sich bei Jānis Lapiņš die Aussage, Baubestände von der dortigen Qualität seien nirgends von der Spitzhacke bedroht. Am wenigsten wären sie es im jetzt lettischen Riga, so Lapiņš 1936.[308]

Hieran mag der neutrale Betrachter rückblickend die Feststellung anschließen, dass die Bauten, die Alt-Riga in den 1930er

---

[307] Jānis Lapiņš, Jaunā un kultūrvēsturiskā Rīga [Das neue und alte kulturhistorische Riga], in: Sējējs, Jahresband 1936, S. 1216-1219.
[308] Ebenda.

Jahren einbüßte, in nahezu keiner Großstadt des damaligen Europa vor dem Zugriff von Planern sicher gewesen wären. Differenzierter verhält es sich vielleicht mit einem Gebäude, das Rigas Stadterneuerer nicht schonen *wollten*, das schließlich aber der Krieg ausradierte: dem prägnanten Mansarddachhaus an der östlichen Ecke des Rathausplatzes, einem Werk Christoph Haberlands. Es sollte ebenso wie seine nordwestlichen Nachbargebäude einer Vergrößerung des Rathausplatzes in Richtung Petrikirche zum Opfer fallen. Von den Bauten, die diesen einrahmten, waren unter Ulmanis eben doch nur Schwarzhäupter- und Rathaus ungefährdet. (Abb. 4)

Eine letztlich genauso wertfreie Beurteilung verdient der Versuch der lettischen Intelligenz, dem Deutschtum bezüglich seiner Bauleistungen eine Negativbilanz zu bescheinigen. Kostproben hätten hier noch viele gegeben werden können – wobei diese oder jene aufgestellte Behauptung ja, mutete die um sie herum konstruierte Gedankenführung auch widersprüchlich an, sehr wohl ins Schwarze traf: Deutschbaltische Rigenser hatten nun einmal tatsächlich Seitenkapellen des Doms durch Zwischenwände vom Hauptschiff abgeteilt, um sie verpachten zu können. Wenn mangelnder Respekt vor dem Gotteshaus darüber hinaus aus dem Umstand abgeleitet wurde, dass man es nach und nach zugebaut hatte, so hätte der verantwortliche lettische Autor sich freilich fragen müssen - jedenfalls als die Idee eines riesigen Turms für das Stadthaus aufkam: War es nicht allemal respektloser gegenüber Rigas Sakralbauten, ihnen durch neue Turmkolosse ihre Dominanz im Stadtbild streitig machen zu wollen?

Abb. 1
Das Aufeinandertreffen der Fassaden
von Lettischer Kreditbank (links) und Finanzministerium
an der Nordostseite des Domplatzes

Abb. 2
Im Wettbewerb siegreicher Entwurf von Aleksandrs Klinklāvs
für ein Stadthaus am Waldemar-Boulevard
(hier vom Stadtkanal her gesehen)

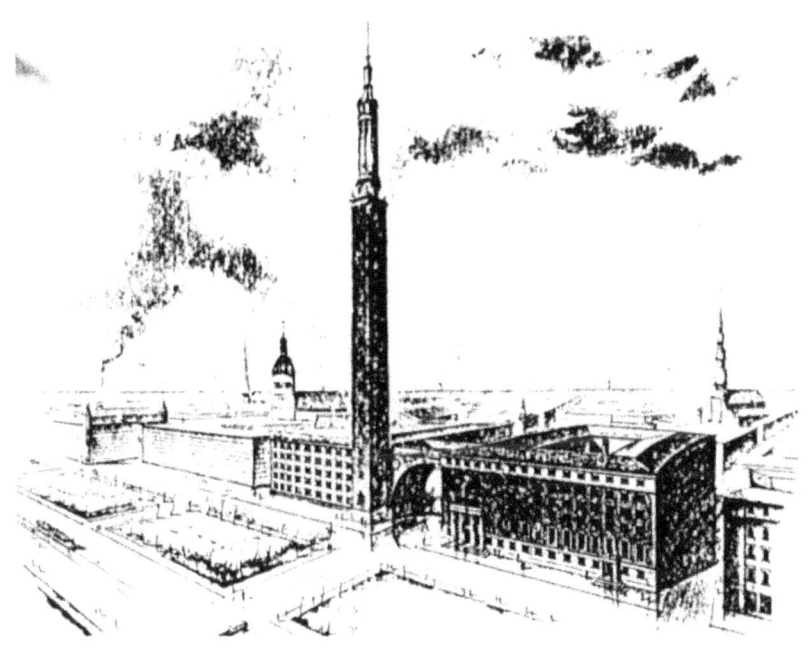

Abb. 3
Entwurfszeichnung des Architekten Nikolajs Voits
für ein Stadthaus an der Düna

Abb. 4
Rigas Rathausplatz vor 1938.
Im oberen linken Bildviertel einer der Häuserblocks, die dem geplanten städtischen Bürohaus weichen mussten; im unteren rechten Viertel die Häuser, die im Falle einer Erweiterung des Platzes abgerissen worden wären.

Nachweise
1. Aufnahme des Verfassers
2. Aus: Atpūta 1935, Ausgabe Nr. 569
3. Lettisches Architekturmuseum Riga
4. Historisches Museum Lettlands

SOZIO-DEMOGRAPHISCHE PROZESSE IN ESTLAND WÄHREND DER DEUTSCHEN UND SOWJETISCHEN OKKUPATION 1941-1950

Meelis Maripuu

Viele der heute in Estland sowie in Lettland und Litauen wirksamen innen- und außenpolitischen Faktoren rühren aus der Zeit des Zweiten Weltkriegs und von den vor bzw. nach dem Krieg stattgefunden Ereignissen her. Die im Jahre 1940 begonnene und 50 Jahre dauernde Periode der Okkupationen in der Geschichte Estlands verursachte drastische Veränderungen in der ethnischen Zusammensetzung der Gesellschaft und führte zu einer Verringerung der Zahl der Esten und einer umfangreichen Einwanderung von Personen meist slawischer Abstammung. Der heutige Stand der Forschung kann die Verluste der estnischen Bevölkerung in den Jahren 1939-1959 verhältnismäßig gut dokumentieren, doch in der Verteilung der Verluste in Untergruppen und in der Beurteilung der Ursachen herrscht teilweise noch Unklarheit.

Mein Ziel ist es, verschiedene Standpunkte bezüglich der Struktur der Bevölkerungsverluste und davon ausgehend verschiedene Bewertungen der einen oder anderen Geschichtsetappe vorzustellen.

Dazu analysiere ich
1. die früheren sowjetischen und heutigen russischen Publikationen sowie deren Interpretationen der Besatzungszeiten und Bevölkerungsverluste Estlands;

2. die estnischen Untersuchungen der letzten zehn Jahre zu den Menschenverlusten Estlands sowie deren Zusammenhänge mit der späteren Bevölkerungsmigration.

Grundlage dieses Vortrages bilden die Forschungsarbeiten und Artikel der Historiker L. Talve, A. Rahi, E. Tiidu, T. Hiio und E. Sarve. Bei der Berechnung der durch die sowjetischen Okkupationen verursachten Menschenverluste und Repressionen benutzte man die Unterlagen der „Staatlichen Kommission zur Untersuchung der Verfolgungspolitik der Okkupationen" und des „Büros des Registers der verfolgten Personen Estlands". Bei der Zusammenstellung der Menschenverluste und Repressionen während der deutschen Besatzung wurden die Ergebnisse der Forschungsarbeit der „Internationalen Kommission Estlands zur Untersuchung der Verbrechen gegen Menschlichkeit", an derer Arbeit auch der Autor teilnahm, ausgewertet. Vor allem wurden die Menschenverluste, die direkt durch eine repressive Politik der Okkupationsmächte verursacht wurden und die man im allgemeinen Fall als Verbrechen gegen die Menschlichkeit oder als Kriegsverbrechen betrachten kann, berücksichtigt. Nicht betrachtet hingegen werden die juristische Seite der Geschehnisse sowie rein demographische Prozesse wie Zunahme oder Sinken der Geburtenrate, ungeborene Kinder usw.

1. Der sowjetische bzw. russische Standpunkt bezüglich der Unterdrückungspolitik der Okkupationsmächte und Menschenverluste in Estland

In der Sowjetunion und natürlich auch im damaligen sowjetischen Estland konnten die legal zugänglichen Information über Menschenverluste und Repressionen nur auf offiziell gebilligten Quellenmaterialien basieren.

Die sowjetische Informationsblockade versuchte umfassend zu verhindern, dass die in der freien Welt verbreiteten Informatio-nen in ihr Machtgebiet gelangen konnten. Wegen des Mangels an Primärquellen außerhalb der Sowjetunion war eine gründliche Erörterung dieser Themen allerdings auch dort nicht leicht.

In Veröffentlichungen von Bevölkerungsdaten über den genannten Zeitraum wurde nur die halbe Wahrheit gesagt: die vorgelegten Zahlen konnten der Wahrheit entsprechen, doch wurden sie so vorgelegt, dass man keinen Vergleich mit den vorigen oder nachfolgenden Perioden ziehen konnte.[309] Eine derartige Darstellungsweise der Angaben ermöglichte keinen Vergleich zwischen den Menschenverlusten während der unterschiedlichen Besatzungsregime. Die Benutzung statistischer Daten der Zeit vor 1940 bzw. der Jahre 1941-1944 wurde praktisch unmöglich gemacht. Die Vernichtung solchermaßen unpassender Literatur durch die Sowjetunion begann schon im Jahre 1940 und wurde nach 1945 fortgesetzt. Die gesamte Druckproduktion, die außerhalb der Sowjetunion erschienen war, wurde aus den Bibliotheken entfernt und zu 85% auch physisch vernichtet. Eine geringe Anzahl von Exemplaren wurde in Sonderbeständen aufbewahrt, der allgemeine Zutritt zu diesen war jedoch verboten. Die Weitergabe von im Privateigentum gebliebener, verbotener Literatur an Dritte zum Zwecke des Lesens galt als eine kriminelle und strafbare Handlung.[310]

Es versteht sich von selbst, dass die Unterdrückungspolitik der ersten sowjetischen Periode 1940-1941 (Verhaftungen, Deportationen, Ermordungen) in der Sowjetunion nicht in Veröffentlichungen publik wurde. Die mit dem internationalen Recht im Widerspruch stehende Mobilmachung und Evakuierung von 60.000 Personen in sowjetische rückwärtige Gebiete wurde allerdings zahlenmäßig dargestellt, da es sich im Sinne der Sowjetunion um eine gesetzliche Maßnahme handelte. Die Bürger der

---

[309] Z.B. Eesti Nõukogude Entsüklopeedia (Estnische Sowjetische Enzyklopedie) (weiterhin zit: ENE). Bd. 2, Auflagen von Jahre 1970 und 1987.
[310] Enn Sarv, Õiguse vastu ei saa ükski. Eesti taotlused ja rahvusvaheline õigus (Gegen Recht kann keiner. Ziele Estlands und das internationale Recht) (weiterhin zit: Sarv), Tartu 1997, S. 87.

Republik Estland galten ohnehin als Staatsangehörige der Sowjetunion[311].

Zur Feststellung der behaupteten Opfer der deutschen Besatzungszeit wurde in Estland eine Staatliche Sonderkommis-sion der Sozialistischen Sowjetrepublik Estlands (ESSR) gegründet, die zu den folgenden Schlussfolgerungen kam:

61.000 umgekommene Zivilisten
64.000 umgekommene sowjetische Kriegsgefangene.[312]
(vgl. Schema 1)

Auf diesen Ausgangsdaten basierte später die ganze offizielle Geschichtsschreibung der Sowjetunion und auch die nach dem Zweiten Weltkrieg den Nürnberger internationalen Prozessen vorgelegte Zusammenfassung zu den Opfern der deutschen Besatzung in Estland.[313] Leider gelten diese Daten auch heute noch in Russland, von wo aus sie ihren Weg in die internationalen wissenschaftlichen Publikationen antreten. Im Jahre 2001 erschien in Moskau eine solide statistische Forschung „Rossia i SSSR v vojnach XX veka"[314] (Russland und die Sowjetunion in den Kriegen des zwanzigsten Jahrhunderts), die zusätzlich zu den genannten Menschenverlusten in Estland während des Zweiten Weltkrieges noch über 74.226 nach Deutschland deportierte Per-

---

[311] ENE 1970, Bd. 2, S. 69.
[312] ERAF (Filiale des estnischen Staatsarchivs – ehem. Parteiarchiv) 133.
[313] Sarv (1997), S. 70.
[314] G.F. Kriwoscheiev, (Professor der Akademie der Kriegswissenschaften) (Hg): Rossia i SSSR v vojnach XX veka, (Russland und die Sowjetunion in den Kriegen des zwanzigsten Jahrhunderts), Moskau 2001,"Olma-Press".

sonen[315] und über 21.000 in der Roten Armee umgekommene Esten berichtet.[316]

Die Verringerung der Bevölkerungszahl und der Tod einer großen Zahl von Menschen durch Repressalien, die der Beginn der zweiten sowjetischen Okkupationsperiode ab 1944 mit sich brachte, wurde in den sowjetischen Publikationen nicht in Zahlen dargestellt. Das äußerste, wovon geredet wurde, war die sogenannte „Liquidierung der Kulaken[317] als Resultat des scharfen Klassenkampfes, die durch Umsiedlung dieser Personen ins Inland der Sowjetunion realisiert wurde".[318]

Gemäß den sowjetischen Publikationen verlor Estland während des Zweiten Weltkrieges insgesamt ca. 200.000 Personen, von denen 60.000 sogenannte „Patrioten" am Anfang des Krieges in die Sowjetunion umgesiedelt sein sollen.[319]

2. Bevölkerungsverluste 1940-1944

2.1. Bevölkerungsverluste und deren Verbindung mit der späteren Migration vom Standpunkt der estnischen Historiker

Wenn wir die Forschungsergebnisse der estnischen Geschichtsforscher und Demographen der letzten 10 Jahre betreffend die Veränderungen der Bevölkerungszahl zusammenfassen, erhalten wir folgendes Bild, wobei sowohl Veränderungen durch

---

[315] ENE (1987) behandelt diese Kategorie als „Flucht der von der faschistischen Propaganda beeinflussten oder sowjetfeindlichen Personen vor Ankunft der sowjetischen Armee".
[316] Laut Autor ist das Resultat statistisch, ausgehend vom Koeffizient der in der Roten Armee befindlichen Esten.
[317] Kategorie der Bauern.
[318] ENE 1970, Bd. 2, S. 84.
[319] ENE 1970, Bd. 2, S. 69-70.

Unterdrückungspolitik und Kriegstätigkeit als auch durch demographische Prozesse berücksichtigt wurden.[320]

Jahr	Bevölkerung Anzahl	Verminderung im Vergleich mit dem Jahr 1939
1939	1 133 917	
01.12.1941	1 017 475	mehr als 100 000 (ca. 10%)
1944/45	809 000	mehr als 300 000 (ca. 29%)
1950 *)	1 013 000	mehr als 100 000 (ca. 11%)

*1944-1950 begann die Rückkehr der in den Jahren 1940-1941 in die UDSSR verbrachten Personen und der Zustrom von Migranten (zurück kamen ca. 75.000 Mobilisierte, Evakuierte, Deportierte, vgl. Schema 2).

Die Zusammenfassung zeigt, dass die Menschenverluste Estlands in den Jahren 1940-1944 ca. 300.000 Personen betrugen. Diese Verminderung der Bevölkerungszahl um 29% verursachte auch eine bemerkenswerte Verminderung der arbeitsfähigen Bevölkerung. Den größten Teil dieser Personen bildeten die sowohl von der Sowjetunion als auch von Deutschland mobilisierten Männer (insgesamt 70-80.000), Arbeiter der in die Sowjetunion evakuierten Unternehmen und derer Familien; in überwiegendem Maße handelte es sich um arbeitsfähige Personen.

Der Mangel an Arbeitskräften wurde seit 1941 zunehmend für die Pläne der deutschen und seit 1944 der sowjetischen Besatzungsmacht, die strategisch wichtigen Industrien Estlands für

---

[320] Ene Tiit, Akadeemia (weiterhin zit: Tiit), Nr. 8 (1993), S. 1663.

eigene militärische Interessen auszunutzen, zum Hindernis. Sie mußten daher zusätzliche Arbeitskraft finden.

Ab Herbst 1942 wurde die estnische Ölschieferindustrie für Deutschland besonders wichtig, da die Besetzung der Erdölgebiete im Kaukasus gescheitert war. Mit Unterstützung H. Görings und H. Himmlers wurden der Industrie bis zum Jahr 1944 ca. 20.000 Gefangene zugeteilt. Den größten Teil bildeten sowjetische Kriegsgefangene - ca. 13.000, Juden - ca. 5.000 und Ostarbeiter - ca. 2.500.[321]

Nach der Rückeroberung Estlands durch die sowjetische Armee wurde der Mangel an Arbeitskräften noch größer. Zur Lösung dieses Problems fasste man deutsche Kriegsgefangene in den ehemaligen deutschen, nun leer stehenden Gefangenenlagern zusammen. Ca. 30.000 von ihnen wurden in der Ölschieferindustrie beschäftigt.

1948-1949 wurden die deutschen Kriegsgefangenen repatriiert und der Sekretär des Zentralkomitees der Estnischen Kommunistischen Partei versuchte diese Lücke mit ca. 22.000 zur Deportation bestimmten estnischen Bauern, sogenannten Kulaken, auszufüllen. Dies wurde aber von den Moskauer Machthabern nicht akzeptiert und die Ölschieferindustrie wurde zum Tummelplatz der Migranten.

Da die damit zusammenhängenden Bevölkerungsdaten, die sich im Besitz der UdSSR befanden, bis heute verheimlicht werden, besitzen die Demographen noch keine gesicherten Angaben über die damals begonnene Migration.

---

[321] Meelis Maripuu, Nõukogude sõjavangid Eestis 1941-1944 (Sowjetische Kriegsgefangene in Estland 1941-1944), Tartu Ülikool Baccalaureusarbeit, 2000.

2.2. Verteilung der Bevölkerungsverluste und repressierten Personen

Grundsätzliche Widersprüche entstehen bei der Einteilung der Menschenverluste Estlands in Unterkategorien und bei der Definition der Ursachen der Verluste. Im folgenden werden die Bevölkerungsverluste Estlands im Laufe verschiedener Okkupationsperioden in Hinblick auf drei Hauptursachen untersucht: erstens die Politik der Besatzungsmächte, die als Kriegsverbrechen oder Verbrechen gegen die Menschlichkeit zu bewerten ist, zweitens die Flucht vor drohender Verfolgung und drittens direkt durch Kriegstätigkeit bedingte Verluste. Verfolgung bedeutet nicht immer eine absolute Verminderung der Bevölkerungszahl in der entsprechenden Periode, da die Verhafteten z. B. während der Periode der deutschen Besatzung überwiegend in Estland blieben. Die vorgelegten Zahlen sind meistens abgerundet, da dieser Beitrag nicht das Ziel verfolgt, die präzise Zahl der verschiedenen Kategorien der verfolgten Personen festzustellen. Vielmehr sollen hier die grundlegenden Tendenzen herausgearbeitet werden. Die folgenden Angaben sind in Tabelle 1 vorgestellt.

Erste sowjetische Okkupation 1940 bis 1941.

Die Umsiedlung der Deutschbalten zu Beginn des Zweiten Weltkrieges bedeutete den ersten Verlust an Bevölkerung für die Republik Estland. Zusammen mit der sogenannten Nachumsiedlung des Jahres 1941 bedeutete sie für Estland einen Bevölkerungsverlust von ca. 21.000 Personen.

Durch die von den sowjetischen Machthabern und Vernichtungsbataillonen in Estland im ersten Jahr der sowje-tischen Besatzung 1940-1941 durchgeführten Verhaftungen und Ermordungen kamen ca. 10.000 Personen ums Leben. Allein von den im

Juni 1941 nach Sibirien verschleppten 10.200 Bürger Estlands sind ca. 6.000 ums Leben gekommen.[322] Im Bestand des aus der vormaligen Armee der Republik Estland formierten 22. Schützenkorps wurden ca. 5.600 Männer in die Sowjetunion gebracht. Im Laufe der ersten Monate ergaben sich oder fielen in deutsche Gefangenschaft ca. 4.500 Männer. Ungefähr 200 Männer fielen in den Schlachten, die übrigen wurden in die sowjetischen rückwärtigen Gebiete verbracht[323].

Am 2. Juli 1941 erklärte man die totale Mobilmachung in die Estland okkupierende Rote Armee. Aus Estland mobilisierte man 50.000 Männer, in den rückwärtigen Gebieten der Sowjetunion kamen ca. 32.000[324] an. Hinzu kamen Mitglieder der Vernichtungsbataillons und der Miliz sowie zusammen mit den Unternehmen evakuierte Arbeiter, so dass die Gesamtzahl der aus Estland stammender Wehrpflichtigen in den rückwärtigen Gebieten Sowjetunion bei 36.000 bis 37.500 liegen konnte.[325] In Russland wurden ca. 32.600 von ihnen in die dem GULAG unterstellten Arbeitsbataillons geschickt, wo bis zum Frühjahr 1942 ca. 10.000 Männer ums Leben kamen.[326] Die Zahl der an der Front Gefallenen liegt ebenfalls bei ca. 10.000.

Mit dem Rückzug der Roten Armee wurden aus Estland ca. 25.000 Personen in die rückwärtigen Gebiete der Sowjetunion evakuiert. Zu den freiwillig evakuierten Personen gehörten ¾ der jüdischen Volksgruppe, Kommunisten und derer Familienmitglieder sowie Personen, die mit der sowjetischen Okkupationsmacht kollaboriert hatten und derer Familienmitglieder.

---

[322] S. Tiit, 1848-1849 f. Benutzt wurden die Daten von L. Talve
[323] Eestlased tööpataljonides 1941–1942. Mälestusi ja dokumente. (Esten in den Arbeitsbataillons 1941-1942. Erinnerungen und Dokumente) (weiterhin zit. Eestlased). Bd. 2,Tallinn 1993, S. 18.
[324] Peter Larin, Eestlastest sõjamehed tööpataljonides. (Estnische Krieger in den Arbeitsbataillons). Aja Pulss, Nr. 13. (1988).
[325] Eestlased, S. 6.
[326] Bbd., S. 19.

Zahlreiche Arbeiter wurden ebenfalls zwangsweise evakuiert und mit den demontierten Industrieunternehmen in die Sowjetunion transportiert. Von den evakuierten Personen kamen ca. 20% ums Leben.[327]

Deutsche Besatzung 1941-1944[328]

Wir besitzen gründliche Angaben über die Personen, die während des ersten Jahres der deutschen Besatzung festgenommen wurden, als die meisten Verhaftungen und Hinrichtungen stattfanden. Die Folgejahre analysierend kann von einer Gesamtzahl von ca. 30.000 Verhafteten ausgegangen werden. Im Vergleich mit den sowjetischen Okkupationsperioden gab es allerdings zwei wesentliche Unterschiede. Wurden die verfolgten Personen während der sowjetischen Perioden aus Estland deportiert, so wurden sie während der deutschen Besatzung in der Regel in Estland festgehalten. Erst im Jahre 1944, als die Rückkehr der sowjetischen Armee realistisch wurde, wurden entsprechend der vorhandenen Daten ca. 4.000 Menschen in Konzentrationslager nach Deutschland deportiert. Der zweite wichtige Unterschied gegenüber der sowjetischen Praxis während der genannten Periode war, dass ein wesentlicher Anteil der Personen im Anschluss an die Untersuchungshaft entweder freigelassen wurde oder aber eine verhältnismäßig leichte Bestrafung erhielten (von 6 Monaten bis zu einem Jahr). Eine neue Datenbank, an der im Moment gearbeitet wird, ermöglicht später eine genauere Analyse.

---

[327] Sarv, 1997, S. 69.
[328] Deutsche Okkupation betreffende Daten basieren auf die Berichte der Estnischen Kommission zur Untersuchung der Verbrechen gegen die Menschlichkeit (Geschichtsforscher I. Paavle, R. Västrik, A. Kuusik, M. Maripuu). Wird publiziert www.-historycommission.ee im Jahre 2002.

Von den verhafteten Personen wurden auf Befehl der deutschen Besatzungsmacht ungefähr 8.000 Personen hinge-richtet, darunter 1.000 Juden Estlands. Die Zahl der Hingerichteten ist ziemlich präzise, gegenwärtig besitzt die „Estnische Internationale Kommission zur Untersuchung der Verbrechen gegen die Menschlichkeit" überprüfte Daten von über 8.000 dem Namen nach bekannte und hingerichtete Personen. Personen, die aus anderen Gebieten nach Estland gebracht und hier umgekommen bzw. hingerichtet sind, sind in dieser Zahl nicht miteingeschlossen.

Für den Reichsarbeitsdienst wurden ca. 800 Personen geworben und nach Deutschland geschickt.

Während der Sommermonate des Jahres 1941 fielen in den Kämpfen gegen die sowjetische Armee bzw. Vernichtungsbataillone ca. 600 Männer des estnischen Selbstschutzes oder der Einheiten der Deutschen Armee.

Die Rote Armee bombardierte zivile Objekte der estnischen Städte (Reval/Tallinn, Narva, Dorpat/Tartu), die keinerlei strategisch-miliärische Bedeutung besaßen. Dabei kamen wenigstens ca. 1.000 Zivilisten ums Leben. Diese werden in Schema 3 als sowjetische Opfer geführt.

Im Laufe des Zweiten Weltkrieges mobilisierte Deutschland ca. 40.000 Esten für seine Streitkräfte. Völkerrechtlich gesehen handelte es sich dabei um ein gezielt gegen Esten gerichtetes Kriegsverbrechen. Dies wird weiter unten in Schema Nr. 3 veranschaulicht. Berücksichtigt man jedoch die realen Umstände, kann man die Mobilmachungen nicht in vollem Umfang zu den Repressalien zählen. Als der letzte Ministerpräsident der Republik Estland im Auftrag des Präsidenten in einer Rundfunkrede Mobilmachung befürwortete, hielten viele dies für die letzte Möglichkeit, für die Selbständigkeit Estlands vor der erneut drohenden sowjetischen Okkupation zu kämpfen. Zusammen mit den Freiwilligen, zur Front geschickten Mitgliedern der Selbstschutz- und Polizeieinheiten sowie aus der Roten Armee deser-

tierten Soldaten kämpften während des Zweiten Weltkrieges ca. 60.000 Männer auf der Seite Deutschlands. Die Daten über die Gefallenen sind mangelhaft, doch handelt es sich um ca. 10-15.000 Männer.[329]
Während der deutschen Okkupation flüchteten aus Estland bis zu 75.000 Zivilisten, darunter die gesamte schwedische nationale Minderheit. Da die überwältigende Mehrheit der Flüchtlinge Estland aus Angst vor neuen sowjetischen Repressalien unmittelbar vor der zweiten Annexion des Staates durch die Rote Armee verließ, gehören sie in Schema Nr. 4 zu denjenigen, die unter Repressalien während der zweiten sowjetischen Okkupationsperiode gelitten haben, etwa 70.000 Personen. Auf dem Weg nach Schweden und Deutschland kamen ca. 10% (7.000) der Flüchtlinge wegen der stürmischen See und der Angriffe der sowjetischen Flieger und U-Boote ums Leben, deshalb sind sie in Schema Nr. 4 auch als sowjetische Todesopfer dargestellt. Mehr als 5.000 Personen flüchteten im Laufe der deutschen Okkupation nach Finnland, zumeist um sich von der deutschen Einberufung in den Wehrdienst zu retten.

Zweite sowjetische Okkupation

Obwohl diese Periode zeitlich am nächsten liegt, herrscht hier die größte Unsicherheit.
Wenn man die Bevölkerungsverluste mit Hilfe der sogenannten Bilanzmethode zusammenrechnet, stellt man fest, dass die Zahl der in den Jahren 1945-1959 aus politischen Gründen Verhafteten bei ca. 70-80.000 liegen muss, von denen ca. 16.000 Personen umgekommen sind.[330] Der größte Teil der Verhaftungen fand vor 1950 statt. Als ein Resultat der Arbeit des „Büros

---

[329] Thomas Hiio, Eestlased saksa sõjaväes (Esten in der deutschen Armee). Vikerkaar, Nr. 8-9, (2001). S. 156 ff.
[330] Tiit, Nr. 8-10.

des Registers der Repressierten Personen Estlands" hat sich herausgestellt, dass in Estland Materialien über 49.000 verhaftete Personen vorhanden sind.[331] Es ist somit möglich, dass die eigentliche Zahl der Verhafteten unter 70.000 liegt.

In den Jahren 1944-1945 fielen zahlreiche Esten, die auf deutscher Seite gekämpft hatten, in sowjetische Kriegsgefangenschaft. Auf Grund der wenigen uns zur Verfügung stehenden Daten liegt deren Gesamtzahl bei ca. 20.000; allein aus dem besetzten Deutschland repatriierte die Sowjetunion zwangsweise 12.000 Kriegsgefangene estnischer Abstammung. Ihre Sterberate in den Lagern lag bei 20%, folglich kann man sagen, dass ca. 4.000 von ihnen ums Leben gekommen sind.[332] Die genannte Zahl der Personen gehört zu den oben genannten ca. 70.000 estnischen Verhafteten.

In den Nachkriegsjahren kämpften bis zu 30.000 Personen als sogenannte „Waldbrüder", Partisanen, die wegen der Verfolgungsgefahr gezwungen waren, ihre Häuser zu verlassen, in den Wäldern gegen die sowjetische Okkupationsmacht [333]. Vor der großen Deportation vom März 1949 konnten sich 11.000 Personen für längere oder kürzere Zeit verstecken, an ihrer Stelle wurden Personen aus der „Reserveliste" deportiert. Da die meisten Waldbrüder früher oder später verhaftet wurden, sind sie dann in der entsprechenden Statistik dargestellt worden.

---

[331] Enn Sarv, Eesti inimkaotused kommunistliku võimu all (Menschenverluste Estlands unter der kommunistischen Herrschaft). Akadeemia, Nr 8. (2001). S. 1760.

[332] Ebd.

[333] Pro Patria, Bd. 2. Auraamat langenud ja hukkunud metsavendadele 1944-1978 (Ehrenbuch den gefallenen und umgekommenen Waldbrüdern 1944-1978). (Liste): Arbeitsversion. Zusammen gestellt von Eerik-Niiles Kross. Okupatsioonide Repressiiv poliitika Uurimise Riiklik Komisjon (Staatliche Kommission zur Untersuchung der Repressiven Politik der Okkupationen). Bd.13, Tallinn 1999.

In der Nachkriegsperiode wurden aus Estland ca. 30.000 Personen deportiert, darunter im März 1949 21.000.[334] Von allen Deportierten sind ca. 3.000 Personen umgekommen.[335]

Zusammenfassung

Die drei analysierten Perioden können wie folgt zusammen-ge-fasst werden

Ca. 350.000 Einwohner Estlands wurden auf unterschiedliche Weise Opfer der verschiedenen Okkupationsre-gime, d.h. etwa 1/3 der Einwohnerzahl Estlands zu Beginn des Krieges.

Ca. 92.000 Einwohner Estlands kamen während der Jahre 1940-1950, davon 61.000 aufgrund direkter Verfolgungen, ums Leben.

2.3 Vergleich der Angaben

Nun können die Angaben aus den verschiedenen Okkupationsperioden mit den Angaben verglichenen werden, die in Russland betreffs der Bevölkerungsverluste Estlands im Laufe des Zweiten Weltkrieges im Umlauf sind und die wir am Anfang dieses Vortrages erwähnt haben.
Betrachten wir das Schema Nr. 3, wo neben der schon erwähnten Spalte Nr. 1 die Spalte Nr. 2 hinzugefügt wurde, um die

---

[334] Leo Õispuu, (Hrsg.): Küüditamine Eestist Venemaale. Märtsiküüdita-mine 1949 (Deportation aus Estland nach Russland: Märzdeportation 1949): Bd. 2. Büro des Registers des repressierten Estlands.
[335] Leo Talve, Repressioonide all kannatas pool Eesti elanikkonnast (Unter Repressionen litt die Hälfte der estnischen Bürgerschaft). – Zeitung Rahva Hääl, 19.-23. Oktober (1991).

Ergebnisse der estnischen Geschichtsforscher zu veranschaulichen.

Wenn wir die Zahl der Umgekommenen betrachten, dann sehen wir, dass die Resultate in Gesamtzahlen relevant sind, doch 87% der Opfer gehen auf die Rechnung der Sowjetunion. Anstelle der 74.000 zwangsweise nach Deutschland Deportierten haben wir Daten über ca. 70.000 Flüchtlinge, die vor der sowjetischen Okkupationsgefahr geflohen sind,[336] etwa 5.000 Personen, die vor der deutschen Mobilmachung nach Finnland geflohen sind, von denen viele später in der finnischen Armee gegen die Sowjetunion gekämpft haben, und zum Schluss 4.000 Personen, die in die Konzentrationslager Deutschlands deportiert wurden.

Die Hälfte der 21.000 Personen, die als in der Roten Armee gefallen gelten, kamen in den Arbeitsbataillonen des GULAG ums Leben, die andere Hälfte fiel an der Front.

Wenn wir die beiden widersprüchlichen Spalten vergleichen, wird deutlich, wie sehr sich die wissenschaftlichen Analysen der estnischen Forschung bezüglich der Folgen der Zweiten Weltkrieges für die Veränderungen der Bevölkerungsstruktur Estlands von den Standpunkten, die in Russland vertreten werden, unterscheiden.

3. Bevölkerungsverluste und Repressalien auf Grundlage der verschiedenen Okkupationsperioden

Betrachten wir zunächst das Schema Nr. 4, das auf Grundlage der vorher benutzten Tabelle Nr.1 zusammengestellt wurde.

---

[336] Grundsätzlich wird das auch in ENE 1987 bestätigt.

Hier werden die Bevölkerungsverluste Estlands im Verlauf der drei verschiedenen Perioden graphisch dargestellt:

Oben - Erste sowjetische Okkupation 1940-1941
Mitte - Deutsche Okkupation 1941-1944
Unten - Zweite sowjetische Okkupation 1944-1950.

Die erste Spalte stellt proportionell den Umfang der durch Repressalien verursachten Bevölkerungsverluste im Vergleich zwischen den verschiedenen Okkupationsperioden dar. Als Repressalien betrachten wir im allgemeinen Fall Kriegsverbrechen und Verbrechen gegen die Menschlichkeit, so wie wir sie früher geschildert haben. Die untere und die obere Einteilung entspricht den sowjetischen Okkupationen, die mittlere der deutsche Okkupation. Die Gesamtzahl der Opfer beträgt 352.000 Personen, also 1/3 der Einwohnerzahl der Vorkriegszeit. Sie sehen hier die Proportionen zwischen den verschiedenen Perioden: 49% - 21% - 30%.

Die zweite Spalte stellt die Zahlen der Opfer dar, die direkt als Folge der Repressalien umgekommen sind. Das Verhältnis: 43% - 13% - 44%.

Schon auf den ersten Blick wird deutlich, dass in beiden Fällen der Anteil der Sowjetunion überwiegt: 79% der gesamten Bevölkerungsverluste und 87% der Umgekommenen.

Man könnte fragen, wie die hier vorgestellten Daten die Beurteilungen der Ereignisse des Zweiten Weltkrieges durch die Esten beeinflussen konnten, wenn man diese nicht untersuchen und darüber nicht einmal sprechen durfte. Die sowjetische Okkupationsmacht hat wohl den größeren Teil unseres schriftlichen Gedächtnisses - die Bücher - vernichtet oder versteckt. Die sozialen Erinnerungen des Volkes über den Umfang der Ungerechtigkeit konnte man aber nicht auf Befehl löschen. Wenn wir die Unterschiede im Verhalten des Volkes vergleichen, muss man auch damit rechnen, dass viele der während der deutschen Besatzung

Hingerichteten mit der Organisation der Unterdrückungen im Laufe der ersten sowjetischen Okkupationsperiode verbunden waren. Dabei darf aber niemand von seinen verbrecherischen Taten „sauber gewaschen" werden. Wir brauchen die gleiche Moral und die gleichen Bewertungsmaßstäbe.

4. Zusammenfassung

Die Frage besteht nicht nur darin, welche Daten über Estland in Russland im Umlauf sind. Meinungsverschiedenheiten mit Russland scheinen unvermeidlich zu bleiben. Unvermeidlich bleibt auch, dass die in den Materialien der Nürnberger Prozesse befindlichen Angaben über die Auswirkung des Zweiten Weltkrieges auf Estland sowjetische Propaganda darstellen, um die eigenen in den Jahren 1940-1941 durchgeführten Verbrechen zu verschleiern, wie das in Schema Nr. 3 gut veranschaulicht wird.

Das zu Beginn dieses Beitrages erwähnte Buch „Russland und die Sowjetunion in den Kriegen des zwanzigsten Jahrhunderts" ist ohne Zweifel ein bemerkenswertes Werk, da es viele Tatsachen, die man in der Sowjetunion Jahrzehnte verheimlichte, an die Öffentlichkeit bringt. Das Kapitel, welches den Zweiten Weltkrieg behandelt, basiert teilweise auf dem von den gleichen Autoren herausgegebenen Buch „Grif sekretnosti snjat", das auch in englischer Sprache in London herausgegeben und von den Kritikern positiv aufgenommen wurde. Sicherlich wird auch dieses Buch von der Forschung umfangreich rezipiert werden.

Doch je größer der Erfolg solcher Bücher auf internationaler Ebene ist, umso negativer sind die Folgen u. a. für Estland. Sollte sich jemand anhand solcher Literatur über die entsprechenden Daten Estland betreffend interessieren, würde die Wirklichkeit auf den Kopf gestellt. Zwar sind diese wenigen Zahlenangaben für den Kontext des Buches kaum wichtig, sie bilden aber für das estnische Volk die Grundlage für die gesamte Geschichte der letzten 60 Jahren. Es ist zu fürchten, dass das Resultat Lettland betreffend ähnlich ausfällt.

Nur wenn überprüfte Basisdaten benutzt werden, können wir unsere geschichtliche Entwicklung und den heutigen Stand der Sachverhalte im Kontext der europäischen Geschichte wirklich verstehen.

Tabelle 1

Durch Okkupationen verursachte Bevölkerungsverluste Estlands 1940 – 1950

Kategorie	Anzahl	davon umgekommen	und davon infolge Repressalien
Erste sowjetische Okkupation 1940-41 (Periode 1)			
(Nach-)Umsiedlung nach Deutschland 1939-1941	21.000		
1940-41 von der UdSSR in Estland Verhaftete, Ermordete	10.000	10.000	10.000
Im Juni 1941 aus Estland Deportierte	10.200	6.000	6.000
Im Bestand des 22. Terr. Korps in die UdSSR gebracht	5.600	200	
In Estland in die Rote Armee mobilisiert	50.000 / *) 32.200	20.000	**) 10.000
In die UdSSR evakuiert	25.000	5.000	
Insgesamt (abgerundet)	104.000	41.000	26.000

*) 32.000 Mobilisierte kamen im rückwärtigen Gebiet der UdSSR um
**) darunter versteht man die in den Arbeitsbataillonen des Systems GULAG und durch die Repressiv-Organe umgekommenen Personen

Kategorie	Anzahl	davon umge- kommen	und davon infolge Repressalien
Deutsche Besatzung 1941 – 1944 (Periode 2)			
Verhaftungen / davon in KZs in Deutschland geschickt	30.000 /- 4.000	8.000	8.000
Für den RAD geworben	800		
Gefallene im Bestand des Selbstschutzes o. Deutscher Einheiten (Sommer 1941)	600	600	
In die deutschen Einheiten mobilisiert (vor 1944)	8700		
In die deutschen Einheiten mobilisiert (im Jahre 1944)	32.000	*) 5.000	
Flucht vor der sowjetischen Okkupation nach Westen	**)..70.000	7.000	**) 7.000
Flucht nach Finnland	5.000		
Opfer vom Bombardierungen	**)..1.000	1.000	**)..1.000
Insgesamt (abgerundet)	148.000 [davon **) 71.000]	32.000	16.000 [davon **) 8.000]

*) Esten, die auf deutscher Seite gefallen sind, zusammen mit Freiwilligen in verschiedenen deutschen Einheiten, wahrscheinlich mehr als 60.000.

**) in Schema Nr. 3 und 4 sind sie als Opfer der zweiten sowjetischen Okkupation dargestellt.

Kategorie	Anzahl	davon umge- kommen	und davon infolge Repressalien
Zweite sowjetische Okkupation 1944-50 (Periode 3)			
Politische Verhaftungen *)	70.000	16.000	16.000
Deportationen	30.000	3.000	3.000
Hinrichtungen ohne Ermittlung und Gericht	einige tausend		einige tausend
Insgesamt (abgerundet)	100.000	92.000	19.000

*) davon Waldbrüder, verhaftete Kriegsgefangene, aus Deutschland repatriierte und verhaftete Personen

Im Laufe der drei Perioden insgesamt (abgerundet)	352.000	92.000	61.000

Schema Nr. 1

Bevölkerungsverluste Estlands im zweiten Weltkrieg in den Publikationen der Sowjetunion und Russlands

KATEGORIE	ANZAHL
Von deutscher Besatzungsmacht zielgerichtet hingerichtete Zivilisten	61.000
Zwangsweise nach Deutschland transportiert	74.226
Am Anfang des Krieges in die rückwärtigen Gebiete der UdSSR gezogen	60.000
Von der UdSSR gezogene und in der Roten Armee gefallen	21.000

Schema Nr. 2

Bevölkerungsverluste Estlands 1939 - 1950

Jahr	Bevölkerung Anzahl	Verminderung im Vergleich mit dem Jahr 1939
1939	1 133 917	
01.12.1941	1 017 475	mehr als 100 000 (ca. 10%)
1944/45	809 000	mehr als 300 000 (ca. 29%)
1950 *)	1 013 000	mehr als 100 000 (ca. 11%)

*) Im Zeitraum 1944-1950 begann die Rückkehr der in den Jahren 1940-1941 in die Sowjetunion verschleppten Personen und der Zufluss der Migranten. (Ca. 75.000 Mobilisierte, Evakuierte, Deportierte kamen zurück)

Schema Nr. 3

Die Ergebnisse der estnischen Geschichtsforscher über die Bevölkerungsverluste Estlands im Zweiten Weltkrieg im Vergleich mit den in russischen und sowjetischen Publikationen veröffentlichten Daten.

Spalte 1

	Anzahl
Von deutscher Besatzungsmacht zielgerichtet hingerichtete Personen	61.000
Zwangsweise nach Deutschland transportierte	74.226
Am Anfang des Krieges in die rückwärtigen Gebiete der UdSSR gezogen	60.000
Von der UdSSR gezogene und in der Roten Armee Gefallene	21.000

Spalte 2

	Anzahl
Die Opfer der ersten sowjetischen Okkupation	26.000
Die Opfer der zweiten sowjetischen Okkupation	27.000
In deutsche KZs geschickt	4.000
Flucht vor der sowjetischen Okkupation	70.000
Flucht vor der deutschen Okkupation	5.000
In die Rote Armee mobilisierte	32.000
In die UdSSR evakuierte	25.000
In die UdSSR gebrachte (22. Territ. Korp.)	5.600
Umgekommene Mobilisierte in den Arbeitsbataillonen des GULAG	10.000
Gefallene Esten in der Roten Armee	10.000

Schema Nr. 4

Ca. 350.000 Opfer von Verfolgungen

1940 – 1941	104.000	30 %
1941 – 1944	77.000	22 %
1944 – 1959	171.000	48 %

Ca 61.000 direkt wegen Verfolgung Umgekommene

1940 – 1941	26.000	43 %
1941 – 1944	8.000	13 %
1944 – 1959	27.000	44 %

Personenregister

Zahlen in *Kursiv* verweisen auf Fußnoten
in Klammern *[.]* auf Abbildungen

Aisenstadt 142
Aizsilnieks, A. 176
Alexander 121
Alksnis, Ādams 33
Ammende, Ewald 133
Anderson, Walter 145
Ankar 121

Baberowski, Jörg 82, 83
Balodis, Pēteris 33
Barisien, Friedrich Hartmann 40
Baumanis, Arturs 33
Baumann, Johann Heinrich 40, *118, 126*
Behrent, Bernhard 163
Benedikt XV., Papst 112
Benz, Ernst 112, *11, 84, 106, 107, 112*
Bermondt-Avalov 102
Bērziņš, Andrejs 176, *9, 95*
Birnbaums, Staņislavs 33
Böcklin, Arnold 25
Bodisco, Eduard von 135
Boehm, Paul 169
Bonsdorff von 121
Borchert, Bernhard 25, 28, 31, 35, 41
Borchert-Schweinfurth, Eva Margarethe 31, 35, 41, 42, *[47],[48]*
Brastins, Ernests 111
Brederlo, Friedrich Wilhelm 32
Broederich, Sylvio 12
Bulmerincq, Alexander 145
Busch, Julius 109

Celmiņš, Hugo 163
Cranach, Lucas 34

Demjan 125
Dmitrijew, Alice 35, 41, *[51], [52]*

Ēķis, Ludwigs 174
Elevferij 119
Erhard, Robert 166

Fridrichsons, Jānis 161
Friedrichson, Kurt 38

Gaehtgens, Ernst 41
Gogh, Vincent van 31
Goldarbeiter, Joseph 139
Göring, Herrmann 207
Grass, Karl Gotthard 40
Grass, Konrad 106
Grimm, Sophie Ljubow 35, 36
Grosmane, Elita 43
Gruehn, Friedrich Albert 109
Grumppenberg, Thomas Maria von 114
Grünberg 121
Grünewald, Moritz von 41
Gulbis, Jānis 162
Gulkowitsch, Lazar 145
Gurin, Samuel 142

Haberland, Christoph 193, 196
Hagen, Kuno 40, 41
Hahn, John 166
Hahn, Traugott 109
Harnack, Adolf von 106
Hasselblatt, Werner 133
Hellat 144
Hellmann, Martha 36
Henning, Detlef 5, 7, 96, 236, 94, 96
Heyking, Alphons Baron von 135, 136
Hiio, T. 202, *212*
Himmler, Heinrich 207
Hirsch, Georg 142

Hirschhausen, Ulrike von 54, *80*
Hitler, Adolf 17, 151
Hoelzel, Adolf 36, 42
Hoffi, Daniels 168
Hoffi, Jēkabs 168

Irbe, Carl 111, 115, 120

Jaffe, Leib 143, 144
Jaunsudrabiņs, Jānis 33
Jekabs, Apsisu 115
Jessen 180
Jung-Stilling, Elise 42

Kahle, Wilhelm 105, 110, *106, 107, 111, 112, 118*
Kaijahärm, Toomas 105
Kalpokas, Petras 35
Kappeler, Andreas 81, *83, 84*
Karps, Jekaps 119
Keller, Otto 168
Kerenskij, Aleksandr 87
Kerkovius, Ida 36, 38, 42
Kerson, Oskar 140
Kieckers, Ernst 145
Klassohn, Carl 192, 193, *194*
Kļaviņš, Eduards 40, 41
Klot, Alexander von 166
Kljucevskij, Vasilij 82
Koch, Harry 152
Kraus, Theodor 38
Kuindschi, Archip 27
Kviesis, Alberts 116

Laidoner, Johan 132, 137, 143, 147
Lapiņš, Jānis 195
Lattik, Jaan 143, 144
Lehti, Marko 90, *104*
Leistner, Gerhard 42
Lenbach, Franz von 25
Lender, Voldemar 130

Lenin 14, 100
Liebermann, Max 25
Loodus, Rein 40
Losinsky, R. 123
Luther, Martin 137, 153

Maderneek, Julius 35
Manteuffel-Katzdangen, Karl Freiherr von 12
Meirane, Astrida 44
Mengden, Woldemar Baron von 27, 30, 43
Menzel, Adolf 25
Motzkin, Leo 144
Mühlen, Konrad von zur 124

Neander, Wilhelm 109
Neumann, Wilhelm 29, 32
Nodel, Jankel 142, 145, *150, 151*

Päts, Konstantin 16, 131, 139, 142, 144, 147, 151, 153
Petersons, Augustins 119
Platon 109
Poelchau, D. Harald 115, 116, 121, 122
Pohrt, O. 123
Pommers, Jānis 117, 118, 119, 127
Poska, Jaan 92, 97, 130
Puhk 138, 139
Pujāte, Inta 41
Purvitis, (Purvit) Vilhelms (Wilhelm) 24, 26-30, 33, 34, 35, 37, 39, *[46]*
Pusta, Kaarel 135

Rahamägi 121
Rahi, A. 202
Rancans, J. 108
Rauch, Georg von 141
Rosen, Gerhard Baron von 25
Rosenieks, W. 120
Rozentāls, Jānis (Rosenthal, Jan) 24, 26, 28, 30, 31, 33, 35, 39, 45
Rosenthal, Leon *141*

Sarve, E. 202

Schabert, Oskar 123, 124
Schack, von 177
Schapiro, Max 140
Scheel, Klaus 137, 138, 146, 153
Schiemann, Paul 116
Schilling, Karl 109
Schmidt, C. Ch. 169, 180
Schröder, Theodor von 12
Selting, Woldemar, siehe Zeltins
Smilga 195
Söderblom, D. Nathan 115
Solovjev, Sergej 82
Springovics, Antonijs 112
Stalin, Josef 5, 7, 17, 21, 99
Steinwand, Eduard 123, 124
Strandmann, Otto 137
Stresemann, Gustav 136
Stromberg, Alexander von 38
Suny, Ronald 93, 94

Taagepera, Rein 82
Talve, L. 202
Taube, Arved von 89, 91, 100
Taurit, Wilhelm 109
Terlo, Gir-Arja 144
Tichon 117
Tiidū, E. 202
Tillbergs, Roberts Janis 34, 35, *[50]*
Trasuns, Francis 108

Uexküll, Jakob Baron von 154
Uhde, Fritz von 25
Ulmanis, Kārlis 16, 186, 187, 190, 191, 196
Uluots, Jüri 136
Ury, Lesser 25

Valters, Jānis, siehe Walter, Johann 24
Vegesack, Siegfried von 13

Vitols, Adam 119
Voskresenskij, Sergij 119

Walter, Johann 24, 26, 27, 30, 33, 34, 35, 36, 38, 39, [49]
Walter, Roland 41
Walter, Susa 41
Wilhelm, Hans-Heinrich 75
Wilson 14
Wrangell, Wilhelm Baron von 152

Ycas 121

Zaljubowskij 64
Zecchini 116
Zeltins, Voldemārs, siehe Selting 31
Zimmermann, Ludwig 109
Zweig, Stefan 21

Ortsregister

Aglona 112, 127

Berlin 38, 136, 139, 145, 146, 148, 192
Breslau 124
Byzanz 104

Cēsis, siehe Wenden
Charkow 71
Chicago 93

Dachau 36, 42
Daugavapils 80, 107
Dorpat 31, 71, 95, 106, 109, 122, 123, 130, 134,
140, 141, 142, 144, 145, 149, 154, 211
Dresden 34, 36

Edinburgh 122

Frauenburg 24

Genf 104, 135, 136
Goldingen 127
Greifswald 41

Helsingfors 121

Irkutsk 65

Jaffa 144
Jaunlatgale 123
Jurjev, siehe Dorpat 71

Konstantinopel 119
Kraslava 107
Kuldiga, siehe Goldingen 127

Leipzig 145

Libau 10, 166, 167
Liepaja, siehe Libau
London 134, 135, 136, 137, 146, 151, 217
Lübeck 195

Marienhausen 114
Mitau 24, 26, 31, 34, 168
Moskau 66, 71, 82, 87, 100, 117, 119, 127, 204, 207
Mosul 143
München 35

Narva 99, 123, 124, 140, 211

Odessa 124

Perm 71
Petersburg 25, 26, 35, 92, 97, 106, 107
Petrogard, siehe Petersburg
Petschori, siehe Petschur
Petschur 122

Regensburg 42
Reval 10, 31, 35, 95, 121, 130, 131, 135, 137,
    140, 141, 142, 144, 150, 153, 155, 211
Rezekne 107, 108
Riga 10, 13, 14, 15, 23-32, 35-40, 42, 43, 44, 53, 54, 56, 58, 60-66, 69-76,
    78, 79, 90, 95, 96, 104, 111-114, 116-119, 121-125, 127, 141, 167, 169,
    179, 185-196, 200
Riga- Mitauer-, Moskauer-, Petersburger-Bezirke 55-70
Rom 104

Saldus, siehe Frauenburg 24
Samara 71
Staicele 168
Stockholm 120, 121, 139

Tallinn, siehe Reval
Tartu, siehe Dorpat

Twer 117

Valga, siehe Walk
Ventspils, siehe Windau
Vilaka, siehe Marienhausen 114
Vilnius, siehe Wilna

Walk 130, 140
Warschau 142
Wenden 132
Wilna 142
Windau 10
Wittenberg 104

Zürich 142

Autorenverzeichnis

Kristiāna Ābele	Laukums 1 LV-1050 Riga Tel: 00371-7227852 Fax: 00371-7229017
Dr. Karsten Brüggemann	Chemnitzer Str. 17 22767 Hamburg Tel: 040-3895534
Mark L. Haitle, M.A.	Sioeben-Höfe Str. 30 72072 Tübingen Tel: 07071-792696
Detlef Henning, M.A.	Nordost-Institut Conventstr. 1 21335 Lüneburg Tel: 04131-40059-0 Fax: 04131-391143
Andreas Fülberth, M.A.	Bremerstr. 59 48155 Münster Tel: 0251-131869
Dr. Sirje Kivimäe	Kevade 4a-5 EE-10137 Tallinn Tel: 00372-6613755
Meelis Maripuu	Tönismägi 16 EE-10119 Tallinn Tel: 00372-6938527
Dr. Helēna Šimkuva	Nicgales iela 20-53 LV-1035 Riga
Dr. Heinrich Wittram	Deister Str. 68 30966 Hemmingen/Arnum Tel:/Fax. 05101-4897

Schriftenreihe BALTISCHE SEMINARE
der Carl-Schirren-Gesellschaft e.V.

Band 1: **Karl Heinz Borck** (Hrsg.): *Die Bibelübersetzung und ihr Einfluss auf die estnische Kulturgeschichte.* Lüneburg 1996, 141 S., ISBN: 3-923149-27-1

Band 2: **Claus von Aderkas** (Hrsg.): *300 Jahre lettische Bibelübersetzung durch Ernst Glück und ihr Einfluss auf die lettische Kulturgeschichte.* Lüneburg 2001, 136 S., ISBN: 3-923149-29-8 bzw. 3-932267-31-1

Band 3: **Günter Krüger** (Hrsg.): *Klassizismus im Baltikum.* Lüneburg. (in Vorbereitung, ISBN: 3-923149-37-9)

Band 4: **Uwe Albrecht** (Hrsg.): *Gotik im Baltikum.* Lüneburg 2004, 276 S., ISBN: 3-923149-38-7

Band 5: **Michael Garleff** (Hrsg.): *Literaturbeziehungen zwischen Deutschbalten, Esten und Letten.* Lüneburg (in Vorbereitung, ISBN: 3-923149-39-5)

Band 6: **Claudia Anette Meier** (Hrsg.): *Sakrale Kunst im Baltikum.* Lüneburg. (in Vorbereitung, ISBN: 3-923149-40-9)

Band 7: **Heinrich Wittram** (Hrsg.): *Baltische Gutshöfe. Leben - Kultur - Wirtschaft.* Lüneburg. (in Vorbereitung, ISBN: 3-923149-41-7)

Band 8: **Detlef Kühn** (Hrsg.): *Schulwesen im Baltikum.* Lüneburg (in Vorbereitung, ISBN: 3-923149-42-5)

Band 9: **Gisela Reineking-von Bock** (Hrsg.): *Künstler und Kunstausstellungen im Baltikum im 19. Jahrhundert.* Lüneburg. (in Vorbereitung, ISBN: 3-923149-43-3)

Band 10: **Norbert Angermann** (Hrsg.): *Städtisches Leben zur Zeit der Hanse im Baltikum.* Lüneburg 2003, 290 S., ISBN: 3-923149-44-1

Band 11: **Heinrich Wittram** (Hrsg.): *Der ethnische Wandel im Baltikum zwischen 1850 und 1950.* Lüneburg 2005, ISBN: 3-923149-45-x)

Band 12: **Otto Heinrich Elias** (Hrsg.): *Zwischen Aufklärung und Baltischem Biedermeier.* Lüneburg (in Vorbereitung, ISBN: 3-923149-46-8)

Band 13: **Jörg Hackmann** (Hrsg.): *Korporative und freiwillige Assoziationen in den baltischen Ländern.* Lüneburg (in Vorbereitung, ISBN: 3-923149-47-6)

Band 14: **Detlef Henning** (Hrsg.): *Nationale und ethnische Konflikte in Estland und Lettland während der Zwischenkriegszeit.* Lüneburg (in Vorbereitung, ISBN: 3-923149-50-6)

Carl-Schirren-Gesellschaft e.V., Am Berge 35, D-21335 Lüneburg
Tel.: (04131)36788, Fax: (04131)33453

www.ingramcontent.com/pod-product-compliance
Lightning Source LLC
Chambersburg PA
CBHW060506090426
42735CB00011B/2131